중생이라는 이름의 부처에게

중생이라는 이름의 부처에게

처음 찍은 날 / 1996년 10월 1일
처음 펴낸 날 / 1996년 10월 15일
1판 2쇄 펴낸 날 / 1997년 6월 1일
엮은이 / 현대불교신문사
펴낸이 / 김광삼
편집 / 윤제학, 서윤아, 강지숙
표지 디자인 / 여시아문 편집부
펴낸 데 / 여시아문

출판 등록 1995. 3. 2.
제1-1852호

110-170 서울시 종로구 견지동 110-33
737-0691(편집부), 737-0695(영업부), 737-0697(팩시밀리)

ⓒ 현대불교신문사 · 1996

값 7,000 원

ISBN 89-87067-01-7 03220

엮은이와 출판사 간의 약속으로 인지를 붙이지 않습니다.
잘못된 책은 바꾸어 드립니다.

중생이라는 이름의 부처에게

현대불교신문사 엮음

여시아문

책을 엮어 내면서

꽃 들어 보이시고 빙그레 웃은 뜻은

　어쩌면 이 책은 큰스님들의 눈을 통한 '세상 보기'인지도 모르겠다. 이 때의 보는 행위는 '있는 그대로'를 봄이다. 밝음과 어두움을 함께 보는 것이다. 모든 고정 관념과 가치라는 허울을 벗고 사물의 본질을 꿰뚫어 봄을 말한다. 그래서 선사의 눈에는 언제나 '산은 산이요, 물은 물'인 것이다. 그러나 이 말도 중생의 혀 끝에서 맴돌 때는 진부한 말장난으로 떨어지고 만다. 그야말로 우리의 '살림살이'가 살림[生]의 삶이 되지 못한 탓일까.
　모든 것이 넘쳐서 탈일 만큼 흔한 세상이다. 그런데도 우리네 삶은 날로 남루해지고 '내일'은 아직 다가오지 않은 불안한 '오늘'일 뿐이다. 그 어느 때보다도 안심(安心)의 법문이 필요한 때다.
　지극하면 통한다고 했던가. 여기 모신 서른세 분 큰스님들의 법어는 '현대불교신문'의 간절한 청법(請法)의 결과다. 창간 후 지금까지 '지상법석'이라는 고정란을 통해 연재했던 것을, 많은 독자들이 귀하게 여겨 주셨기에 책으로까지 엮게 된 것이다.
　무릇 법문(法門)을 듣는다 함은 불법의 정수로 들어감을 말할진대 과연 이 책이 대자유의 세계로 이끄는 구실을 할 수 있을까?

양껏 욕심을 부려 보아도 징검다리 이상은 아닐 것 같다. 불법은 말로 구할 수 있는 것이 아니고 그럴 수도 없는 것임을 잘 아는 까닭이다.

큰스님들께서는 한결같이 "네 자신이 본래 부처임을 알라."고 말씀하신다. 그것도 모자라 '할'을 하시고 주장자를 내리치신다. 그러나 한편으론 미물과 다를 바 없는 내 자신의 모습을 돌아보게 하신다.

과연 백척간두에서 한발짝 더 내디딘 곳은 어떤 경지일까? 이런 의문 앞에서는 또 '평상심이 도'라고 말씀하신다. 시침 뚝 떼고 빙그레 웃으시며.

무릎 탁 치며 아하, 그런 것이로구나 할라치면 느닷없이 한 '방' 내리치시니, 참으로 짓궂으시다.

이 '짓궂음', 사실은 눈물겹도록 감사할 일이 아닌가. 시시각각 생사의 미궁 속을 헤매는 '나'의 본 모습을 찾게 하시려는 그 간절함이, 찾는 이보다 더하시니.

아무튼 이 한 권의 책이 달을 가리키는 손가락 구실이나마 제대로 하여 많은 불자들이 '큰 소식' 만나는, 그리하여 자신의 참모습을 '바로 보는' 계기가 되었으면 좋겠다. 행간 가득 배인 큰 자비 고스란히 전해진다면 더 바랄 것 없겠지만.

'꽃 들어 보이시고 빙그레 웃은' 그 뜻을 어찌 말로 전할 수 있으랴만, 독자들의 본래 밝은 눈으로, 혹 있을지 모르는 엮은이의 잘못을 걷어내 주시기 바란다.

끝으로 이 지면을 빌어 다시 한 번 '현대불교'의 독자를 위해 귀한 말씀 주신 큰스님들께 감사 드린다.

덧붙여 밝혀 둘 것은 오늘도 청정한 수행으로 이 시대의 빛이 되고 계신 큰스님들을 다 모시지 못했다는 점이다. '인연도래'로 밖에 말씀드리지 못할 것 같다.

앞으로도 계속하여 큰스님들의 가르침 널리 전하는 법기(法器)가 될 것을 다짐해 본다.

불기 2540년 10월 15일

엮은이 합장

차례

11 ● **월하 스님**
해 뜨고 달 뜨기를 기다리다 언제 길을 찾을 것인가

21 ● **서옹 스님**
불법은 창조적 역사의 원리

31 ● **혜암 스님**
칭찬과 비방에 흔들림 없으면 부처

41 ● **원담 스님**
참선은 모든 생명을 살리는 길

51 ● **승찬 스님**
지금 이 순간이 참선의 시간입니다

61 ● **고송 스님**
모두가 보살의 정신으로 살면 이 곳이 곧 극락

71 ● **관응 스님**
'나'를 버리면 우주가 바로 내 것

81 ● **능가 스님**
모든 중생은 내 부모, 모든 사물은 내 몸

91 ● **대정 스님**
깨달음, 대원력과 지혜가 하나 될 때 피어나는 꽃

101 ● **덕암 스님**
굳건한 믿음, 청정한 계행은 깨달음의 바탕

111 ● **도원 스님**
지극한 원력과 실천 있으면 누구나 대보살

121 ● **범룡 스님**
신심 크면 의심도 크니, 무르익어 터지면 깨달음

131 ● **범행 스님**
참선, 여름날 먹는 수박 맛 같은 것

141 ● **벽암 스님**
끝없이 참회하십시오

149 ● **비룡 스님**
나를 낮추면 부처님이 가까이 다가옵니다

159 ● **서암 스님**
망상의 구름 헤치고 일념으로 들어가라

169 ● **석주 스님**
내 몸을 먼저 낮추면 부처님께로 가까이 다가갑니다

179 ● **성수 스님**
수행, 즐거운 일이 되게 하십시오

189 ● **성찬 스님**
번뇌가 많고 분별심이 많은 그 곳에 깨달음이 있다

199 ● **송담 스님**
십선계는 청정 국토의 근본적 대안

209 ● **송월 스님**
제자리에서 최선 다하면 꽃이 피고 향기도 납니다

219 ● **숭산 스님**
참선, 인류가 더불어 사는 길

229 ● **우룡 스님**
　　감사하며 살 때, 극락 세계가 펼쳐집니다

239 ● **운제 스님**
　　불교, 세상에서 가장 아름다운 분의 가장 아름다운 가르침

251 ● **월산 스님**
　　자기를 바로 보면 부처를 본다

261 ● **일타 스님**
　　법(法)의 문(門)으로 드는 비결은 오로지 비운 마음

271 ● **지종 스님**
　　실천 없이 금강반야바라밀경을 지니는 것은 부처님 속이는 일

281 ● **진제 스님**
　　사견에 떨어지면 대도(大道)를 구할 수 없다

293 ● **철웅 스님**
　　문 밖에 봄이 오니 꽃이 난만하다

301 ● **청하 스님**
　　아집의 우물에 빠지면 불법의 대해에 들 수 없다

311 ● **청화 스님**
　　뒤집힌 꿈 깨어나면 보이는 것 모두가 부처님 얼굴

321 ● **화산 스님**
　　마음 열어 풀어 놓는 그 곳에서 깨달음이 싹튼다

331 ● **활안 스님**
　　한 생명이 우주의 생명, 우주의 생명이 한 생명

월 / 하 / 스 / 님

해 뜨고 달 뜨기를
기다리다
언제 길을 찾을 것인가

월하 스님

· 1915년 4월 25일 충남 부여 生.
· 1933년 유점사에서 사미계, 1940년 통도사에서 구하 스님을 계사로 비구계 수지.
· 1944년 철원 심원사 강원 대교과 졸업.
· 조계종 감찰원장, 조계종 중앙종회 의장, 통도사 주지 역임.
· 현 영축총림 통도사 방장, 조계종 종정.

본래 일월보다 밝은 그 마음을 닦아 환히 밝혀라.

해 뜨고 달 뜨기를 기다리다 언제 길을 찾을 것인가

쌀 한 되의 공덕

　부처님 말씀에 의하면 무엇이든 사람의 마음에 달려 있다고 했습니다. 모든 일이 사람의 마음으로 인해 통하기도 하고 막히기도 하고 장애가 생기기도 하고 애로가 쉽게 해결되기도 합니다.
　바로 이 마음을 어떻게 쓰느냐에 따라 복을 받기도 하고 벌을 받기도 합니다. 그 어떤 누구도 과일을 바구니에 담아 주듯 복을 줄 수는 없는 것입니다. 벌 또한 그러하여 누가 떠밀어서 받게 되는 것이 아닙니다. 행동을 잘못하면 스스로 벌이 되는 것이고 행동을 잘하고 마음을 잘 쓰면 복이 스스로 오는 것입니다. 부처님 또한 어떻게 행동하면 복이 되고 어떻게 행동하면 죄가 된다는 말씀만 하셨어요. 하고 안 하고의 행동은 자기 자신에게 달려 있습니다.
　'소시수대공덕(小施受大功德)'이란 조그마한 것을 베풀어 큰 공덕을 받는다는 뜻인데 이러한 베풂의 공덕은 부처님께서 모친의 전생에 대해 말씀하신 것에 잘 나타나 있습니다.

부처님의 모친께서 생전에 계셨던 궁전의 사방 백 보는 전부 금은과 유리로 깔려 있었습니다. 그야말로 휘황찬란했어요. 거기에다 가장 좋은 음식이라든지 원하는 모든 것이 진열되어 있었지요. 그것을 보고 부처님의 사촌이자 부처님 모친에게는 조카가 되는 아난다가 부처님께 물었어요. 숙모께선 어떻게 그렇게 찬란한 복을 수용하게 되었습니까? 하고 말이에요. 이에 부처님께서 말씀하시기를 모친이 전생에 가난한 집의 딸로 태어났다는 겁니다. 그런데 그 당시 쌀 한 되를 길가 돌부처님께 올렸답니다. 그것이 공덕이 되어 복을 수용하게 된 것이라고 말씀하셨어요. 또 앞으로 오백 생은 전륜왕이 되고, 오백 생은 제석신의 몸을 받고, 오백 생은 대국 왕후의 자리를 받게 된다는 겁니다. 그 모든 쾌락을 받은 후에는 그 몸에서 천불을 출생시키고 마지막에는 청정광 여래가 된다고 하셨습니다. 쌀 한 되의 공덕으로 그와 같은 복을 받고 마지막에 가서는 청정광 여래가 된다 하셨습니다. 조그맣지만 진실한 공덕을 쌓은 사람은, 쌀 한 되를 길가의 돌부처님께 올린 공덕처럼 크나큰 복덕을 받게 되는 것이지요.

우리 중생의 입장에서 가장 바라는 것이 있다면 살아가는 데 아무런 재해가 없고 다복한 것이겠지요. 명도 길어야 되겠고요. 그러나 부처님 입장에서는 그런 것이 필요 없을 뿐더러 재해라는 것에도 구애를 받지 않습니다. 모든 것을 초월했기 때문이지요. 그렇지만 중생들은 초월하지 못했기 때문에 그런 걸 필요로 하고 있지요. 왜냐하면, 육체를 가지고 있으니 먹어야 하고 입어야 하고 편해야 되며 욕심이 끝없으니 뭐든지 가져야 힘이 납니다.

허망한 육체, 영원한 마음

유머가 많은 사람이 건강하다고 합니다. 유머러스한 사람은 남을 잘 웃기고 남에게 이맛살 찡그리는 일은 안 하거든요. 자기 마음이 쾌활한 사람이라야 남을 웃기지 자기 마음이 찌그러진 사람은 남을 잘 웃기지 못하거든요. 이것도 다 마음이 하는 것입니다. 안 좋은 기분으로 살다 보면 항상 이마가 찡그려지고 얼굴에 주름살도 는다고 합니다. 그러다 보면 정신과 모든 힘이 위축되어 결국 활력을 잃게 되고 빨리 죽게 마련입니다.

중생계에는 재앙 등 장애가 많습니다. 불심이 깊고 경험이 많은 분들은 재앙에 슬기롭게 대처하는데 그렇지 못한 분들은 앞뒤가 막혀서 혼미에 빠집니다. 그래서 그런 것을 잘 피하기 위해서는 지혜가 밝아야 하는데 지혜가 밝으면 그런 묘리가 생깁니다. 그야말로 죽지도 살지도 않은 그런 경계까지 밝혀서 잘 실행이 된다는 것이지요.

불교에서는 생사를 초월해야 한다고 하는데, 이것은 죽는 것에도 걸리지 않고 사는 것에도 걸리지 않는 것입니다. 죽고 사는 것은 육체를 중심으로 사는 것이지 육체를 떠난 입장에서는 생사의 구애가 없다는 것입니다. 그런데 중생 입장에서는 죽고 사는 것이 분명히 있는데 어떻게 그것을 초월하느냐 하는 생각이 들지요. 그러나 사람은 육체를 중심으로 사는 것이 아니고 마음을 중심으로 사는 것인데, 마음이라는 것은 죽고 사는 것이 아닙니다. 육체가 죽는 것이고 육체가 사는 것이지 마음 자체는 그대로 있는 것입니다. 산다고 해서 별스럽게 더해지는 것도 아니고, 죽는다고 해서 감해지고 없어지는 것도 아닙니다.

육체라는 것은 지수화풍 사대로 형성된다고 합니다. 인연따라 모였다가 다하면 흩어진다고 하지요. 뼈는 흙에서 온 것이기 때문에 흙으로 간다고 합니다. 또 모든 액체, 소변이나 피, 고름은 물에서 왔기 때문에 물로 가고, 체온은 자연물의 에너지를 취한 것이기 때문에 그 자리로 돌아갑니다. 또 움직이는 동작은 바람에 속하는데 그것 역시 바람으로 돌아가고 네 가지가 다 돌아가면 아무것도 남는 것이 없는 것입니다. 그래서 육체는 허망하다고 하는 겁니다. 육체라는 것은 여러 가지가 섞여 형성되었기에 그것을 고정된 실체로 보지 않는 것입니다.

그러나 중생들은 육체처럼 깨끗한 것이 없고 육체처럼 더 좋은 것이 없다고 생각합니다. 심지어는 몸 말고는 아무 물건도 없다 해서 몸을 제일로 여기고, 조금이라도 상할까 봐 애를 쓰고 좋다는 약은 다 먹고 도움 된다고 하면 무엇이든 다 하지요. 그러나 육체란 시간이 흐르면 자연히 늙고 병들어 죽게 마련입니다. 그래서 그런 육체를 무상하다 합니다. 반면 이면의 자기 마음자리라고 하는 것은 언제든지 그대로 있다는 것이죠. 그래서 다음 얘기를 통해 이러한 도리에 확신을 드리고자 합니다.

옛날, 등은봉이라는 스님이 주석하시는 큰 절이 있었어요. 당연히 대중도 많았지요. 그러니 공양주 소임이 바쁘지 않을 수 없었습니다. 바로 그 공양주 소임을 맡은 한 스님이 불을 지피다 잘못하여 옷에 불이 붙는 바람에 타 죽게 되었습니다. 그런데 이 스님이 죽는 순간에 든 생각이 '내가 공양주를 안 했으면 타 죽는 일이 없었을 텐데.' 하는 것이었습니다. 그러니 공양주 소임을 맡긴 등은봉 스님을 얼마나 원망했겠습니까.

사람이 일단 죽으면 염라대왕을 한 번 거친다고 하지요. 염라대왕은 그 사람이 생전에 복짓는 일을 많이 했나 복을 감하는 일을 많이 했나를 살피는 것이죠. 복짓는 일을 많이 한 사람은 좋은 곳으로 안내해 사람으로 또 태어나게 한다든지, 아니면 도인으로 태어나게 한다든지 하는 조사나 재판을 하는 셈입니다. 어쨌든 불에 타 죽은 공양주 스님이 염라대왕 앞에 갔는데 염라대왕이 너는 생전에 무엇을 했느냐고 물었어요. 그래서 불에 타 죽은 것을 억울하게 여기고 있던 터라 마음 먹은 대로 얘길 했어요. 등은봉 스님이 억지로 공양주를 시켜 밥을 짓다 옷에 불이 붙어 타 죽었으니 마음이 편하지 않고 그 스님이 원망스럽다고 말입니다. 그러니 그 스님을 잡아왔으면 좋겠다는 말도 보탰어요. 염라대왕도 그 말을 듣고 보니 그럴듯해 등은봉 스님을 데리고 오라고 저승 사자를 보냈어요.

절에 가면 가람신이 있는데 가람신은 도량 전체를 살피는 일을 합니다. 가람신이 저승 사자에게 어딜 가느냐고 물었어요. 등은봉 스님을 데리러 왔다고 했더니 찾아보라고 하면서, 12년을 여기 있었어도 등은봉이란 사람은 본 적이 없다고 그래요. 역시 가람신이 말한 대로 아무리 찾아도 없자 그냥 돌아가서 그대로 염라대왕에게 보고를 했어요. 그러자 불에 타 죽은 공양주는 발을 구르면서 거기 가면 있는데 못 찾고 왔다고 하더란 말이에요. 염라대왕은 그럼 네가 가서 데리고 오라고 했어요. 그래서 가 보니 스님이 마당에 있었어요. 가서 붙잡고 염라대왕에게 가자고 했더니 무슨 이유로 나를 오라 하느냐고 물어요. 그래서 자초지종을 얘기하고 자신의 불만을 털어 놓자 스님은 한 마디만 하고 가자면서 이렇게 말을 하는 겁니다.

"사람이고 짐승이고 자기의 성품과 마음자리는 본래 그대로 가지고 있다. 그런데 그 자리라고 하는 것은 능히 불로도 태우지 못하고 능히 물로도 빠뜨리지 못하는 것이다. 그런데 내게 와서 이러는 걸 보면 죽지 않은 모양이구나." 하는 거예요. 듣고 보니 납득하지 않을 수 없었어요. 자기가 생각해 봐도 죽으면 아무것도 없을 텐데 이 스님을 원망하는 것이 무엇인가 하는 데 생각이 미치는 순간 깨달음을 얻게 됩니다. 깨닫고 나니까 스님을 원망한 것도 부질없고 염라대왕에게 다시 갈 필요도 없게 되었답니다. 이렇듯 자기 마음을 깨달으면 모든 게 해결되는 겁니다.

그래서 우선 여러분들은 중생의 몸을 가지고 세상살이도 해야 하고 자녀도 키워야 하고 사업도 해야 하고 자기 몸도 가꿔야 하고 좋은 것도 사서 발라야겠고 좋은 옷도 입어야 하겠지요. 이것이 중생의 본 모습 아니겠습니까. 하지만 그것들은 찰나에 무너지고 말 것들입니다. 성불과는 더욱 거리가 멀지요. 그런데 그런 이치를 모르니까 자꾸 거기에 치중하고 그 야단치다 인연이 다해 죽으면 그만인 것입니다. 무엇을 하더라도 다 소용 없는 것이죠.

육체에 치중해 봐야 허망하고 허사라는 걸 깊이 깨닫고 나면 알뜰히 먹고 입으려 하지 않아도 됩니다. 자연히 그런 생각이 나게 되는 것입니다. 그저 굶주리지 않을 정도로 먹으면 그만이고 적당히 입으면 그만이지 좋은 것 갖는다고 달라지는 건 없습니다. 불교 믿는 분들은 그것을 배워야 합니다. 그러나 말은 쉽지만 실제 행동에 있어서는 어렵습니다. 그러니까 그것을 차츰차츰 익히고 배워야 한다는 겁니다.

남을 더 생각해야 보살

부처님들이나 보살들은 남을 먼저 생각하는 분들입니다. 만약 이기적인 데가 조금이라도 있다면 부처님 소리 들을 수도 없고 보살 소리 들을 수도 없습니다. 그러니까 남을 위해서 실천하는 것이 당장은 어렵더라도 끊임없이 노력해야 합니다. 노력하다 보면 실천에 옮겨지는 것입니다. 원을 뚜렷하게 세우고 일념으로 노력하면 된다는 것이지요.

육체가 죽고 사는 것이지 자기 마음은 죽고 사는 것이 아니라는 것을 제대로 알고 믿어 보세요. 불법을 닦는 보람이 거기서 나오는 것입니다. 그러나 중생들은 부모에 걸리고 형제에 걸리고 부자 사이에 걸립니다. 다겁다생으로 내려와 부모도 많고 형제도 많고 내외간도 많은데 하필 금세의 부모와 내외와 자녀들에게 끌려 그 구렁텅이를 벗어나지 못하고 있는 것입니다. 그렇게 허둥대는 것을 차원 높은 경지에서 보면 그야말로 가소롭고 우습게 생각되지요.

 세상을 살아가면서 차츰차츰 더 높은 경지에 뜻을 두고 정진해 나가는 것이 불교 믿는 근본 이유여야 합니다. 그런 경지까지 간 이들에게는 두루 광명이 비치기 때문에 어두운 곳이 없는 것입니다. 사람마다 자기의 마음자리를 가지고 있는데 그걸 닦아서 빛을 내면 일월보다도 밝아요. 하지만 자기가 가지고 있는 등을 사용할 줄 모르면서 해 뜨기를 기다리고 달 뜨기를 기다린다면 언제 일을 하고 길을 찾겠습니까. 이러한 어리석음에서 벗어나기 위해서 본성을 바로 보기 위한 수행을 열심히 해야 하는 것입니다.

서옹 스님

불법은
창조적 역사의 원리

서옹 스님

- 1912년 10월 10일 충남 논산 生.
- 1932년 전남 백양사에서 만암 스님을 은사로 득도.
- 1935년 중앙불교전문학교 졸업. 1941년 일본 교토 임제대 졸업.
- 조계종 제5대 종정, 동화사·백양사·봉암사 조실 역임.
- 현 고불총림 백양사 방장.

'참나'는 이웃과 일체이며, 사회와 일체이며, 전 인류와 일체입니다.

불법은 창조적 역사의 원리

과학 문명의 바탕은 욕망

이 지상의 중생이 무명에 허덕이고 있을 때 부처님은 영원 불변의 진리와 참사람의 위대한 진리를 선언하셨습니다. 그것은 대자대비한 인간 본성의 일깨움이었고 어둠 속에 밝히신 광명이었습니다.

부처님은 일체의 괴로움에서 벗어나 참된 인간의 길을 성취하시고, 일생을 바쳐 그 이루신 바를 가르치신 분입니다. 생명을 가진 중생은 생로병사의 괴로움을 면할 수 없습니다. 부처님은 이 생로병사의 실상을 깨닫고 이를 초월하였던 것입니다. 인간의 고통은 참사람으로서의 자기를 깨닫지 못하는 데서 되풀이되며, 참사람의 본바탕인 동체대비를 증득하고 실천하지 못하는 데서 무명의 행업이 거듭된다는 것이 부처님이 전하신 가르침의 요체입니다.

참된 인간 사회의 실현은 인간이 만든 모든 상대적 가치에 우선하여 부처님의 혜명을 받드는 데 있으며, 이를 개인이나 집단, 국가, 인류 사회에서 창조적으로 실천하는 데 있습니다. 인간이 당면한 반인간적인 비극의 실상, 즉 분열과 갈등, 침략과 전쟁 그리고 자기 중심적인 욕망과 모순의 극복을 우리가 참으로 서원한다면 삶에 대한 집착이나 죽음에 대한 허무를 초극해야 합니다. 또한 이성과 반이성의 대립을 넘어서 참사람으로서 평등과 자유를 실천해 나가야 합니다.

현대는 과학 문명의 극대화로 이른바 편리라는 성과를 얻었습니다만 물질적 욕망의 산물인 기계에 대한 인간의 노예화는 가속화되고 있습니다. 따라서 선진 과학 문명 사회에서는 인간 소외에 대한 비탄이 높아가고, 후진 사회에서도 정도의 차이는 있지만 비인간화의 팽배로 그 신음이 깊어지고 있습니다.

과학 문명은 모든 문제의 해결에 냉철한 이성을 전제 조건으로 합니다. 그러나 이성적인 입장이 강조된다 하더라도 거기에는 반이성적인 대립 관계가 비례적으로 상승될 수밖에 없으므로 과학 문명의 내적 구조는 절대적인 이성이 지배하지 못하고 절대 모순이 상존하는 것입니다. 인간의 존귀한 생명도 영생이 아니라, '생로병사'라는 필연을 수반하기 때문에 절대 모순을 면할 수 없는 것입니다.

이 절대 모순에 봉착한 이성적 인간이 그 밑바닥을 타파하여 생사가 없고 자유자재한 참사람을 자각할 때에 오늘의 모든 문제는 해결됩니다.

자유와 평화의 실현은 부처님 마음자리에서

지금 세계는 그 이념의 다양성을 포용하면서 자유와 평화를 지향하는 민주 사회로 발전하고 있습니다. 그러나 민주 사회는 일면 인간 본위의 도덕적 가치가 존중되는 듯 보입니다만 그 속에는 무책임한 욕구 발산과 이기적인 사고로 내적 갈등과 분열상을 보이기도 합니다. 자유와 평화의 실현은 인간의 본질적인 이상입니다. 그러나 진정한 자유와 평화는 우리 불교의 일즉다 다즉일(一卽多多卽一)의 원융(圓融)정신에 입각한 불편불의(不偏不倚)한 대동적 사상이라야 합니다.

나 하나만의 자유는 이기주의이자 방종입니다. 이웃과 사회, 국가와 전 인류적인 차원의 자유와 부합될 때만이 참된 자유인 것입니다. 지금 우리는 지나치게 자기 이익만을 생각하고 부의 축적만을 꾀하고 있습니다. 전체가 파국에 직면할 때는 나의 부나 안전과 복락도 결코 지탱될 수 없는 것입니다.

이제 우리는 이러한 이기주의적이며 탐욕적인 자기 모순을 대담하게 탈피, 참사람을 실현하려고 참회할 때 비로소 축복을 받게 될 것입니다. 동체대비를 실현하여 남을 이롭게 할 때 자기도 이롭다는 자리이타(自利利他)사상을 모든 생활에서 실천하여야 합니다. '참나'는 이웃과 일체이며, 사회와 일체이며, 전 인류와 일체입니다. 모든 사람은 태어나면서 평등하며 일체이기 때문입니다. 총화는 언제나 지금 이 곳에서 실현되어야 합니다.

인간은 심적 구조상 그 밑바닥에 흐르는 감각과 욕망의 지배를 받게 되어 있습니다. 욕망이라는 것은 자기 중심적임과 동시에 만족을 모르는 성질의 것입니다. 욕망에 끄달리면 올바른 정신을 잃게 되고 그것의 노예가 되어 버립니다. 현대를 이성적으로 각성된 시대라고 하지만 폭력이 난무하는 것은 욕망으로 살기 때문입니다. 우리가 이성적으로 산다고 하면 당연히 질서가 있고 모든 것이 합리적으로 이루어져야 할 것입니다. 그러나 과학 문명이 만들어 낸 많은 것들이 비이성적인 것은 어떻게 받아들여야 할까요. 또한 이성이 옳다, 그르다, 참이다, 거짓이다를 가지고도 학문의

한 분야를 이룹니다만 우리 인간은 그것만으로 구경적 참 삶을 성취할 수 없습니다.

왜냐하면 착하다, 악하다, 참이다, 거짓이다 하는 대립과 분열을 면할 수가 없기 때문입니다. 그래서 결국에는 절대 절망, 불안, 모순에 빠지게 되는 것입니다. 그래서 인간은 감각 위에 이성이 있고 이성을 개발해서 살지만 그것만으로는 우리 인간이 원만하게 잘 살 수가 없습니다.

인간의 근본, 그 바탕은 부처님 마음입니다. 그 마음만이 이러한 모든 문제를 해결하고 참으로 무아의 경지, 절대의 경지에서 자재롭게 잘 살 수 있는 길을 열어 줍니다. 인간의 근본 바탕인 이 부처 마음, 이것을 개발해서 살아야만 궁극적인 참 삶을 살 수 있는 것입니다.

인류를 부처님으로 섬길 때 초월의 역사 창조

과학 문명의 이념적 바탕은 '대자연을 정복하고 지배하자.' 는 것입니다. 이러한 못된 생각이 밑바탕에 깔려 있어요. 대자연을 정복하자는 것은 하나의 욕망입니다. 욕망이 이성을 지배하고 있는 셈이지요.

원만한 인격자라고 하면 부처 마음자리에서 감각과 욕망을 제어하는 사람을 말합니다. 그러나 현실은 과학 문명이라는 욕망의 총화가 인격을 지배하고 이성을 지배합니다. 산업 사회라는 것은 모든 것을 경제적으로만 바라보는 사회 아닙니까? 그 경제적이라는 것이 바로 욕망의 다양한 표현인 것이지요. 이와 같이 오늘날 문명은 욕망으로만 살려고 하니까 서로 해치게 되고 타락하게 되고 인심이 험악해지는 것입니다. 이와 같이 계속 과학 문명을 욕망으로 유지해 나가면 인류는 결국 파멸을 면하지 못합니다. 그러므로 올바른 삶이란 부처 마음자리가 이성을 지배하고 부처 마음자리가 감각을 지배하는 것이라고 하겠습니다. 그래야만 모두가 행복한 세계가 열릴 것입니다.

오늘날 과학 문명은 더욱 발전해야만 과학 문명 그 자체의 폐해를 극복할 수 있지만 그것만으로는 도저히 인류가 평화스럽고 행복하게 살 수 없습니다. 이 위기를 타개하려면 종교의 근원적 원리가 밑바침 되지 않으면 안 됩니다.

그러나 과학과 모순이 되는 종교를 절대 복종하고 절대 의지해서 타율적으로 복종해서 살아간다는 것은 저 중세로 돌아가자는 말이나 다를 바 없습니다. 그렇다면 오늘날 과학 문명을 밑받침할 종교는 어떠한 것이어야 할까요. 그러한 종교는 과학 문명과 모순이 안 되면서 그것을 초월할 수 있는 원리라야 합니다. 그 원리가 바로 불교에 있습니다. 다른 종교와 달리 우리 불교는 과학을 초월하여 자유자재하게 새 역사를 창조하는 원리이기 때문입니다. 그러니까 참으로 과학 문명을 뒷받침하고 세계 인류를 구제할 수 있는 것이 불법이라는 것부터 깨달아야 합니다.

불법은 우주 형성의 원리

참으로 이성적인 종교는 감성을 초월했을 뿐만 아니라 참이다, 거짓이다, 착하다, 악하다고 비판하는 이성적 가치까지도 초월한 근본 원리여야 합니다. 그래야만 인간의 모든 문제를 해결하고 역사적 난관을 뚫을 수 있을 것입니다. 그러므로 부처님을 믿어도 단순히 감성적 가치를 해결하기 위해서 믿는다고 하면 그것은 옳은 믿음이 아닌 것입니다.

사실 현재 인류가 안고 있는 많은 문제들은 이성적 또는 과학적으로 해결해야 할 것들이 많습니다. 그러나 인생 문제라든가 세계의 깊은 문제는 이성까지 초월한 부처 마음자리, 즉 우주의 근본 생명 원리를 깨닫지 아니하면 해결이 안 됩니다.

우리가 흔히 말하는 석가모니 부처님은 화신불인데 그 이름에 부처의 성품이 들어 있는 것은 아닙니다. 그래서「금강경」에 '약이색견아 이음성구아 시인행사도 불능견여래(若以色見我 以音聲求我 是人行邪道 不能見如來)'라고 한 것입니다. 음성이나 형상으로는 부처님을 구할 수가 없다는 말이지요.

부처 마음자리는 우주를 창조하고 형성하는 원리입니다. 이러한 부처 마음자리 속에서의 일거일동은 불가사의한 법계의 모든 것을 창조해 내는 한량없는 공덕이 되는 것입니다. 모든 것이 부처 마음자리의 작용인 것입니다. 그러니까「법화경」에서 말씀하기를 '애들이 장난으로 흙덩이로 부처님을 조성한다거나 모래로 부처님 탑을 쌓는다거나 또는 법당에서 한번 합장한다거나 나무불 하더라도 이미 성불을 마쳤느니라.' 하고 설한 것입니다.

한량없는 공덕을 지어서 성불하는 것이 아니라 우리는 이미 성불해 있습니다. 그러니까 그 마음자리에 들어가면 우리는 한량없는 공덕을 벌써 지었고 이미 성불한 것이 됩니다. 그것이야말로 인간의 참모습이라고 할 수가 있습니다. 이러한 차원에서 볼 때 우리 인류는 평등하고 또 둘이 아니고 한몸인 것입니다.

그러니까 거기서 나온 자비심이야말로 이 세상의 모든 분열, 대립, 알력을 자비와 화합으로 바꿔 평화를 이루는 원동력인 것입니다. 대립을 투쟁으로 해결한다는 것은 오늘날의 변혁 이론일 뿐이지 결코 근본적인 평화를 가져다 줄 수는 없습니다. 대립을 투쟁으로 해결해서 발전해 나가는 것이 역사라고 하는데 그와 같은 사상과 행동은 그러한 악순환의 고리에서 벗어날 수 없습니다.

그러한 사상 가지고는 인류의 파멸을 면하기 어렵습니다. 대립을 화합으로 바꾸려고 노력하면 우리 민족도 곧 평화 통일을 성취할 수 있습니다. 그것은 곧 세계 인류를 구제하는 길이기도 합니다.

부처님이 따로 있는 것이 아닙니다. 우리의 참모습, 인간의 참다운 실존이 바로 부처님이지 따로 부처님이 있는 것이 아닙니다.

혜/암/스/님

칭찬과 비방에
흔들림 없으면
부처

혜암 스님

· 1920년 3월 20일 生.
· 1945년 해인사에서 인곡 스님을 은사로 득도.
· 현 조계종 원로회의 의장, 해인사 원당암 주석.

마음이 삿되면 마구니가 되고, 마음이 바르면 바로 부처

칭찬과 비방에 흔들림 없으면 부처

남을 즐겁게 하면 극락 세계가 열립니다

새해를 맞이하는 우리는 늘 어떻게 살아야 잘 사는 것인가 하는 문제를 놓고 골똘히 생각하게 됩니다. 그러나 사실 평소와 다를 게 뭐 있겠습니까? 사람 사는 것이 다 똑같지요. 알고 보면 흥하고 망하고 하는 것이 다른 데 있지 않아요. 너한테 있는 것도 나한테 있는 것도 아니고 순전히 우리 마음을 모르는 데 있어요. 우리 마음만 알면 무엇이든 잘 됩니다. 안으로 밖으로 안 될 일이 하나도 없어요. 그런데 그 마음을 모르니까 이렇게 걱정, 근심, 재앙이 자꾸 생기지요.

가정이나 국가도 마찬가집니다. 요즘 들어 대형 사고가 얼마나 많이 났어요. 알 수 없는 일이 세상사이고 뜻대로 안 되는 것도 세상사인데 무얼 어떻게 잘 되길 바라겠어요. 그러나 우리가 지금 집안을 위하고 이웃을 위하고 직장에 대해 충실해서 단체의 단결, 화합만 잘 된다면 나라도 단체도 집안도 개인도 모두 잘 돼요. 사람의 몸도 눈, 코, 귀, 입이 화합만 되면 탈이 안 나요. 눈은 눈대로 코는 코대로 귀는 귀대로 욕심을 부려서 병도 나고 근심도 생기는 것이지 화합만 하면 아무 일도 없이 잘 됩니다.

나랏일이나 하늘, 땅 일이나 우리 몸뚱이나 똑같아요. 조금도 틀리지 않습니다. 자기 일 잘 하는 사람은 다른 일도 잘 합니다. 자기 일도 못하는 사람이 남을 어떻게 가르치고 도와 주겠습니까?

우리 몸뚱이가 하늘이고 땅입니다. 단결, 화합하고 어디 가든 기쁘고 즐겁게 사세요. 다른 사람 애먹이지 말고. 나도 해롭고 남도 해로운 짓을 왜 합니까. 짧은 시간에 남도 도우면서 멋있게 살지, 얼마나 산다고 남을 해치며 삽니까? 남 즐겁게 해서 손해 볼 일이 뭐 있겠습니까? 가는 데마다 그런 생각을 내야 합니다. 그리고 이치를 거스르지 말고 합리적으로 삽시다. 이 몸뚱이를 이치에 맞도록 안 해 주니까 탈도 나고 병도 들고 하는 겁니다.

그러면 어떻게 하는 것이 함께 즐겁게 사는 것일까요. 첫째, 자기 직장에 충실하고 둘째, 항상 단결, 화합해 남을 기쁘고 즐겁게 해 주고 셋째, 합리적으로 이치에 맞게 살도록 노력해야 합니다. 그럼 이 곳이 지상 낙원, 극락 세계가 되는 것입니다. 365일을 이런 마음으로 살아야 합니다.

망념의 구름 걷히면 정, 정이면 해탈

우리는 흔히 선(禪)과 정(定)을 얘기하곤 합니다. 어떤 것을 선이라 하며 어떤 것을 정이라 합니까. 망념이 일어나지 아니함이 선이요, 앉아서 본성을 보는 것이 정입니다. 본성이란 무생심(無生心)이요, 정이란 경계를 대함에 무심하여 팔풍(八風)에 움직이지 아니함입니다. 팔풍이란 이로움과 손실, 험담이나 듣기 좋은 말, 칭찬과 비난, 괴로움과 즐거움을 말합니다.

만약 이와 같이 정(定)을 얻은 사람은 비록 범부라고 하더라도 부처님 지위에 들어간다고 했습니다. 그것을 일러 해탈이라고 하며 또는 피안에 이르렀다고 합니다. 이는 육도(六度)를 뛰어넘고 삼계(三界)를 벗어난 대력보살(大力菩薩)이며 무량역존(無量力尊)이니 그야말로 대장부인 것입니다. 망념이 일어나지 않는다고 하는 것은 흔히 말하는 분별육식(分別六識)뿐 아니라 제팔 아뢰야식의 미세망념(微細妄念)까지 일어나지 않는다는 것을 말합니다. 제팔식은 끊어졌으나 제팔 아뢰야식이 남아 있으면 선이 아닙니다. 미세망념이 모두 끊어지면 망념의 구름이 걷히고 진여자성인 지혜의 해가 드러나서 자기 본성을 보지 않을래야 보지 않을 수 없으니 이것이 곧 돈오(頓悟)이며 해탈이며 성불입니다.

본성이란 무기심의 무명(無明)까지 완전히 끊어진 본래의 구경무생심입니다. 따라서 이것을 보는 것이 본성을 보는 것이며 불성을 보는 것입니다. 망상이 일어나지 아니한 것이 무생심이며 본성이므로 표현은 다르다고 하더라도 그 내용은 똑같습니다. 정(定)이란 모든 경계를 대할 때 무심함을 말하는 것입니다. 일체 망념이 일어나지 아니하고 진여본성이 드러나서 대무심지(大無心地)가 현전하여 행주좌와(行住坐臥), 어묵동정(語默動靜), 자나 깨나 미래겁이 다하도록 경계에 변함이 없습니다.

그래서 아무리 나를 이롭게 하거나 해롭게 하거나 헐뜯거나 듣기 좋은 말을 하거나 칭찬하거나 비난하거나 괴롭거나 즐겁거나 하는 팔풍이 거세게 불어닥친다 해도 흔들리지 않습니다. 그러므로 누구든지 본성을 바로 깨쳐서 망념이 다 떨어지고 무생법인(無生法忍)을 증득해서 일체처(一切處)에 무심이 되는 것이니, 이런 사람은 설사 겉보기에는 범부처럼 보이지만 구경각(究竟覺)을 성취한 부처님의 지위에 들어가는 것입니다.

그리고 여기서 범부라고 하는 것은 꼭 사람만 칭하는 것이 아닙니다. 팔세 용녀가 성불하듯이 남자든 여자든 축생이든 무생법인을 증득하면 모두 부처인 것입니다.

그래서 「보살계경」에서 말하는 부처님 계라고 하는 것은, "고기를 먹지 말라.", "술을 먹지 말라."는 등 명상(名相)에 의지한 계첩을 받거나 말 몇 마디 듣는 것이 아니라, 진여자성계(眞如自性戒)를 받아서 자성을 바로 깨칠 것 같으면 부처라는 것입니다.

그러므로 대중들은 이런 법문을 많이 듣고 바로 실천하여서 공부를 성취해야지, 만약 그렇지 않고 말로만 듣고 귓전으로 흘려보내면 도리어 듣지 않는 것만 못한 것이니, 부지런히 화두를 들어 하루빨리 깨달아 일이 없는 도인이 됩시다.

'나'는 누구인가

  삼세고금수시친(三世古今誰是親)
  담연일물본래진(湛然一物本來眞)
  개화낙엽근유일(開花落葉根唯一)
  일월거래절왕환(日月去來絶往還)

삼세 고금에 어떤 것이 참나인가.
청정한 한 물건이 본래 나일세.
꽃 피고 잎 지나 그 뿌리는 하나요,
해와 달이 뜨고 져도 가고 옴이 없구나.

어떤 것이 참나입니까. 어떤 세상의 내가 참나인 것 같습니까. 번뇌 망상이 없는 청정한 물건이 본래 나입니다. 참으로 나라는 것은 아무 생각도 일어나기 전에 따로 있어요. 그래서 눈 깜짝할 사이라도 '나'를 찾다 가는 것이 가장 보람 있는 삶인 것입니다. 돈 벌어서 재산을 쌓고, 벼슬을 해서 존경을 받으려 하고 그런 일이 처음부터 끝까지 재미가 있느냐 하면 사실은 그렇지도 않아요. 안 해 봐서 그렇지 남한테 대접 받는 것도 피곤해요. 대접 받지 않을 때는 자유롭지 않습니까? 낮잠을 자든 어디 가서 뒹굴든 누가 시비하겠어요. 대접 받으려면 옷도 맘대로 못 입고 신발도 아무거나 못 신어요. 세상 일은 따지고 보면 공짜가 하나도 없어요. 그러니까 남부러워할 일은 하나도 없는 것입니다. 단지 몰라서 그렇지 꽃 피고 잎 지나 그 뿌리는 하나요, 진리도 하나입니다. 사람 또한 한 뿌리에서 나왔거든요. 네 맘 다르고 내 맘 다르고 하지 않아요. 몸뚱이만 다르지 다 똑같은 마음이에요. 그래서 꽃 피고 잎 지는 그 뿌리는 하나요, 해와 달이 뜨고 져도 가고 옴이 없는 것입니다.

우리 동네 어떤 사람은 공부하러 오기도 전에 죽어서 화장터에서 타 버리기도 하고 땅에 묻히기도 해 이 세상에서 없어져 버렸어요. 그런데 그 사람이 아주 없어져 버렸습니까? 원래 육신은 있어도 있는 것이 아니고 허공의 구름과 같은 것입니다. 지금 여기 육신을 부려먹고 다니는 주인공이 있지 않아요? 나, 이 '나'란 것은 죽지 않아요.

「반야심경」 법문 같이 불생불멸, 불구부정, 부증불감입니다. 더 커지지도 않고 줄어들지도 않고 죽지도 않고 나지도 않고 가지도 않고 오지도 않는 주인공, 변하지 않는 내 주인이 따로 있습니다. 그 내 주인은 걱정, 근심하는 물건도 아니고 잘 되고 안 될 일도 없는 것입니다. 그것을 바로 보는 것이 성불이고 자유고 해탈입니다. 일체의 구속과 고통에서 벗어났기 때문에 해탈이에요. 나무 껍데기 같은 번뇌 망상을 벗어 버려야 해요. 우리 모두가 번뇌 망상

벗어 버리려고 공부하는 것 아닙니까?

삼세고금에 어떤 것이 참나인가.
번뇌 망상 없는 청정한 한 물건이 본래 나일세.
꽃 피고 잎 지나 그 뿌리는 하나요,
해와 달이 뜨고 져도 가고 옴이 없구나.
'억!'

이렇게 큰 소리를 치는 것은 말로는 불법을 설할 수 없다는 뜻입니다. 딱히 그 뜻만은 아닙니다만 그렇게 알아 두면 됩니다. 그래서 이렇게 방망이를 들기도 하고 치기도 하고 소리를 지르기도 하는 것입니다. 어쨌든 말만 다르고 글자만 다르지 이치는 똑같습니다. 한 번 들으면 그만인데 한 번 듣고 못 알아듣는 사람을 위해서 하고 또 하는 것입니다. 알아듣기는 해도 까마귀처럼 잊어버리기도 합니다. 세속 살림살이 때문이겠죠. 그러니까 정신을 차리게 하려고 하고 또 하는 것입니다. 처음에는 이런 말도 못 알아듣죠. 그렇지만 자꾸 듣다 보면 나중에는 알게 됩니다. 귀가 열리는 것이죠.

한편 이런 생각도 들어요. 몸뚱이도 내가 아니다, 우리 맘도 내가 아니다 하니 누가 이걸 믿고 배우려 들겠어요. 그러나 이건 거짓이 아닙니다. 진짜 헛것은 따로 있어요. 있는 그대로가 허공의 구름과 같은 거지요. 구름이 있는 것 같아도 사실은 헛것이거든요. 있어도 있는 것이 아닙니다. 그러나 진정한 주인은 따로 있어요. 먼 데 있는 것이 아니라 이 자리에 있어요. 못 봐서 그렇지 참선을 해서 깨달음을 얻으면 알게 되는 것 아닙니까? 그래서 우리 마음을 떠나서는 부처도 없고 귀신도 없어요. 우리 마음이 삿되면 마구니가 되고 우리 마음이 바르면 바로 부처가 되는 거지요. 손과 같다고 할까요. 엎으면 손등이 보이고 뒤집으면 손바닥이 보이는 것처럼 범부와 성인이 딱 붙어 있어요. 한 치도 떨어져 있지 않습니다. 어두운 마음 또한 근본은 밝아 부처님 마음과 손바닥처럼 딱 붙어 있습니다. 깨달으면 범부가 성인이 됩니다. 지금 우리는 깨닫지 못한 성인이고 부처님은 깨달은 성인이라는 그 차이만 있어요. 공부들 하세요.

세간살이에서 소중한 것 세 가지

성공한 사람들은 세월 아끼기를 자기 눈동자보다 더 아끼라 합니다. 늙어서는 돈도 못 벌고 공부도 못 하고 살림도 못 하고 재주를 배우기도 어렵습니다. 시간은 이처럼 귀중한 것입니다. 그래서 허망한 목숨보다 시간을 더 아끼라고 하는 겁니다. 그런데 미련한 인간들이 돈, 돈, 돈타령을 하는데 돈을 잃어버리는 것은 조그만 물건 잃어버리는 것에 지나지 않습니다.

그렇지만 세상 법으로 따지더라도 남한테 실수를 범하면 명예를 잃게 됩니다. 그것은 큰 재산을 잃는 것입니다. 돈은 없다가도 있고 있다가도 없는 것이지요. 그런데 남에게 신용을 잃으면 그것을 회복하는 데 얼마나 힘이 들겠어요? 돈 잃는 것은 아무것도 아닌 줄 알고 살면 됩니다. 남한테 신용을 잃으면 엄청난 재산을 잃는 줄 알고 신용을 지키라는 겁니다. 신용을 지켜야 장사도 잘 하고 정치도 잘 하고 살림도 잘 할 것 아닙니까? 신용 없이 무엇 하나 잘할 수 있겠습니까. 그 신용이 돈보다도 더 큰 재산이라는 것을 명심하세요.

그런데 신용보다 더 큰 재산은 건강입니다. 몸뚱이가 없으면 돈이 무슨 필요가 있으며 남한테 대접 받는 것이 무슨 필요가 있느냐 하는 겁니다. 건강이 세상에서 제일 가는 재산인 줄 알아야 합니다. 건강이 제일입니다.
 건강하게 삽시다.

원/담/스/님

참선은

모든 생명을 살리는 길

원담 스님

· 1927년 12월 1일 生.
· 1933년 수덕사에서 경선 스님을 은사로 득도.
· 조계종 제 5·7·8대 중앙 종회의원, 수덕사 주지 역임.
· 현 덕숭총림 수덕사 방장, 조계종 원로회의 부의장.

지금 있는 바로 그 곳에서 부처를 찾아라.

참선은 모든 생명을 살리는 길

신심 깊으면 서 있는 그 곳이 법당

　한국 불교는 1,600백여 년의 역사 동안 명맥이 마치 가는 실과 같았던 때가 한두 번이 아니었습니다. 근래에 들어서는 불교가 안정적인 것 같습니다만 참다운 불교가 없는 것이 안타깝습니다.
　앞으로는 중생과 함께 부딪치고 포교하며 수도하는 자세로 거듭나야 할 것입니다. 그것은 멀지도 않습니다. 여러분들이 여기서 법문을 듣는 일 자체가 더없이 훌륭한 일이자 미래의 밝은 불교를 여는 시작이기 때문입니다.
　현대의 불교는 형식 불교이지 참다운 정각(正覺) 불교라 할 수 없습니다. 불교는 스스로 깨닫는 법이지 부처를 믿는 것이 아닙니다. 예배당에서 신을 믿는 것처럼 부처를 믿는 것이 아니지요. 때문에 우리들에겐 '나'를 찾을 별도의 장소가 필요하지 않습니다. 맹목적 경배의 대상이 필요 없고 형식이 필요 없습니다. 비록 절이 아니더라도 좋습니다. 아무도 알아 주지 않는 어느 처마 밑이라도 상관없습니다. '나' 대신 부처를 찾고자 한다면 절이나 부처가 있는 곳에 가야 마땅할 것입니다. 그러나 '나'란 존재는 어디에나 있으므로 그럴 필요가 없다는 말입니다. 있는 곳이 어디든 시간과 장소를 불문하고 '나'를 찾기 위해 정진할 수 있습니다. 지금 있는 바로 그 곳에서 참다운 '나'를 찾을 수 있다면 그보다 큰 성취는 없을 것입니다. 여러분들은 그러한 정신을 지니고 있다고 믿기에 기대하는 바가 크며, 여러분들의 물러서지 않는 신심에 머리 숙여 존경하는 것입니다.

일체가 평등한 도리

춘색무고저(春色無高低)한데
화지자장단(花枝自長短)이라.

봄빛은 높고 낮음에 차별이 없고,
꽃 가지는 긴 것 짧은 것이 저절로 그러하다.

꽃 가지가 길건 짧건 분명한 꽃이며 제 나름의 향기를 풍기고 있습니다. 꽃 모양은 제각기 아름다운데 꽃 가지만 길고 짧을 뿐입니다. 여기서 길고 짧다는 것은 시각적 현상인데 길고 짧은 것이 동일하다는 이치를 살필 줄 알아야 합니다. 그것이 어떻게 같을 수 있습니까.
　서울 주변의 나즈막한 산 꼭대기보다 삼각산 꼭대기가 높고, 한강의 물은 그보다 훨씬 낮은 곳을 흐릅니다. 그러나 더 차원 높은 경지에서 바라보면 한강 물이나 삼각산 꼭대기나 높고 낮음이 없습니다. 이 때 비로소 일체가 평등한 도리를 발견하게 됩니다. 중생은 죄가 많아서 낮은 것이 아니고, 부처는 도를 통해서 높은 것이 아닙니다. 중생과 부처가 평등한 도리가 있습니다.

평등한 도리가 있으니까 우리들은 그 도리를 찾아야 됩니다. 반드시 찾고야 말겠다는 승부욕만 있으면 하늘이 여러분들의 의식주를 해결해 준다고 했습니다. 승부하는 사람을 위해서 하늘도 있고 땅도 있는 것입니다. 천지는 반드시 정신이 있고 알맹이가 있습니다. 알맹이가 있고 정신이 있는 천지라면 정진하는 사람들의 생각이 헛되지 않도록 그 결과를 드러낼 것입니다.

화두는 능히 삶과 죽음을 뛰어넘을 발판

내가 정진할 때의 경험을 통하여 참선이란 이런 것이다 하는 것을 말씀드리겠습니다. 저는 정진을 심하게 했습니다. 그 때는 잠도 안 자고 먹는 것도 부실하여 몸 가누기가 매우 힘들었습니다. 더구나 저는 어려서부터 이상한 병이 있었어요. 옆구리가 결리는 병인데 늑막염도 아니고, 딱히 무어라 말할 수 없는 병인데, 증세만 나타나면 꼼짝할 수조차 없었어요. 숨도 못 쉴 만큼 무척 고통스러워서 발작할 때마다 한 사흘씩은 잠도 잘 수 없고 움직일 수도 없었습니다. 물론 밥도 먹을 수 없었어요. 사람이 숨을 쉬어야 사는데 숨도 못 쉬고, 몸뚱이를 움직여야 사는데 한 사나흘씩 움직이지 못하니 죽을 지경이 될 수밖에 없었어요.

마침 그 무렵 공부가 무엇이고 어떠한 위력을 지닌 것인가에 대해 의심하고 있었는데 이러한 병이 생겼으므로 시험해 보아야 되겠다고 생각했어요. 삶과 죽음을 용감하게 끊는다[生死勇斷]는 말이 있는데, 이 공부로 그것이 가능한가 불가능한가를 시험해 보려고 생각한 것이지요. 그렇게 생각하던 중에 문득 잠이 들었어요.

가물가물한 잠 속에 그림을 하나 그려 놓고 들여다 보는데, 그 그림 속에서 난생 처음 보는 형체가 나오는 겁니다. 머리가 한 삼백 개도 더 되고 입에서 불이 나오며 발톱이 낫 같이 생긴, 하여간 보기만 해도 기절할 것처럼 생긴 물건이었어요. 그 물건이 앞으로 나와 발톱이나 이빨로 나를 무는 것이 아니라 그 기운이 나를 눌러서 꼼짝 못하게 만들었어요. 염라 사자더라고요. 염라 사자를 내 눈으로 보았어요. 그것이 나를 묶어 가는 것이 아니라 내게 다가와 나의 육신을 꼼짝도 못하게 하고, 숨도 못 쉬고 보이지도 들리지도 않게 하니까 눈·귀·코·혀·몸·의식이 모두 마비가 되었어요. 그 물건이 내게 다가오기만 하면 꼼짝 못하고 죽을 지경이란 말이에요.

저 물건이 나를 잡으러 오는데 저 놈을 어떻게 접대해야 할지 묘책이 없었어요. 그 땐 내가 젊었으니까 '네까짓 것이 아무리 그래 보아야 내가 용트림 한 번 하면 일어날 수 있을 것이다.' 하고 생각했어요. 그런데 막상 해 보니까 나의 젊은 용기로는 어림없었어요. 내 힘으로는 도저히 어찌할 방법이 없었던 것입니다. 어떻게 해 볼라치면 더욱 숨이 막히고 가슴이 죄는 겁니다. 맥이 정지되는 상태라 그냥 놓아 두면 죽을 것만 같았어요. 속으로 생각했어요. 이렇게 공부도 못 하고 죽으면 너무 억울하지 않은가 하고요.

그래서 화두를 사용해 보기로 작정했어요. 즉시 만법귀일(萬法歸一)이란 화두를 들었습니다. 형식적으로 든 것이 아니라 아주 철저하게 용기를 가지고 들어갔어요. 만법귀일이 무엇인가 하는 생각에 몸과 마음을 잊어버리고, '이것이 무엇인가' 하는 생각에 잠긴 거지요. 그랬더니 나를 꼼짝할 수 없도록 결박했던 것이 저절로 풀리면서 그 무섭게 생긴 물건은 점차 멀리 사라졌어요. 꼼짝할 수 없던 손가락이 움직여지고, 막혔던 숨통도 확 트였어요. 그토록 뜨려고 애를 써도 떠지지 않던 눈을 떠 보니 정상이었어요.

그래서 다시 시험해 봤어요. 깨어날 때가 되어서 깨었나 아니면 화두를 들어서 깨어났나 시험해 본 것이지요. 이번에는 화두를 놓고 멍청하게 있었어요. 그랬더니 역시 그 물건이 다시 나타나요. 정말 무섭고 징그럽게 생긴 물건이 죄어 오는데 그 고통은 형언할 수 없었어요. 참을 수가 없었어요. 먼저의 경험을 살려 죽기 직전이다 싶은 상황에서 다시 화두를 들었어요. 마찬가지로 묶였던 것이 풀리고 정지되었던 것이 다시 움직이기 시작해요. 눈을 떠 보니까 모든 것이 정상이었어요. 위험한 일이라 생각하고 더 이상 시험하지 않았습니다.
　시험을 마치고 일어나 보니 바닥에 물이 흥건했습니다. 얼마나 많은 땀을 흘렸는지 몰라요. 사람이 태어나는 것도 굉장히 어렵지만 몸뚱이 벗는 순간도 그만큼 어려워요.
　생사가 어렵다고 하지만 나는 죽어 보았으므로 죽음을 쫓아내는 방법을 알고 있습니다. 그것은 바로 참선입니다. 참선으로 부지런히 수행하여 통달하면 삶과 죽음을 마음대로 조절할 수 있는 겁니다. 후에 가만히 앉아서 그 때의 일을 생각해 보니 죽을 때 저승 사자가 나를 쫓아와서 잡아가더라도 나는 하나도 겁날 것이 없을 것 같았어요.
　그러다가 또 한 번 그러한 일을 당했어요. 밤에 자다가 겪은 것입니다. 기둥에 용을 새겨 붙여 놓았는데 사가라 용왕이라 합니다. 옆 사람들은 그 용이 살아나면 큰일난다고 해요. 그래 제까짓 것이 사가라 용왕 아니라 그 할아비라도 내겐 별것이 아니다. 나한테 덤벼 보아라 하고 그냥 두었지요. 역시 전에 경험했던 나찰귀처럼 내 몸뚱이를 감기 시작했어요. 그래 얼마나 감는가 실컷 감아 보라고 내버려 두었습니다. 감아서 바짝 조이는데 그 힘이 대단했어요. 견딜 수가 없어 숨이 막힐 지경이에요. 아! 사람이 죽을 때 이렇게 죽는가 보다 하면서 참을 수 있을 때까지 참아 보았습니다.
　점점 더 조여 들어와 육신으로는 도저히 견딜 수가 없게 되었을 때 떡하니 화두를 들고 입정해 버렸어요. 그랬더니 용이 감고 있던 몸뚱이가 슬슬 풀어졌어요. 정말 희안한 일이었어요. 참선이 대단하다는 것을 그 때 알았습니다. 그것은 꿈이 아닌 실재였어요. 그래서 수많은 수좌들이 밤낮 애를 쓰고 있구나 하는 사실을 실감하게 되었지요. 내가 실제로 경험해 보고 확실하게 깨닫게 된 것입니다.
　그 후로도 어려운 때가 무척 많았는데 가장 어려웠을 때가 수덕사에서 정혜사로 쌀을 짊어지고 올라갈 때였어요. 그 때도 육신을 시험하기 위해 화두를 들면 그렇게 아프던 허리가 편안해졌어요. 쌀의 무게보다 화두의 힘이 더 컸던 것입니다.
　나는 나 자신을 나쁜 놈이라 욕할 때가 가장 참기 어려웠는데 그 땐 상대방하고 싸우는 것이 아니라 나 자신하고 싸웁니다. 어디 화가 일어나나 안 일어나나 화두로 시험해 보아야겠다 하고 화두에 들면 지나가는 사람이 다정해 보이고 미운 사람도 없어졌습니다. 내 마음 속에 미운 생각이 없으면 상대방이 나하고 싸우려 들지 않고 저절로 도망가 버립니다. 그 때 새삼 화두의 위력을 느끼게 됩니다. 어떤 경우에도 화두만 들면 문제가 잘 풀립니다.

참선만이 나와 남을 동시에 살릴 수 있다

　여러분, 무슨 일이든 하다가 난관에 부딪치면 일념으로 참선을 해 보십시오. 미묘한 지혜가 나오며 천만 명을 감당할 수 있는 정신력이 나옵니다. 사업하더라도 참선을 하면 운영의 지혜나 난관 극복의 지혜가 나오며, 공동 운명체로 화합하며 살 수 있는 슬기도 나옵니다. 그러나 참선을 할 바에는 철저하게 해야 합니다. 나를 잊어버리고, 잊어버렸다는 생각조차 버려야 합니다. 참선한다고 누구한테 자랑하지도 말며, 상을 세워서는 더욱 안 됩니다. 참선을 할 때는 부처도 모르고, 귀신도 모르게 해야 합니다. 왜냐하면 참선하는 것은 선전이 아니고 스스로가 체험을 통해 진정한 나를 찾는 것이기 때문입니다.

분명한 것은 참선하는 사람만이 사람의 목숨을 살릴 수 있다는 것입니다. 사람의 목숨을 살린다는 것은 나를 완성하는 것이며, 자아의 완성이 바로 부처가 되는 것이기 때문입니다. 내가 나를 찾을 때, 나와의 전쟁도 남과의 불화도 모두 사라져 안심(安心)의 경지에 도달하게 됩니다.

결국 인류의 평화는 나를 찾는 데서 시작되고 '나'를 찾은 사람만이 완성할 수 있습니다.

승/찬/스/님

지금 이 순간이
참선의 시간입니다

승찬 스님

· 1924년 평남 개천 生.
· 1947년 칠불암에서 효봉 스님을 은사로 득도.
· 1955년 자운 스님을 계사로 비구계 수지.
· 1968~71년까지 태국 유학.
· 조계총림 송광사 3·4대 방장, 조계종 원로회의 부의장 역임.
· 1996년 입적.

이 세상에서 탐진치를 나타내지 않는 것이 참선입니다.

지금 이 순간이 참선의 시간입니다

소자연인 나를 완성시키는 일, 그것이 곧 참선

또 한철 가을이 지나가고 있습니다. 이렇듯 대자연의 이치는 어김이 없습니다. 대자연은 제 갈길을 어김없이 가는 것입니다.

소나무가 변함 없이 서 있고 개울물 흐르고 바윗돌들이 아름다운 저 산은 산이기에 앞서 대자연입니다. 그래서 저 산에서도 대자연의 순리대로 끝없는 변화가 계속되는 것입니다.

해가 뜨고 지는 것도 대자연의 말 없는 변화고, 산이 변화 속에 사철 모양을 바꾸는 것도 대자연의 호흡입니다. 해와 산과 나무와 개울물만 자연인 것은 아닙니다. 우주 속의 모든 것이 자연입니다. 대자연인 것입니다.

그렇다면 그 대자연 속의 인간은 무엇이냐. 인간은 소자연입니다. 대자연과 다를 것이 없지만 소규모의 자연입니다. 우리의 몸뚱이는 대자연 속의 소자연이란 얘기입니다. 모든 것을 다 갖추고 있는 소자연 말입니다.

주부들이 살림살이를 해 나가는 데 있어 큰 살림이니 작은 살림이니 나눠서 말하지 않습니까. 그러나 큰 살림이나 작은 살림이나 갖추고 있어야 할 것은 다 갖춰야 살림살이가 되는 법이지요. 마찬가지로 대자연이나 소자연이나 갖출 것은 다 갖춰야 하는 겁니다.

다시 말해서 우리 소자연도 대자연과 마찬가지로 살아야 합니다. 대자연의 말 없는 흐름과 같이 인간도 원칙을 무시하지 말고 자연스럽게 살아야 편안한 것입니다. 대자연을 버리고 소자연인 인간이 편하게 살 수는 없다는 이치가 여기에 있는 것입니다.

대자연을 정복한다는 것이나 보호한다는 것도 소자연 단속이 앞서야 가능한 것입니다. 소자연인 인간은 자연스럽지 않은데 대자연을 정복하거나 보호하는 일이 가능하겠습니까. 내 소자연을 못 다루면서 어떻게 마음대로 대자연을 부릴 수 있겠습니까. 소자연인 나 자신을 먼저 다스릴 줄 알아야 하는 겁니다.

그렇다면 어떻게 하는 것이 소자연인 나 자신을 잘 다스리는 것일까요. 소자연의 완성이 곧 대자연의 완성인데 어떻게 소자연을 완성시켜야 하느냐. 이 문제를 풀어 낸다면 대자연도 없고 소자연도 없는 대각의 경지로 오를 수 있을 것입니다.

소자연의 완성, 다시 말해서 나의 완성을 위해서는 꾸준히 참선을 해야 합니다. 대승적 수선(修禪)을 해야 하는 것입니다. 대승적 수선이란 무엇입니까. 대승적으로 선을 닦는 것입니다. 대자연의 완성을 자연스럽게 만들어 내는 그런 선을 닦아야 한다는 말입니다. 부처님이나 역대 조사, 여러 큰스님들의 길을 오늘의 우리도 똑같이 가야 하는 것입니다.

그 길을 가기 위해 우리는 스스로의 성품과 행실을 돌아볼 줄 알아야 합니다. 반조하는 삶을 살아야 한다는 것입니다. 스스로의 소자연을 밝은 눈으로 살피면서 살아야 한다는 것입니다. 강요된 반성은 반조가 아닙니다. 스스로 자신의 성품을 돌이켜보며 제 사는 길을 돌이켜보고 완성의 길이 어느 것인가를 알아 내야 합니다. 스스로를 비추는 일이야말로 자신의 진면목을 들여다보는 것이 아니겠습니까.

그렇다면 우리는 언제 참선해야 합니까. 이런 생각도 필요가 없는 것입니다. 참선을 하는 시간이 따로 있을 수 없으니까요. 시시각각 하루 스물네 시간, 이틀이면 마흔여덟 시간, 그 모든 시간이 바로 자신을 비추는 반조의 시간이요, 참선의 시간이 돼야 한다는 겁니다.

참선의 완성은 모두가 부처 되는 것

인생살이가 모두 반조의 시간이요, 참선의 시간이 되어야 합니다. 반찬거리를 사러 가서도, 부부싸움을 하면서도 스스로를 비춰 보십시오. 내가 지금 하고 있는 행위가 무엇인가를 분명히 알지 못하면 한낱 몸뚱이의 움직임일 뿐이고, 그것을 알면 인간의 생명을 가치 있게 이어 나가는 것이라 할 수 있겠습니다.

예를 들어 봅시다. 권투 선수가 상대편과 경기를 하고 있다고 합시다. 이 때 경기를 하는 선수가 자신의 행위를 비춰 보지 않고 무작정 이기려고만 한다면 그것은 싸움질이 될 뿐, 운동 경기가 되지는 못하는 것입니다.

자신을 반조하는 것, 돌이켜 자신을 알아 보는 것, 이것이 참선인 것입니다. 또한 화두만 붙들고 앉아 있어서 되는 것이 아닙니다. 화두란 것에만 붙들려 있으면 운동 선수가 싸움질하는 것과 같습니다. 이기고 지는 것을 뛰어넘은 생각. 그 한 생각을 가져야 하는 것이 운동의 참다운 자세이듯, 참선의 바른 자세도 화두에만 묶여 있는 것이 아니라 자신의 진면목을 보려는 노력인 것입니다.

생각만 하나 옳게 들고 있으면 그것이 부처 되는 길입니다. 또 한 생각을 잘못 들고 앉아 있으면 한낱 중생의 길을 벗어 날 수가 없습니다.

옛 조사 스님들도 말씀하셨습니다. "한 생각 바로 갖고 들어가는 것이 뭐 그리 어려냐." 하고 말입니다. 한 생각 바로 들어가는 것이 부처라 했으니, 32상 80종호를 다 갖춰야 부처가 아니고 한 생각을 바로 갖춤으로 해서 부처의 열매를 따 먹는 것이니 한 생각을 놓쳐서는 아니 되겠습니다.

그것은 시일이 걸리는 일일 수도 있지만 나를 돌이켜보는 반조의 순간은 눈 깜짝할 사이가 아닙니까. 한 생각을 다 잡아 지니고 나를 비추는 일을, 애기가 커서 어른이 되고 늙고 죽어가듯 끝없이 해 나가야 합니다. 그래서 마침내는 나의 실제 모습, 진면목을 보아야 하는 것입니다.

그리고 나서는 대승을 실천해야 합니다. 옛날 삼장 법사가 인도를 왜 갔습니까. 도를 구하기 위해 인도를 갔고, 그 목적은 바로 대승을 위한 것이었습니다. 소승은 나 혼자만을 구하는 도리이고 대승은 나와 동시에 내 이웃을 같이 구하는 도리입니다. 물론 내 자신이 부처님 마음과 같이 돼야 하겠지만 나 혼자 부처님 마음 같이 되고 나서 아들, 딸과 이웃은 다 어쩌란 말입니까. 모두가 부처님의 마음이 되어야 합니다. 소자연이 완성돼야 대자연이 완성되는 이치가 여기에 있는 것입니다.

대자연에 속한 인간이 누구는 완성되고 누구는 완성되지 않았는데 그것을 품고 있는 대자연이 어떻게 완성될 수 있겠습니까. 그래서 대승의 수선이 필요하고 우리 불자들이 그것을 해 내야 하는 겁니다.

탐진치를 내지 않는 것이 참선

「금강경」에 나오는 한 말씀을 알아야 하겠습니다. '약견제상비상 즉견여래(若見諸相非相 卽見如來)'라 했습니다. 만약에 형상을 형상 아닌 것으로 보면 바로 여래를 보는 것이란 뜻인데, 어렵게 생각할 필요는 없습니다. 나도 예전에는 이 부분이 이상해서 많이 생각했는데 '형상을 형상 아닌 것으로 봐라.'는 것은 곧 집착을 버리란 뜻입니다.

형상을 형상 아닌 것으로 보라는 말에 대해서 생각하고 또 생각하면 결국 그 '말'이라는 형상에 집착되어 의미를 못 밝히는 것입니다. 형상을 보면서 형상이 아닌 것을 보려면 형상에 집착하지 말아야 합니다.

집착하지 않으면 형상 아닌 것은 저절로 보여집니다. '무'라거나 '이 뭣고'라거나 하는 천칠백의 공안이 다 무엇입니까. 집착을 끊으라는 것 아닙니까.

우리가 참선의 길을 바르게 걷기 위해서는 무엇이 필요합니까. 바로 스스로를 비추는 일이 필요합니다. 어두운 곳에 앉아서 내 얼굴에, 내 옷에 무엇이 묻었는지 보입니까. 밝은 곳에 앉아 있어야 내 얼굴에 묻은 흙과 내 옷에 묻은 오물이 보이지 않겠습니까. "스님, 화두를 생각하면 일이 잘 안 되고 일을 하려면 화두가 생각나지 않으니 어쩌면 좋습니까." 하는 질문을 자주 듣습니다. 그것은 길을 잘못 들어섰기 때문입니다. 참선의 길을 잘못 찾아든 것입니다.

부처님께서는 늘 참선하라고 하셨지요. 여기서 한 이야기를 들려 드리겠습니다.

사리불 존자가 나무 밑에 앉아 참선을 하고 있었습니다. 그 옆을 유마 거사가 바삐 지나고 있었죠. 꼼짝도 않고 앉아 있는 사리불을 보고 유마 거사가 그냥 지나갈 리가 없었겠지요. "여보시오, 사리불 존자." 하고 부르니까 그제서야 사리불이 눈을 뜨고 "아니, 거사께서는 어디를 가십니까." 하고 인사를 했겠지요. 유마 거사는 "존자님, 참선 하느라고 지나가는 사람도 못 보시니 도대체 참선을 어떻게 하는 것입니까." 하고 물었습니다. "아무것도 생각 않고 손끝 발끝 하나 꼼짝 않고 그렇게 앉아 있는 것이 참선이오." 하고 대답하니 유마 거사는 "안타깝습니다. 이 세상에서 탐진치를 나타내지 않는 것이 참선이오." 하고는 가던 길을 가 버렸습니다.

이 세상에서 탐진치를 내지 않고 사는 게 참선이라니. 우리는 이 뜻을 알아야 합니다. 여러분은 어떻게 탐진치를 나타내지 않고 사시겠습니까. 방법이 있습니다.

그것은 바로 자신을 비춰 보는 것입니다. 자신을 환히 비춰 보는데 더러운 것이 묻었으면 그것을 빨리 닦아 내지 그냥 놔 둘 수는 없지 않습니까. 그렇듯 자신을 비춰 보는 삶은 언제나 깨끗하니 이것이 바로 탐진치를 나타내지 않는 참선, 유마가 사리불을 질책한 참선의 도리가 아니겠습니까. 나를 비춰 보는 사람이 참선을 제대로 하는 사람입니다.

그런 사람은 행복하고 일도 잘하고 또 돈도 많이 벌게 됩니다. 불교를 믿는다고 해서 모두 행복하게 되는 것이 아닙니다. 불교를 믿는다는 것이 그저 뭐든지 초월하는 마음을 갖는 것은 아닙니다.

자신을 비춰 보는 삶이 곧 참선

옛날에 한 노파가 있었습니다. 그 노파는 아들도 딸도 모두 출가해 스님이 됐고 자신도 열심히 절에 다녔습니다. 하루는 그 노파가 길을 가는데 옆에 서 있던 소가 노파의 옆구리를 들이받았습니다. 그럴 수도 있는 일이죠. 그런데 그 노파는 '내가 이렇게 열심히 절에 나가 부처님을 믿었는데 소에 받히다니 예끼, 이제는 절에 다니지 않을 테다.' 하고 마음먹었습니다.

잘 되면 좋아하고 못 되면 싫어하는 것은 중생의 마음입니다. 잘 되고 못 되고를 구별해 보지 말아야 합니다. 그러한 분별심을 내면 참선도 못 하게 되고 바른 불교를 믿지도 못하게 됩니다.

형상을 보지 말고 형상 아닌 것을 보라고 앞에서 말했습니다만 형상도 형상 아닌 것도 봐서는 안 됩니다. 그것을 둘로 나눠 놓고 보느니 안 보느니 하면 아무것도 안 되는 것입니다. 집착입니다. 그 집착의 무거운 짐을 벗지 못하면 끝내 밝은 마음을 못 얻게 됩니다.

집착 속에 헤매는 사람은 절대 자신을 비춰 볼 수가 없는 것입니다. 그 노파처럼 소에 받혔다고 절에 안 나가면 어쩌란 말입니까. 불교는 그런 것이 아닙니다. 참선의 길, 대승적 수선의 길은 그런 것이 아닙니다.

스스로의 모습을 스스로 비춰 보며 사는 것이 불교요, 참선이요, 대승적 수선인데 사람들은 부처님이, 신장들이, 조사들이 깨닫게 해 주고 복도 주고 그러는 것이 불교인 줄 알고 있으니 문제입니다. 앞에서도 누누이 강조했다시피 자신의 모습은 비춰 봐야 합니다. 어리석은 모습으로 비춰지면 지혜롭게 살려고 정진해야 하고 티가 묻었으면 닦아 내야 합니다. 그래서 항상 밝고 깨끗한 자신의 모습을 지켜 가야 하는 겁니다.

그것이 바른 참선의 길이니 여러분은 그 길로 가야 합니다. 그래서 이웃에게 그 길을 안내해야 합니다. 그것이 바로 인간의 일입니다. 어김없이 진행되는 대자연의 순리처럼 인간, 즉 소자연도 어김없이 더러움 없이 그렇게 완성되어야 한다는 것입니다.

고송 스님

모두가
보살의 정신으로 살면
이 곳이 곧 극락

고송 스님

- 1906년 10월 10일 生.
- 1920년 팔공산 파계사에서 상운 스님을 은사로 득도.
- 1923년 용성 스님을 계사로 비구계 수지.
- 금강산 등에서 수행 정진. 망월사 30년 결사.
- 현 파계사 조실, 조계종 원로회의 의원.

욕심을 끊으면 '그대가 바로 부처'인 경지에 이릅니다.

모두가 보살의 정신으로 살면 이 곳이 곧 극락

세상 만물이 부처님의 얼굴

'부처님은 도솔천을 여의지 않고 정반왕께 오셨더라. 마야 부인 태(胎)중에서 나오기 전에 일체 중생을 제도해 마쳤더라.'

여기에 성불하는 도리가 있고, 생사를 영달한 도리가 있어요.
석가모니 부처님은 고해 중생을 건지시기 위해 사바 세계에 오심이 없이 오셨습니다. 부처님은 원래 '오셨다', '가셨다', '태어나셨다', '돌아가셨다' 하는 말로 표현할 수 없습니다. 여여한 자리에서 오심이 없이 오셨다고 해서 여래(如來)라고 합니다. 허공(虛空)이 왔다 갔다, 태어났다 죽었다는 소리를 들어 보지 못하듯이 부처님은 만고 불변의 진리로서 오셨기에 오고 감이 없습니다.
중생은 분별과 망상에 사로잡혀 있어 모양이 떠난 상태와 경지를 볼 수가 없습니다. 하지만 부처님의 법신은 우주에 꽉 차 있어 널리 일체 중생 앞에 나타납니다. 두두물물이 부처님의 상호(相好)

아닌 것이 없습니다.
 그러나 범부들은 우주에 충만한 부처님을 보지 못하고 인간의 몸으로 나신 부처님만을 찾습니다. 부처님은 중생을 구제하기 위해 인간의 몸을 빌리셨을 뿐임을 알아야 합니다. 부처님이 이 세상에 출현하신 뜻을 제대로 안 후에 우리는 부처님의 대자비행을 본받아 부처님의 분신으로서 그 분의 가르침을 그대로 실현하며 살아야 합니다. 만일 우리가 부처님을 우리와 동떨어진 곳에 계시는 분으로만 생각한다면 이는 부처님을 잘못 알고 있는 것입니다. 우리는 부처님을 중생의 눈으로 보려 하지 말고 부처님의 눈으로 보는 노력을 계속해야 합니다.
 부처님은 성도(成道) 후 '일체 중생이 부처님과 같은 덕성을 지니고 있다.'는 사실을 말씀하셨습니다. 이같은 말씀은 일체 중생을 똑같이 평등하게 취급하신 혁신적인 일대 선언입니다. 여기에는 추호의 의심도 개입할 여지가 없는 것입니다. 스스로의 성품에 자성 지혜의 횃불을 밝히면 곧 본래면목(本來面目)이요, 반야선이 다다른 피안·열반·저 언덕 자체인 것입니다.

욕심을 버리면 본래심

 '마음과 중생과 부처가 하나'이므로 우리도 부처가 될 수 있다는 사실을 알고 확신을 가져야 합니다. 그러나 우리가 부처 되기 어려운 이유는 무엇입니까. 무수한 망상과 집착, 탐진치 삼독 때문에 우리는 부처 되기 어려운 것입니다. 나라는 생각과 욕심을 남김 없이 버린다면 누구나 곧 부처가 될 수 있습니다. 부처가 될 수 있다는 확신과 그러한 서원을 발할 때 정각이 멀지 않습니다.
 우리는 부처님이 오로지 중생을 구제하기 위해 오셨다는 사실을 기억해야 합니다. 부처님은 우리를 위해 무수한 고난과 역경의 길을 몸소 보여 주셨습니다. 그것은 우리 중생이 다겁생멸(多劫生滅)하는 동안 쌓은 업보로 인한 고통과 괴로움을 부처님 법에 의지하여 뛰어넘지 않고는 무명을 광명으로 바꾸지 못한다는 사실 때문입니다. 그래서 부처님은 6년 간의 설산(雪山) 고행을 몸소 보여 주셨고, 그 이후에는 고통과 즐거움이 없는 비고비락(非苦非樂)의 수행을 보리수 아래에서 보여 주셨습니다. 진정한 진리는 고행과 쾌락에 치우친 수행만으로는 얻을 수 없기 때문입니다.

부처님은 49년 간 중생을 위해 법을 설하셨습니다. 팔만 사천의 법문을 한 마디로 요약하면 결국 '괴로움을 떠나 즐거움을 얻자[離苦得樂]'는 것으로 요약됩니다. 물론 여기에서의 즐거움은 인간의 오욕락(五欲樂)처럼 즐거움을 누릴수록 점점 고통 속으로 빠져드는 것이 아닌 영원 불변한 행복입니다.

"온갖 나쁜 일 저지르지 말고 모든 착한 일을 두루 행하라. 스스로 마음을 깨끗히 하는 것, 그것이 모든 부처님의 가르침이니라[諸惡莫作 衆善奉行 自淨其意 是諸佛教]."고 하는 칠불통계게(七佛通誡偈)가 부처님의 49년 법문의 내용을 가장 쉽게 담고 있습니다. 악한 일 짓지 말고, 착한 일 많이 하라는 말씀인데 얼마나 쉬운 가르침입니까? 다만 사람의 욕심으로 인해 실천이 어려울 따름입니다.

본래심으로 돌아가십시오. 그리고 나를 비우십시오. 본심으로 돌아가기 위해 늘 절을 하십시오. 그런데 절을 하면서 성질은 왜 그리 빳빳하게 세웁니까. 절을 하는 행위는 나를 꺾으라는 것입니다. 절은 하심(下心)을 내기 위한 공부인데, 자기를 꺾지 않으면 아무 의미 없는 몸짓이 됩니다. 옛날엔 절을 한 번만 해도 사람들이 온화함을 보였는데, 요새 사람들은 절만 꾸벅꾸벅 잘하지 속마음은 뻣뻣해요.

'나'를 떠나 어디서 부처를 찾을 것인가

세상 사람 중에는 껍데기를 보며 살아가는 사람이 많습니다. 나와 너라는 구별을 버리고 참다운 진아(眞我)를 돈증(頓證)해야지요. 그러기 위해서는 인과를 알고 사리(事理)를 밝히는 공부를 꾸준히 지속해야 합니다.

또 공부를 하면서 남에게 무언가 가르침을 받기만을 기다려서는 안 됩니다. 제 밥그릇은 스스로 챙겨야 하듯이 남에게 의존하는 공부는 한계가 나타나게 마련입니다.

욕심을 끊고 구하는 것이 없으면[斷慾無求] 숙명통(宿命通; 전생의 일을 잘 아는 신통력)이 멀지 않고 해탈(解脫)이 멀지 않습니다. 드디어는 '그대가 바로 부처[汝卽是佛]'가 되는 경지에 이릅니다. 그런데 요즘 사람들은 자신이 부처인 줄 모르고 다른 데서 부처를 찾으려고 야단입니다. 헛된 일이지요.

오늘날 깨끗한 정치, 바른 삶을 찾자는 구호를 너도 나도 외치는데, 그것이 부처님의 가르침과 어긋나는 것은 없습니다. 하지만 전 국민의 3분의 2를 차지하는 종교인들이 나머지 비종교인들을 선도하지 못해 이러한 도덕 불감증의 시대가 우리 앞에 펼쳐지고 있는 것입니다. 자신의 향락을 위해 인명을 파리 목숨처럼 해치고, 몸뚱아리의 자양분을 위해 미물을 함부로 죽이는 오늘의 세태는 종교인들이 책임을 지고 반성하면서 바른 길로 선도해 가야 합니다.

부처님께 꽃과 노래와 연등을 바치는 것도 좋지만 불교인들이 대오 각성하여 주변부터 밝게 정리하면서 내 마음, 내 가정부터 맑혀 나가는 자세가 부처님을 받드는 가장 큰 공양이 될 겁니다.

요즘 사람들은 영리하지만 진리는 평범한 가운데 있다는 것을 알지 못합니다. 아무리 시대가 변해도 변하지 않는 것이 많습니다. 우리가 매일 먹는 밥이 예전과 다름이 없고, 저 대천 세계에 물

내려가는 소리는 변하지 않았습니다. 피상적인 현상은 변하고 바뀌지만 근본은 변하지 않는 겁니다. 이것을 일러 자성(自性)은 불변이라는 것이지요.

재가 불자들은 바람직한 삶의 방향을 저마다 잘 알고 있는 듯합니다. 그러나 그렇지 못한 이들도 많아서 제각기 가다가 벽에 부딪치면 그 때야 깨닫게 되는 경우도 있습니다. 사람의 마음이 돌아앉아 있을 때는 무슨 말을 해도 소용이 없습니다.

좋은 말이 따로 있는 게 아닙니다. 일상 속에 그대로 여여(如如)하게 생동하는 말이 있을 뿐입니다. 억지로 좋은 말을 하려고 해서 되는 것이 아닙니다. 산과 물을 아무리 그대로 그리려 한들 똑같이 그릴 수는 없습니다. 같게 그리려고 애쓴들 더욱 어긋날 뿐입니다. 있는 그대로 보고 듣고, 시장하면 밥먹는 게 자연스러운 겁니다.

이렇게 말해도 돌아앉은 이에게는 도무지 감(感)이 안 갈 것입니다. 석가모니 부처님이 법을 설해도 귀에 들어가지 않지요. 그러니까 본인이 깨치는 방도 외에는 다른 도리가 없습니다. 깨쳐서 진리와 하나가 될 때 모든 말이 하나로 통합니다.

형상에 마음 뺏기지 않으면 반야바라밀

사리를 바로 알지 못하고 세상을 살아간다면 그야말로 헛되고 어리석은 삶이 됩니다. 사리를 제대로 알지 못할 때 자기 분수를 망각하고 살게 됩니다. 자기 분수를 모르고, 하루 아침밥도 먹기 힘든 신분에 세 때를 산해진미로 먹어야 되겠다는 욕심을 부리게 됩니다.

우리가 삼독의 어리석음을 벗어나 지혜로운 사람이 되기 위해서는 바라밀을 실천해야 합니다.

'반야바라밀'은 사리를 바로 아는 것입니다. 이해 타산을 떠나 사물의 실상(實相)을 바로 알면 집착을 벗을 수 있습니다. 그러나 실상을 모르면 어떤 물건을 봐도 그것의 형상에 마음을 빼앗겨 애착과 욕심을 내게 됩니다. 급기야는 소유욕으로 인해 물건을 훔치는 지경에 이르기도 합니다. 찻잔이 먼지로 이루어져 있듯이 근본으로 들어가면 무상(無相)의 경지가 펼쳐집니다. 지혜를 구족한 보살만이 반야바라밀을 바로 볼 수 있습니다.

이 보살은 일체 중생을 제도하기 위해 수행을 합니다. 국민 모두가 보살의 정신으로 살아간다면 극락 세계는 이 땅에서 저절로 열릴 것입니다. '남에게 어떡하면 이익을 줄꼬.' 하는 대비심(大悲心)을 내면 그대로 부처님이 출현합니다.

문제는 여러분 자신부터 모범을 보이는 것입니다. 부처님의 정신과 대자대비의 몸뚱이를 지닌 채 중생 제도(衆生濟度)로 양식을 삼는다면 거기에 더 보탤 것이 없습니다. 사람마다 그 정신이 살아 있다면 혼탁한 세상도 사라질 것입니다.

그러나 중생 제도를 위해서는 먼저 세간(世間)의 생멸을 관(觀)할 수 있어야 합니다. 집착을 여의면 곧 날 곳을 두지 않게 됩니다. 범부(凡夫)가 지혜가 없어 생각을 짓고 집착하여 유(有)와 무(無)를 구하고, 바르지 못한 허망한 행동으로 삿된 도를 행하는 것은 밑 빠진 독에 물을 붓는 것과 다름 없는 어리석은 일입니다.

우리가 지을 복은 영원히 새지 않는 독에 물을 긷는 일과 같습니다. 무엇보다 무주상보시(無住相布施)의 공덕이 가없는 복이 됨을 알아야 합니다. 사람과 물건이 모두 끊어진 자리에 무량한 복덕이 있습니다. 무엇을 준다는 생각도 말고, 받는다는 생각도 말며, 이 물건이 어떤 것인지 생각도 말아야 합니다.

부독금문불좌선(不讀金文不坐禪)
무언상대시하종(無言相對是何宗)
비풍류처풍류족(非風流處風流足)
벽장천년수고송(碧嶂千年秀古松)

경(經)도 읽지 않고 좌선도 하지 않으며,
말없이 상대하니 이 무슨 종(宗)인고.
풍류 아닌 곳에 풍류가 넘치니
푸른 멧부리에 천 년 묵은 고송이 빼어났네.

(한암 스님이 고송 스님에게 법호를 지어 주며 써 준 전법 게송)

관/응/스/님

'나'를 버리면
우주가 바로 내 것

관응 스님
· 1910년 6월 15일 生.
· 1929년 탄옹 스님을 은사로 득도.
· 일본 용곡대(龍谷大)에서 수학.
· 김용사 강사 역임. 무문관 6년 수행.
· 현 직지사 조실, 조계종 원로회의 의원.

아무리 좋은 것이라도 집착을 하면 그른 것이 되어 버립니다.

'나'를 버리면 우주가 바로 내 것

일체의 법은 욕심을 떠난 곳에 있다

불교는 깨침의 종교입니다. 그리고 법문은 그 깨친 법성 자리를 열어 보이는 일입니다. 불·법·승 삼보 가운데 법을 깨달은 분이 부처님이고, 깨닫지 못하고 지금 배우고 있는 이가 바로 승입니다. 부처님이 깨달으신 바, 즉 법이라고 하는 것은 나에게 들어오면 내가 살고, 나무에 들어오면 나무가 살고, 바위에 들어가면 바위를 무너지지 않게 하고, 물에 들어가면 맑은 기운을 지니게 하는 근본적인 생명력입니다. 이를테면 생명줄이라 할 수 있겠지요.

따라서 부처님은 모든 것이 자재한 분입니다. 몸을 하나로 만들려면 만들고, 천으로 만들려면 만드는 등 무엇이든 마음대로 할 수 있다는 것입니다. 그리고 부처님은 지혜가 치성(熾盛)합니다. 세상의 지식과는 비교할 수 없을 정도로, 훨훨 타오르는 불꽃 같이 지혜가 성하다는 말입니다.

또 부처님은 몸이 단정합니다. 이것을 우리는 흔히 32상 80종호로 이야기합니다. 실제로 우리가 궁극적인 깨달음에 이르지 못해도 어느 정도 수행을 하면 스스로 몸이 단정해집니다. 그래서 신(身)·구(口)·의(意) 삼업만 자기 뜻대로 행해도 커다란 덕이 됩니다. 공자나 예수 같은 성인이 바로 이에 해당하는 것입니다.

법을 깨달으면 부처가 된다고 했는데, 법의 본체는 어떤 말로도 확실히 드러나게 할 수 없습니다. 그런데 아라한은 부처님께서 처음 20년 간 설한 법에 대해서만 아는 이들입니다. 즉 애욕이 꺼진 상태를 완전한 열반으로 알고 있는 사람들입니다.「법화경」에 보면 부처님께서 묘법연화를 설하시면서 아라한들이 이해하지 못함을 알고 이야기를 하지 않으려고 하자 아라한들이 '우리가 40년 간 부처님을 따라다니면서 배울 만큼 배우고 알 만큼 알았는데 왜 설하시지 않는가.' 하고 자리를 떠나는 장면이 나옵니다.

아라한들은 이와 같이 내가 제일이라고 생각하는 증상만(增上慢)을 가지고 있습니다. 이렇게 아만을 가지고 나라는 집착을 하는 사람은 아무리「법화경」이나「화엄경」의 진리를 들어도 이해하지 못합니다. 그것은 마치 컵에 물을 먼저 담아 놓으면 뒤에 아무리 좋은 물을 부어도 밑에 물이 차 있기 때문에 물이 들어가지 않는 것과 같습니다. 그러므로 우리가 법을 알기 위해서는 나란 생각을 텅 비우고 빈 그릇이 되어야 합니다. 즉 자기가 가지고 있는 조그마한 지식에 집착해서는 올바른 법을 이해할 수가 없는 것입니다.

예를 들어 눈에는 돌가루나 흙 등이 들어가서는 안 됩니다. 그러면 멀쩡하게 보이던 눈이 흐려져 눈이 안 보이거나 헛것이 보이기 때문입니다. 그런데 금가루는 돌가루나 흙가루보다 좋은 것이니까 눈에 붙여도 괜찮겠지 하고 붙이면 역시 안 보이는 것은 마찬가지입니다. 따라서 아무리 학문이나 지식이 좋다고 하더라도 거기에 집착하면 본래 법을 볼 수가 없는 것입니다.

아무리 좋은 것이라도 집착을 하면 그른 것이 되어 버립니다. 돈에 집착을 하면 돈의 종이 되고, 음식에 집착을 하면 몸에 탈이 나게 됩니다. 또 약을 먹으면 몸이 낫지만 거기에 집착하여 과용하면 중독이 되어 생명을 잃게 됩니다.

사람이나 법도 마찬가지입니다. 사람도 너무 부족하거나 넘쳐서는 안 되지만 법도 여기에 집착을 하게 되면 오히려 법 자체를 볼 수 없게 됩니다. 즉 한 법에 마음이 집착이 되면 마음이 자재롭지 못하여 비록 눈을 떴다고 하더라도 잘못된 생각이 나온다는 것입니다. 그래서 눈을 비워야만 물건이 보이고 마음을 비워야 비로소 성품이 보인다고 한 것입니다.

법계성은 큰 거울과 같습니다. 그런데 그 거울을 아름답게 한다고 거기에다 단청을 하면 본성을 볼 수가 없게 됩니다. 따라서 본성을 보기 위해서는 거울에 앉은 먼지를 닦아내야 합니다.

삼귀의에 보면 '귀의법 이욕존(歸依法離慾尊)'이라는 말이 있습니다. 법체는 일체의 욕심을 떠나 있습니다. 즉 법에는 나라고 주장하고 자기를 도우려는 생각이 없어 모양이 없다는 것입니다. 우리는 이것을 입으로는 매일 외우지만 실천을 하지는 못하고 있습니다. 따라서 육바라밀의 수행으로 우리 마음의 밝은 거울에 묻은 먼지를 닦아 내야 법계성에 이를 수 있는 것입니다.

텅 비운 사람은 티끌 속에서도 우주를 본다

우리가 지은 신·구·의 삼업이 낱낱이 티끌 속에 들어 있어 후일 우리가 죽은 뒤 염라국에 가면 죄가 비치는 거울 앞에 나타나게 된다고 합니다. 저울도 있어서 그 동안에 지은 죄를 무게로 달기도 하지요.

우리 중생의 한 마디 소리와 행동까지 진진찰찰의 낱낱 분자에 가서 녹음이 되고 사진이 찍힙니다. 음파·광파가 모두 파동을 쳐서 내가 믿다는 생각을 한 것에서부터 벌레가 하는 일까지 모든 낱낱의 것에 관하여 아는 것이 곧 화엄의 도리입니다.

천태 지의 선사가 법화 삼매에 드니까 영산회상에서 부처님이 옛 모습 그대로 설법을 하고 계셨다고 합니다. 우리들도 눈이 뜨이면 옛날 것도 다 보이고, 미래의 것도 다 바라볼 수가 있으니 이와 같은 경지가 되려면 다라니를 공부해야 합니다.

다라니에는 티끌 하나라도 그 속에 시간과 공간의 어떠한 것이든 모두 비춰 보일 수 있는데 이를 사사무애(事事無碍) 즉, 걸림이 없는 경지라고 합니다.

이 세상의 사물에는 작은 티끌에조차 삼세제불의 과거·현재·미래 만상이 다 들어 있으며, 일체 중생의 하는 바가 다 들어 있고, 일체 기세간에서 일어나는 모든 일이 다 반영되어 있다고 하여 사사무애라고 하지요.

트인 사람은 티끌 하나를 보아도 일체를 다 압니다. 그런데 왜 우리는 알 수 없는가. 그건 욕심 때문입니다. 욕심으로 인해 본디 맑고 밝은 마음자리가 바뀌고 만 것이지요.

욕심을 버리면 우주 전체의 생명을 본다

옛날 중국에는 사람이 죽어 묻힐 때 그 사람이 평소 소중히 여긴 물건과 노비, 첩을 함께 묻는 풍습이 있었습니다. 이를 순장(殉葬)이라고 하는데, 귀한 목숨들을 재물과 함께 묻고 말았던 것입니다. 죽으면서까지 허황되게 욕심을 냈기 때문에 무고한 사람들이 생매장되었던 것입니다.

중국 진나라 때 위무부라는 이가 있었는데 그는 일흔이 넘은 나이에 갓 스물 넘은 처녀에게 새장가를 갔답니다. 그에게는 과라는 아들이 있었는데, 아들에게 내가 죽으면 네 젊은 어머니의 청춘이 불쌍하니 좋은 자리를 보아 시집을 보내라고 이르곤 하였지요.

그런데 어느 날부터인가 병석에 누운 뒤로부터는 죽은 다음에도 함께 살고 싶다는 욕심으로 아들에게 순장을 해 달라고 하였답니다. 후에 위무부는 죽었고 아들이 곰곰이 생각해 보니 아버지의 욕심이 지나친 것 같았어요. 그런 생각이 들자 옳게 행동해야 되겠다는 생각이 굳어지기 시작했습니다.

그래서 죽을 때 함께 순장해 달라는 아버지의 유언에도 불구하고 장사를 마친 뒤 젊은 어머니를 적당한 인물에게 시집을 보내 주었습니다. 이웃에서는 모두 부모의 유언을 따르지 않은 불효 막심한 자식이라고 손가락질을 하였는데 위과의 말인즉, "생전 정신이 맑을 때에 아버지는 시집 보내라 하셨습니다. 정신이 없을 때에 순장하라 하신 말씀을 따를 수는 없었습니다." 하고 말했습니다.

몇해 후에 전쟁이 났을 때 위과는 장수가 되어 전쟁에 임하게 되었는데 상대가 워낙 큰 세력이어서 걱정 근심 속에 지내고 있었습니다. 하루는 적진에서 이 쪽을 향해 추격하고 있는데 머리가 하얗게 센 노인이 초원의 풀을 잡아매면서 다니는 것이었습니다. 말을 타고 달려오던 적군은 모두 묶인 풀에 말발굽이 걸려 넘어지고 말았고, 이쪽 편이 승리를 거두었지요.

그날 밤, 꿈에 머리가 하얀 노인이 나타나기에 누구인가를 물으니, 시집 보낸 계모의 아버지라고 하였습니다. 아비지의 유언을 옳게 지켜 주어 내 딸을 구해 주었으니, 이 은혜를 어떻게 갚을까 하고 고민하던 중에 이번 기회에 도와 줄 수 있었다고 말하는 것이었습니다. 이것을 결초보은(結草報恩)이라고 합니다.

이야기를 하나 더하겠습니다.

바닷가에 사는 어떤 이가 여의주를 얻었습니다. 원하는 바는 무엇이든 얻을 수 있는 구슬이었습니다. 이 사람이 죽은 뒤 두 자녀가 서로 양보하다가, 바다에서 주운 것이니 다시 바다에 갖다 두자며 함께 바다로 나갔습니다. 그런데 그 곳에는 또 하나의 여의주가 기다리고 있었다고 합니다.

이처럼 욕심을 버리면 복을 얻습니다. 내 생명이 하나 따로 있다고 하는 집착을 버리면 우주 전체의 생명을 만나게 되고, 우주가 자기의 것이 될 때의 지혜를 아뇩다라삼먁삼보리라고 합니다.

우주 전체의 법성인 생명의 둘 아닌 도리를 모르고 내가 따로 있다고 생각하는 것을 식(識)이라고 합니다. 이 식 때문에 안으로는 육근이 생기고 밖으로는 육진이 생겨서 아연히 18계가 벌어지게 된 것입니다. 그래서 끊임없이 밖으로 육진 경계를 따라서 무명 망상이 흘러가는 것입니다.

깨닫고 나면 진여는 오직 하나일 뿐입니다. 나무에 들어가면 나무가 살고, 벌레에 들어가면 벌레가 살고, 사람에 들어가면 사람이 사는 그 생명체는 하나인 것입니다. 이를 기독교에서는 하나님이라 부르는데 성품은 하나라는 것이지요.

우리는 마음을 흔히 허공에 비유하곤 합니다. '허공과 같다'고 표현하는데 이는 허공보다 더 묘하다는 의미입니다. 허공과 비슷할 뿐 허공과 마음이 같은 것은 아닙니다.

본래의 나는 천지 대자연과 하나

한 선사가 "너도 불성이 하나 있고 나도 불성이 하나 있다."고 말하면, 그렇구나 하고 의심하지 않는 것이 요즘의 풍토입니다. 이것은 배우는 이의 자세가 아닙니다. 옛부터 가지고 있던 버릇이며 불법 문중에 들어와서도 전과 다를 바 없는 행동입니다. 그러면 결국 불법의 속 깊은 이치는 끝내 만나지 못하게 됩니다. 경전에서 "우주의 생명체인 불성은 하나."라고 했으나, 너도 하나 나도 하나 따로 있다는 말이 아님을 모두 명심해야 하겠습니다.

조실 스님인 마조 스님과 청년 수좌 백장 스님이 어느 강가를 거닐 때의 이야기입니다. 마조 스님이 기러기 떼가 훨훨 나는 모습을 가리키며 "저 새가 보이는가?" 하고 물었습니다. "보입니다." 수좌가 대답하자 한참 지난 뒤에 "지금도 그 새가 보이는가?" 하고 다시 물었고 "지금은 날아가서 안 보입니다."라고 대답했습니다. 그러자 마조 스님이 백장 스님의 코를 잡아 비틀었고, 백장 스님은 "아야!" 소리를 질렀습니다. 그러자 마조 스님이 "여기 그대로 있는데 어디로 날아갔다고 하느냐?" 했다는 일화가 있습니다.

깨닫지 못한 사람은 날개짓하며 나는 새의 기운과 자기 코의 아픈 기운이 두 가지인 줄 압니다. 그렇지만 이는 둘이 아닙니다. 한 기운이 눈에 가면 보고, 귀에 가면 듣고, 기러기 속에도 들어가고, 사람 속에도 들어가는 것입니다.

의상 스님 법성게에서도 법성원융무이상(法性圓融無二相)이라 하여 우주 법체는 하나이지 둘이 없다고 했습니다.

여기 천지 대자연과 더불어 하나가 된 자리에서 우러나오는 즐거움을 노래한 게송이 있습니다.

　　진일성성좌(盡日惺惺坐)
　　건곤일안중(乾坤一眼中)
　　유붕래초옥(有朋來草屋)
　　명월여청풍(明月與淸風)

진종일 화두가 성성하게 앉아 있노라니
하늘과 땅이 한 눈 속에 있어라.
벗이 초옥을 찾아오니
밝은 달과 맑은 바람이로다.

능/가/스/님

모든 중생은 내 부모,
모든 사물은 내 몸

능가 스님
· 현 범어사 내원암 회주.

천지 만물은 곧 나요, 나는 곧 천지 만물이다.

모든 중생은 내 부모, 모든 사물은 내 몸

'너'와 '나'를 가름은 만악의 근본

일체 남자(一切男子)가 시아부(是我父)요,
일체 여자(一切女子)가 시아모(是我母)로다.
고(故)로 육도중생(六道衆生)이 개시아부모(皆是我父母)로다.

모든 남자가 나의 아버지요,
모든 여자가 나의 어머니로다.
그러므로 육도의 중생이 모두 나의 어버이로다.

이는 「범망경(梵網經)」에 있는 부처님 말씀입니다. 과거, 현재, 미래를 통해 영원히 변치 않을 진리의 말씀이지요.
일체 중생이 내 아버지 어머니요, 형제 동생이 된다는 이 말씀은 '내 혈통', '너의 혈통'이 아무 의미 없는 구분임을 밝혀 주고 있습니다. '김'가니 '이'가니 '박'가니 하는 것은 사람들이 편의

상 갈라 놓은 것일 뿐입니다. 근원적으로는 혈통의 구분이 아무 의미가 없다는 말입니다.

우리는 전세(前世)의 인연으로 잠시 어머니 뱃속을 빌어 이 세상에 나오게 됩니다. 어머니가 낳고 싶어 낳은 것이 아닙니다. 천지만물이 동원되어 내 몸을 만들고 어머니를 통해 세상에 몸을 내게 합니다. 여기에는 그 어떤 인위적인 작용이 있을 수 없습니다.

"모든 중생은 내 부모요, 모든 사물은 내 몸이다."는 말은 천하만물이 그대로 너와 내가 되고, 너와 내가 다른 사람일 수 없다는 것을 의미합니다.

"천지(天地) 만물은 곧 나(我)요, 나는 곧 천지 만물이다."는 말을 종교적 교육적 차원에서 아들 손자들에게 잘 가르쳐야 합니다.

'네 것', '내 것', '박가', '김가' 하는 식의 개인주의와 극단적인 개별주의, '나만 잘 살면 된다'는 이기주의가 이 세상을 망치고 있습니다. 어릴 때부터 '천지 만물이 나와 한 몸'임을 가르친다면 잠재 의식 속에 사람과 사물을 사랑하는 마음이 저절로 쌓여 남을 해치거나 자기만을 위하는 혼탁한 세상을 만들지 않게 될 것입니다.

인간 생활에서 나타나는 만악(萬惡)이 '모든 인간이 한마음 한 몸'이란 사실을 망각하는 데서 비롯되는 것입니다. '너와 내가 아무런 관계가 없다'는 식의 사고 방식과 감정을 가지면 거기서부터 모든 악이 싹트게 됩니다.

반면에 '너와 내가 한마음 한몸'임을 깨닫게 된다면 모든 일이 이해가 되고 질서와 순서가 잡힙니다. 모든 이해 관계가 없어져 '네 것', '내 것' 하는 소유욕이 사라지게 될 겁니다.

그러나 너와 나, 자연(自然)이 전연 별개의 존재라고 생각한다면 대립과 투쟁으로 점철된 이 사회는 죽고 사는 문제로 만악이 횡

행하는 아수라장이 될 것입니다. 그러니 '인간과 자연을 사랑하자.'느니 '이웃을 위해 자비심을 내자.'는 말들이 모두 공염불(空念佛)과 구두선(口頭禪)으로 끝나고 말지요.

남을 죽이는 것은 나를 죽이는 일

3천 년 간, '자비를 실천하자', '이웃을 사랑하자'는 외침은 끊임이 없었지만, 과연 지금의 이 세상이 사랑과 자비로 가득찬 세계인지는 의문이 들지 않을 수 없습니다. 형제와 이웃 간에도 이해타산만 따지는 오늘의 현실은 공동체 안에서도 자비심과 일체감을 잃은 모습을 여실히 보여 주는 것입니다.

'천지 만물이 같은 뿌리요, 한몸'임을 실감하고 소신(所信)을 가진다면 불신의 사회에서 사는 일이 없을 것입니다. 이 가르침을 인식하고 가슴으로 느끼지 못하는 한 사랑과 자비를 아무리 부르짖은들 아무 소용이 없습니다. 그러나 그 가르침을 진실로 깨닫는다면 미움을 강요하더라도 사랑이 저절로 베풀어질 것입니다.

도인들의 각 어록(語錄)에도 "천지는 동근(同根)이요, 만물은 일체."라는 말이 나옵니다. 도를 성취한 지혜의 눈으로 보면 나와 대립된 존재는 없습니다. 산천초목과 동물계, 식물계, 광물계가 모두 뿌리를 같이합니다.

만물을 동물계, 식물계, 광물계로 구분하던 것이 해방 후에는 동식물계와 광물계로 이분되었습니다. 그리고 오늘날에는 광물계에서조차 유기물(有機物)이 발견되어 예전의 구분이 무의미하게 되고 있습니다.

과학이 40~50년 전에 발견한 만물의 원소(元素) 내지 소립자(素粒子)가 동일하다는 사실을 부처님께서는 이미 삼천 년 전에 말씀하셨습니다.

불교는 우주 과학입니다. 물리학과 생물학 등을 모두 포함하는 우주 과학입니다. 우리는 이 과학의 시대에 부처님의 위대성과 혜안(慧眼)을 다시금 느끼지 않을 수 없습니다.

현대 과학은 한 사람의 피가 60억 명의 혈통을 지닌 채 태어나고 있다는 사실을 컴퓨터로 보여 주고 있습니다. 우리 몸에 흐르는 피가 양친의 피만을 물려받은 것이 아니라는 말입니다. 우리가 부모에게서 피를 받았듯이 우리의 부모님도 조부모의 피를 받았을 것이란 말입니다.

이런 원리로 따져 나가면 2대째는 6명의 피가 흐르고, 3대째는 14명의 피가, 10대에는 246명, 20대에는 101만 명의 피가 흐르고 있다는 결론이 나옵니다. 이 숫자에 따르면 평균적으로 30대의 조상을 가진 후손들은 21억 조상들의 혈통을 지닌 채 태어나고 있다는 계산이 나옵니다. 또한 더 오래된 40대의 조상이 있는 후손들은 100억의 혈통을 가졌다는 계산이 나옵니다. 이는 현재의 지구 인구를 훨씬 넘는 수치이지요. 물론 이 계산은 컴퓨터를 통해 도출된 것입니다.

우리는 혈통의 과학적 분석을 통해서 이 세상 이웃이 나와 같은 형제라는 사실을 인식하게 될 것입니다. 즉 혈통적인 입장에서 보면 전 인류가 남이 아닙니다. 수많은 조상의 피가 섞여서 자손을 번창시키고 있다는 사실을 말입니다.

우리 민족이 오랜 옛날 우랄알타이 어족의 피를 지닌 채 더 따뜻한 곳으로 이동하다 정착한 곳이 바로 한반도입니다. 이렇듯이 지구상의 60억 인구는 오랜 옛날부터 혈통이 섞여지면서 궁극에는 같은 피를 공유하며 살고 있는 것입니다. 보이는 외향만으로 피를 따질 수는 없습니다. 같은 형제도 어릴 때 헤어지면 같은 혈육임을 알 수 없듯이 '피'란 눈에 보이는 것으로만 판단할 수가 없는 것입니다.

　흔히들 우리는 얼굴이 조금 노랗다고 흑인을 무시합니다. 백인들도 마찬가지로 우리를 무시합니다. 이렇듯 못된 습과 악업을 지으면서 평생을 살고 있습니다.

　부처님은 "일미진중 함시방(一微塵中 含十方)이리오."라고 말씀하셨습니다. 조그만 티끌 안에도 천지 만물이 담겨 있다는 말씀이지요. 이는 피 한 방울에도 100억 명의 피가 흐르고 있다는 사실과 어긋나지 않습니다.

　따라서 이러한 이치를 따르게 되면 남을 죽이는 것이 곧 나를 죽이는 일임을 알게 됩니다. 그러나 오늘의 세상은 제 피를 자신이 죽이는 어리석은 일을 서슴지 않고 있습니다. 일체 동근(一切同根)의 도리를 자녀들에게 잘 가르치면 자손과 이웃이 함께 행복한 생활을 영위하게끔 만들 수 있다는 사실을 알아야 합니다.

장미꽃 한 송이도 우주의 총화

　마당의 장미꽃 한 송이도 하늘에서 뚝 떨어지듯 저절로 피는 것이 아닙니다. 우주 만물이 총동원되어 만들어 낸 것이 바로 그 장미꽃 한 송이입니다.

　꽃은 씨만 심는다고 피는 게 아닙니다. 싹이 돋으려면 땅과 습기와 따뜻한 태양과 공기가 있어야 합니다. 그야말로 지·수·화·풍(地水火風)이 총동원되어야 꽃을 피울 수 있습니다. 땅이 '지'에 해당된다면, 습기는 '수'에, 따뜻한 태양은 '화', 뿌리에 통하는 공기는 '풍'에 해당됩니다. 따라서 장미 한 송이를 피우는 데도 지구 전체가 있어야 하는 것입니다.

　마찬가지로 어머니 뱃속에서 수태가 이뤄지는 과정도 부모의 뜻대로 이뤄지는 것이 아닙니다. 수억 개의 정자 가운데 하나가

한 순간에 적절한 환경을 만나 난자 한 개와 결합하면서 이뤄지는 것이 소중한 하나의 생명체입니다. 인간 역시 대우주가 총동원되어 탄생됩니다.

아름답고 생생한 내 모습은 내가 마음 먹은 대로 형성된 것이 아닙니다. 그야말로 대우주의 총체적인 지원 없이는 불가능합니다.

그래서 사람이든 장미꽃이든 제 혼자 컸다고는 아무도 얘기할 수 없습니다. 그렇게 말한다면 하늘을 거역하는 자가 되지요. 옛말에 "순천자(順天者)는 흥(興)하고 역천자(逆天者)는 망(亡)한다."고 했습니다.

역천자는 사리(事理)를 어기고 사는 사람입니다. 우선 성공하겠다고 힘을 내세워 이기적으로 사는 사람은 천지의 질서에 어긋나면서 살기에 결국에는 몰락하게 됩니다. 이는 교통 질서를 어기며 길을 건너다가 뜻하지 않은 봉변을 당하는 경우와 같습니다.

내 몸 하나가 질서를 어기면 이 사회 전체의 질서가 어긋나 혼란에 빠지게 됩니다. 마치 콩가마니 속의 콩 하나가 썩으면 가마니 전체의 콩이 썩는 이치와 같지요. 한 사람의 이기적인 생각으로 더불어 사는 모든 이를 나락(奈落)에 빠뜨린다면 그 책임은 얼마나 큰 것입니까.

'나는 나요 너는 너'라는 인식은 옳지 않습니다. '천지가 동근(同根)이요, 만물이 동체(同體)'라는 인식을 하면서도 타인을 미워하는 마음과 이기적인 생각을 갖는다면 이는 마음으로 느끼지 못한 증거입니다.

부처님은 "일즉일체 다즉일(一卽一切多卽一)"이라고 말씀하셨습니다. "하나는 전체와 다름이 없고, 전체는 하나와 같다."는 이 말씀은 우리 중생을 행복하게 하는 말씀입니다. 그러나 사람들은 탐욕과 업장에 가려 믿지도 않고 알려고도 하지 않습니다. 우리는 전체와 개인 간의 균형을 이루는 지혜를 배워야 합니다.

세상 만물은 한마음 한몸

일상 생활에서 주위의 이목을 고려하지 않은 채 자기 마음대로 돈을 쓰고 사는 것은 전체의 입장을 돌아보지 않고 자신만을 위하는 삶을 사는 것입니다. 그러다가 돈 떨어지고 삶이 방탕하게 되면 드디어는 사회에 해를 끼치게 됩니다.

그런 의미에서 우리는 사회의 공륜을 지켜야 합니다. 이는 전체와 개인을 위해 지켜야 하는 우리의 의무입니다.

항상 감사하는 마음으로 보살행을 하면서 주위를 건전하게 하는 역할을 수행해야 합니다. 자기만 편하려고 하기 보다는 주위부터 먼저 편하게 해 주는 자리이타(自利利他)의 삶을 살아야 합니다.

길에 지나가는 개미도, 가마니 속의 콩도 무의미한 것은 아무것도 없습니다. 사람의 시야가 좁고 생각의 폭이 얇기에 개미, 쥐, 곤충 등이 나와 아무런 관계가 없는 줄 알지만 생태학이나 환경론에서는 사람이 혼자서는 살 수 없음을 증명하고 있습니다. 물 속의 세균 하나, 티끌 하나도 남을 편하게 존재토록 하는 원리가 들어 있습니다.

인간은 혼자서는 살 수 없습니다. '나'와 '내 집'만을 생각하고 살아서는 안 됩니다. 모든 악이 '천지가 한마음 한몸' 임을 모르는 사실에서 일어남을 인식해야 합니다. 이것을 알아야 바른 불교를 알 수 있습니다.

일체만물(一切萬物)이 시아체(是我體)요,
자타주객(自他主客)이 본시무(本是無)로다.

일체 만물이 내 몸이요,
나와 남과 주관과 객관이 본래 없구나.

대정 스님

깨달음,

대원력과 지혜가 하나 될 때

피어나는 꽃

대정 스님

· 1931년 3월 25일 대구 生.
· 1946년 출가, 1959년 동산 스님을 은사로 비구계 수지.
· 해인사, 범어사 등 선원에서 수행 정진.
· 1989년 이후 현재까지 범어사 휴휴정사에서 수행 정진.
· 현 범어사 선원장.

허상을 좇는 삶은 거북의 털, 토끼의 뿔을 찾는 격입니다.

깨달음, 대원력과 지혜가 하나 될 때 피어나는 꽃

선은 선을 통해서만 알 수 있을 뿐

금정산정 비암룡(金井山頂 飛岩龍)
해운심저 생연화(海雲深低 生蓮花)

금정산 산정에 바위용이 하늘 높이 날아오르고
해운대 바다 밑 깊은 곳에는 맑고 깨끗하고 아름다운 연꽃이 곱게 곱게 피어 있더라.

우리의 목전에 전개되고 있는 모든 것은 그대로가 허상입니다. 이 허상이 바로 허깨비입니다. 허깨비이기 때문에 거품 같고 안개 같고 구름 같고 연기 같은 것입니다. 이것이 바로 허무한 것입니다. 이 허무한 것에 마음을 두고 산다는 것 자체가 일장춘몽입니다. 즉 거북이의 털, 토끼의 뿔입니다.
여기에는 두 말이 필요 없습니다. 현실은 현실적으로 받아들여야지 현실을 벗어나면 어떠한 문제도 해결이 불가능합니다.

오늘 이 자리에서 산승이 하는 말 모두가 거짓입니다. 그러나 거짓 가운데 진실이 있습니다. 이것이 바로 진정한 법입니다. 이것은 허무한 말과 뜻과 생각이 아닙니다.

도를 이룸으로 법을 알 수 있는 것이지 말로는 절대로 깨칠 수 없다는 뜻입니다. 도는 선을 통해서만 가능합니다. 법을 뜻으로 헤아려 알려 한다면 이것은 헤아리는 것이지 결코 법이 될 수 없습니다.

선은 생각이 아닙니다. 생각은 결코 선이 될 수 없습니다.

도와 선과 법은 이름이 다를 뿐이지 내용은 차이가 없습니다. 즉 삼위일체입니다. 이 도와 선과 법이 서로 상응하여 도를 이루고, 도를 이룸으로 해서 안목이 열려 확철대오하지 않고는 근본을 알 수가 없습니다. 그래서 선과 도와 법이라고 하는 것은 깨침을 위한 것입니다.

마음이 곧 부처

우리가 일체 만물을 보지만 제 눈을 제가 볼 수 없는 것처럼 깨침이라는 것은 깨침 자체에 가서는 깨침이 성립될 수 없습니다. 왜냐하면 어둠이 있을 때 밝음이 있는 것이지 일단 밝고 나면 어둠이 없기 때문입니다. 또한 확철대오하고자 하는 의욕이 없으면 깨침도 없고 깨침 자체도 성립될 수 없습니다.

깨침이 이루어지지 않는다면 법·선·도는 없습니다. 이것을 자세하게 설명하자면 건물을 짓기 위해서는 높이와 크기와 넓이와 그 모양이 비슷한 가설이 필요합니다.

이 가설은 본 건물을 짓기 위한 임시 조치에 불과하지요. 그런데 건물이 완성되면 가설은 자연히 소멸돼 필요가 없게 됩니다.

도와 선과 법도 이와 마찬가지입니다. 깨침은 이 세상에서 가장 높고 존귀한 부처님의 깨침입니다. 그래서 깨치면 바로 부처요, 깨치지 못하면 중생입니다.

우리 모두가 똑같이 가지고 있는 이 마음이 곧 부처[是心卽佛]입니다. 우리의 마음, 이 마음은 과연 어떤 것인가. 현재 우리가 앉고, 눕고, 가고, 보고, 듣고, 느끼고, 아는 것 즉 행주좌와 어묵동정이 바로 마음인 것입니다. 자기 자신을 바로 알고 하나가 될 때 그것이 깨침이고 부처고 도고 선입니다.

우리의 마음은 천상천하 유아독존입니다. 내가 존재하기 때문에 모든 것이 존재하지 만약 내가 없으면 동시에 모든 것이 없는 것입니다. 마음이 있으면 모든 것이 있고 마음이 없으면 모든 것이 없습니다. 그러므로 마음은 모든 것의 근본이요, 모든 것은 마음으로 인해서 성립되기 때문에 마음 밖에서 다른 무엇을 찾아서는 안 됩니다.

우리 마음은 절대평등하고 이것은 어떠한 장애나 걸림도 없기 때문에 마음 자체 그대로가 자재무애하고 상주불생(常住不生)하고 상주불멸(常住不滅)하는 것입니다. 영원불멸의 생명체입니다.

마음을 알지 못하면 그대로 미혹입니다. 우리의 마음은 절대평등한데 마음을 모르면 그대로 불평등이 되어 버리는 것입니다. 불평등이 되면 이로 인해서 모든 갈등이 생겨납니다. 업에 끄달려, 나고 죽는 등 우리의 근본과 아무 상관 없는 결과를 초래하여 자기의 힘으로도 어찌할 수 없습니다. 이것을 사생육도라 합니다.

팔만 사천의 법문은 마음을 가리키는 손가락

중생의 근본 문제를 해결하기 위해서는 대원력과 지혜와 자비가 삼위일체가 되어야 합니다.

지혜, 자비, 원력 이 셋이 바로 팔만 사천의 법문입니다. 팔만 사천의 법문은 중생의 근기가 모두 달라서 근기에 맞게 말씀하다 보니 이처럼 방대한 논설이 나오게 된 것입니다.

한 파도로 인해서 천파만파가 생기는 것인데 이 천파만파라고 하는 것은 각기 모양은 다를지언정 그 내용인 짠맛에는 하등의 차이가 없습니다. 그래서 부처님이 말씀하시는 모든 법문이 바로 우리의 마음인 것입니다.

부처님께서는 법문이 마음을 가리키는 손가락에 불과하다고 말씀하셨습니다. 마음을 가리키는 손가락인데 마음을 보아야지, 마음은 보지 않고 손가락을 보고 있는 것이 중생이지요. 이렇게 되면 마음하고 아무런 상관 없는 손가락을 마음으로 착각하게 되는 것입니다.

즉 부처님의 근본 사상과는 아무런 상관이 없게 되어 버리는 것입니다. 그래서 우리 모두는 자신을 알지 못하기 때문에 불행하고, 부처님의 진정한 법을 그대로 알지 못하기 때문에 더욱 불행한 것입니다. 모든 불자는 이런 점을 크게 뉘우치고 대오각성하여 올바른 길을 가기 위한 적절한 대응책을 강구해야 합니다.

우리의 근본에 비추어 보면 과거, 현재, 미래는 중생의 망념에 불과하며 실재하는 것은 아닙니다. 이것을 바로 알기 위해서는 확철대오하는 것이 급선무입니다.

확철대오하기 위해서는 법에 대한 안목이 분명해야 되고 안목을 분명히 하기 위해서는 도를 성취해야 되며 도를 이루기 위해서는 참선을 올바르게 해야만 됩니다.

화두는 깨달음의 종자

선에도 올바른 선이 있고 사선이 있습니다. 중국 당나라 시대의 종밀이란 스님이 저술한 「선원전집도서」란 책에 의하면 참선에는 범부선, 외도선, 소승선, 대승선, 상승선, 최상승선 등이 있습니다.

범부선은 단순히 중생의 본능적 욕구를 채우기 위해 하는 선에 불과합니다. 이것은 말이 선이지 선이라 할 수 없습니다.

소승선은 4념처, 7각지, 5정심, 위빠사나 등 초기 불교에서 행해진 수행법을 지칭하는 것으로서 아직까지 남방 불교에서 계승되고 있습니다.

대승선은 「반주삼매경」을 비롯, 선이나 관(觀)자가 첫머리에 붙은 각종 대승경전 등에 나오는 선법을 지칭하는 것입니다.

최상승선이란 보리 달마 스님께서 면벽 수선하기 시작하면서 조사들에게 전해졌습니다. 따라서 조사가 조사에게 전하여 비롯되었다는 뜻에서 조사선이라고도 합니다. 이것을 청정여래선이라 부르기도 하므로 결국 최상승선과 청정여래선은 같은 선을 지칭하는 것입니다. 청정여래선이 가장 완전무결한 선입니다. 청정여래선은 모든 격식을 초월한 선지입니다.

참선은 본래 말이 없는 것입니다. 영산회상에서 부처님께서는 많은 대중 앞에서 한 송이 꽃을 들어 보이셨습니다. 그러나 많은 대중들은 부처님의 참된 뜻을 알지 못하고 오직 부처님의 상수제자인 가섭만이 그 뜻을 바로 알고 웃었습니다. 이것이 바로 이신전심(以心專心)이요, 대선지요, 공안입니다.

공안이라는 것은 올바른 선 수행을 위한 일종의 제도적인 장치입니다. 그래서 공안은 법과 도와 선의 중추 기능입니다. 이 중추 기능을 화두라 합니다.

화두는 단순하게 한 마디에 불과하지만 그 이상 가는 법문입니다. 바로 부처가 될 수 있는 종자입니다. 그래서 화두만 제대로 들면 확철대오할 수 있습니다. 따라서 화두를 영원한 생명체라고 합니다.

화두는 활구이고 화두를 벗어나면 사구입니다. 화두를 벗어나서는 절대 견성할 수 없고, 견성이 안 되면 성불이 안 되고, 성불이 안 되면 법도 마음도 자기 자신이 되지 않습니다. 부처님과 조사께서 이 세상에 나오신 근본 뜻은 우리의 마음을 일깨워 주기 위한 것입니다. 자신의 근본 뜻을 알지 못하면 어떠한 문제도 해결할 수 없습니다. 즉 무명이고 미혹인 것입니다.

부처님께서 설산고행을 하신 도는 단순한 명상, 관법, 기도가 아닙니다. 우주와 인생의 참된 진리, 알지 못하는 의심을 풀기 위해 수도 했을 뿐입니다. 그러면 우리 불자들은 의심을 어떻게 해야 할까요?

지극하면 화두의 꽃은 저절로 피는 법

모든 불자들이 가지고 있는 것은 곧 허깨비이고 구름 같고 안개 같고 거품 같은 것입니다. 왜냐하면 몸과 마음은 업으로 인해 임시로 생긴 가성(假成)에 불과하기 때문입니다. 몸은 지수화풍 사대로 된 것이고 마음은 의식과 망상과 번뇌로 얽힌 것이기 때문에 참된 지혜, 참된 마음, 참 법신이라 할 수 없습니다. 즉 전체가 거짓 덩어리입니다.

육조 혜능 대사께서는 천칠백 공안이 있으며 그것은 '이 뭣고'라는 것에서 벗어나지 않는다고 말씀하셨습니다. 팔만 사천의 법문이 마음을 가리키는 손가락이듯이 화두 역시 마음을 가리키는 손가락에 불과합니다. '이 뭣고'만 가지면 시방법계 모든 중생이 성불하고도 남습니다.

이 의심은 가장 수승하고 높은 것입니다. 왜냐하면 모든 부처님, 조사가 이로 인해 견성했고 중생의 앞길을 열었기 때문이지요. 그래서 선은 일만성인(一萬聖人)의 근본이고 귀의처이고 스승이며 모체입니다. 그렇기 때문에 제대로 화두에 들면 모든 것을 인정하게 됩니다. 또한 체와 용이 분명하게 되기에 절대 평등의 경지입니다. 화두는 남녀노소, 빈부귀천, 때와 장소에 관계 없이 챙겨야 합니다.

초심자에게 참선이란 어려운 것이 사실입니다. 그러나 계속 정진하면 일부러 틀지 않아도 저절로 됩니다. 이것이 바로 화두의 꽃입니다. 화두의 꽃이 피면 당연히 열매가 맺게 마련입니다. 여기에는 어떤 의심과 생각이 필요 없습니다. 부처님의 진정한 법은 이와 같이 간단하고 단순하며 순수합니다.

불자로서 선을 행하지 않고 허무한 곳에 마음을 두고 희희낙낙한다면 바로 일장춘몽의 꿈 속을 면치 못할 것입니다. 오늘 이 자리에는 오직 법이 충만할 뿐입니다. 법이 충만하기 때문에 말도 없고 들음도 없습니다. 만약에 오늘 이 자리에서 어떤 말이 있거나 들음이 있다면 이 주장자가 통곡을 할 것입니다.

'……'

덕/암/스/님

굳건한 믿음, 청정한 계행은
깨달음의 바탕

덕암 스님

· 1914년 1월 18일 경북 문경 生.
· 1930년 금강산 유점사에서 벽산 스님을 은사로 득도.
· 1942년 철원 심원사 강원 대교과 졸업. 1948년 동국대 불교학과 수료.
· 태고종 제13대 종정, 총무원장 역임.
· 현 태고총림 선암사 방장.

믿어서는 안 될 것을 믿는 데서 불행과 고통이 시작됩니다.

굳건한 믿음, 청정한 계행은 깨달음의 바탕

믿음은 깨달음의 씨앗

무릇 종교란 신심이 그 기초가 되고 바탕이 되어야 합니다. 만일 우리에게 신심이 없다고 할 것 같으면 아무리 좋은 종교와 신앙을 가지고 있다고 해도 소용이 없는 것입니다.

「화엄경」에 믿음은 도의 근원이요, 공덕의 어머니로서 모든 선근을 길러낸다고 했습니다. 이와 같이 믿음은 온갖 선근을 자라게 하는 바탕이므로 우리가 바른 믿음을 가질 때에 선한 마음, 선한 생각, 선한 행동을 하게 되는 것입니다. 대개 믿음이 없는 사람은 갈 곳 없는 나그네와 같아서 일생을 방황하게 됩니다.

그러나 확고한 믿음을 가진 사람은 자기의 주장과 주견이 확실하여 어떠한 난관에도 두려워하지 않고 쉽게 포기하지도 않습니다. 오히려 신심에 의하여 더욱 큰 용기와 희망을 가지고 살게 되는 것입니다.

그러면 우리는 무엇을 믿을 것인가. 두말 할 나위 없이 부처님의 진리를 믿는 것입니다. 즉 부처님의 교법에 의하여 번뇌와 망상을 없애 버리면 우리도 부처님 같은 성인이 될 수 있다고 믿는 한편, 나에게도 분명히 부처가 될 수 있는 불성이 있다고 하는 것을 확신하는 것이 바로 불교의 믿음인 것입니다.

흔히 오늘날을 불안, 혼란, 방종의 시대라고 합니다. 또 인간성 부재의 시대라고도 합니다. 현대인들은 항상 무엇에 쫓기듯 방황과 불안 속에 살고 있습니다. 또한 물질과 금전 만능에 눌리고 기계 문명에 밀려 인간다운 생활을 하지 못하고 있습니다. 이 모두가 부처님의 교법을 제대로 알지 못하고 믿지 못하는 데서 기인하는 것입니다. 확실한 믿음과 신앙이 없기 때문에 무명과 탐욕 속에서 고뇌하고 고통스러운 함정에 빠지게 됩니다.

그러나 불교의 믿음이란 맹목적인 것이 아닙니다. 바르게 알고 믿어야 합니다. 만일 잘못 알고 믿으면 그 믿음에는 아무 공덕이 없습니다. 또 불교의 믿음에는 실천이 따라야 합니다. 바른 법을 믿고 이해하고 또한 그 법을 행할 때에 신앙의 궁극 목적인 깨달음을 증득할 수 있습니다. 불교 특히 대승 불교의 신앙 생활은 이와 같이 신(信), 해(解), 행(行), 증(證)의 과정을 거쳐야만 소기의 목적을 성취하게 됩니다. 그러므로 옛날 일명 스님도 믿기만 하고 이해하지 못하면 무명만 더욱 쌓이고, 이해는 하고 믿지 않는다면 삿된 소견만 더욱 커진다고 말씀하셨습니다.

계율을 지키는 것은 부처님 품에 안기는 일

사람은 누구나 잘 살기를 원하고 누구나 다 행복하기를 바랍니다. 그런데도 잘 살게 되고 행복하게 되는 근본 원인인 부처님의 진리를 믿고 실천할 줄 모르고 있습니다. 오히려 인간 아닌 다른 절대자의 능력을 믿으려 하고 권력이나 금력만 믿으려 하고 있습니다. 현대인들의 불행은 바로 여기에 있습니다. 믿을 것을 믿지 않고 믿어서는 안 될 것을 믿는 데서 우리의 불행과 고통이 시작됩니다. 권력과 금력과 기계와 과학의 힘은 그 한계가 있음을 알아야 합니다. 그래서 물질도 권력도 돈도 영원히 믿을 것이 못 됩니다. 우리를 영원히 허무하지 않게 하는 것은 진리밖에 없습니다. 우리가 영원히 의지할 수 있는 진리는 역시 불교밖에 없는 것입니다.

여러분들이 부처님께 귀의하여 불자가 되고 부처님의 교법을 믿는 것도 불교의 진리가 가장 완전하고 영원한 것이라는 사실을 알기 때문이라고 생각합니다. 부처님께 귀의한 불자가 닦고 행해야 할 덕목은 여러 가지입니다. 그 가운데서 특히 간과할 수 없는 것은 계행을 지키는 일입니다. 계행은 선근을 기르고 수행의 목적을 성취하는 데 있어서 가장 효과적인 방편이라 할 수 있습니다. 이러한 계행 가운데에 불자들이 기본적으로 지녀야 할 계행이라 할 것 같으면 오계와 십선계를 들 수 있습니다.

오계는 여러분께서 이미 주지하시는 바와 같이 불교인이면 누구나 지켜야 할 계행입니다. 즉 함부로 살생하지 말고, 남의 것을 훔치지 말고, 음행하지 말고, 거짓말을 하지 말며, 술을 함부로 마시지 말라는 것입니다. 이는 소위 사부대중이라 하여 출가 수행자인 비구와 비구니, 재가 불자인 우바새와 우바이가 함께 지켜야 할 계행입니다.

이에 대한 「화엄경」의 가르침은 이렇습니다.

"제1계인 불살생계를 범하면 자비의 종자를 끊는 것이고, 제2계인 불투도계를 범하면 복덕의 종자를 끊는 것이고, 제3계인 불사음계를 범하면 청정의 종자를 끊는 것이고, 제4계인 불망어계를 범하면 진실의 종자를 끊는 것이고, 제5계인 불음주계를 범하면 지혜의 종자를 끊는 일이 되므로 내면의 정신을 길러 지녀야 한다."고 했습니다.

　십선계는 첫째 불살생(不殺生), 둘째 불투도(不偸盜), 셋째 불사음(不邪婬), 넷째 불망어(不妄語), 다섯째 불양설(不兩舌), 여섯째 불악구(不惡口), 일곱째 불기어(不綺語), 여덟째 불탐욕(不貪欲), 아홉째 불진에(不瞋恚), 열째 불사견(不邪見)입니다.

　이 십선계는 몸으로 행하고 입으로 행하고 마음으로 행하는, 신·구·의 삼업의 공덕을 성취하기 위한 계행입니다. 또 이 십선계는 대승계의 기본인 동시에 재가 수행자의 청규로서 불교의 기본적인 생활 윤리입니다.

　「미륵하생경」에 보면 삼업의 공덕을 이렇게 찬탄하고 있습니다.

　"입과 마음으로 나쁜 행 짓지 아니 하고 몸으로 범하는 일 또한 없어야 한다. 마땅히 이 몸·입·마음의 나쁜 업 여의는 자는 생사 고해를 뛰어넘어 저 언덕에 이르리라. 십선업의 실천으로 비로소 우리가 이상향으로 생각하는 피안에 도달할 수 있다."

　또 세 가지 선업 중에서도 구업을 더욱 중히 여겨 네 항목으로 다루었다는 사실은, 우리로 하여금 말에 대한 주의가 얼마나 필요한가를 잘 보여 주는 가르침이라고 생각합니다.

바른 마음만이 진리의 눈을 뜨게 한다.

　믿음은 눈에 보이는 것이 아닙니다. 믿음은 행동입니다. 그 행동 여하에 따라 그 사람의 믿음이 돈독한가 그렇지 않은가를 알 수 있습니다. 그래서 우리는 믿음의 자세에 대해서도 깊은 관심을 가지지 않을 수 없는 것입니다.

　믿음의 자세에 대하여는 크게 세 가지로 생각할 수 있는데, 첫째는 바른 마음을 갖는 것입니다. 바른 마음이란 것은 삐뚤어지지 않은 마음으로 거짓이 없는 마음을 말합니다.

남을 속이거나 남의 물건을 훔치거나 하는 그런 마음이 아니라 모든 행동이 윤리적이며 도덕적이며 인간으로서 마땅히 가져야 하는 그러한 마음입니다. 한 마디로 깊은 마음이라고도 할 수 있겠지요. 마음에 무슨 깊고 얕음이 있느냐고 할지 모르겠습니다만 마음은 쓰기에 따라 달라지기 때문에 얕게도 쓸 수 있고 또한 깊게도 쓸 수 있는 것입니다. 마음이 얕은 사람은 참다운 진리를 보기가 어렵고 또 그 진리를 잘 믿으려 하지도 않습니다. 마음이 얕은 사람은 신앙도 종교도 가질 수가 없는 것입니다.

부처님께서 말씀하시기를 "작은 물줄기라도 쉼 없이 흐르면 끝내 바위를 뚫는다. 무의미하게 한평생을 보낸다면 후회하지 않겠는가. 의사는 병을 바로 알아서 좋은 약을 쓰지만 그 약을 복용하고 안 하고는 완전히 병자의 마음에 달려 있다."고 하셨습니다.

이 말씀은 아무리 좋은 약이 있을지라도 환자가 그 약을 복용하지 않으면 병을 고칠 수 없다는 뜻입니다. 마찬가지로 마음이 깊지 못한 사람은 아무리 훌륭한 진리일지라도 믿지 않기 때문에 탐욕과 진심과 어리석음의 세 가지 병을 고칠 수가 없는 것입니다. 이 세 가지 병을 고치기 위해 우리는 마음을 깊게 써야 할 것입니다.

다음으로 자비로운 마음을 지녀야 합니다. 사납고 포악한 마음에서는 믿음이 생겨날 수 없습니다. 자비로운 마음이 결여된 종교인은 진실한 신앙을 가질 수 없습니다. 남과 이웃을 생각하지 않으면서 또는 살생을 하고 도둑질을 하고 음행을 하면서 불교를 믿는다는 것은 오히려 부처님을 욕되게 하는 일이 되는 것입니다. 자비롭지 못한 사람은 지혜의 눈을 뜰 수 없습니다. 이런 사람은 기껏해야 지식밖에 모릅니다. 그러나 지식과 지혜는 완전히 다릅니다. 지식이라는 것은 모든 것을 분별하고 그 분별을 통해 대립을 가져 올 수도 있습니다.

지식은 잔재주를 부릴 때도 있습니다. 오늘의 현상을 한번 보십시오. 지식은 인간들에게 많은 이익을 가져다 주었습니다만 인간이 궁극적으로 바라는 행복과 불행과 고통에 대한 해결은 전혀 못 하고 있지 않습니까. 우리에게 참으로 필요한 것은 지식이 아니라 지혜인 것을 알아야 합니다. 지혜가 아니고는 아까 말씀드린 세 가지 병을 치료할 수 없을 뿐 아니라 무명과 번뇌의 세계에서도 벗어날 수 없음을 알아야 할 것입니다. 지혜를 얻어야만 속제(俗諦)를 익히 알면서도 다시 절대 진리인 진제(眞諦)까지 조명하고 터득할 수 있기 때문입니다. 그래서 불교에서는 그러한 진리를 이름하여 반야라 합니다.

믿음은 모든 공덕의 어머니

저 하늘에 떠 있는 태양을 보십시오. 태양은 온 우주를 밝게 비추는 가장 큰 광명입니다. 그 속에서는 뭇 생명을 살게 하고 자라게 하는 무한한 에너지가 들어 있습니다. 지혜 즉 반야라는 것도 이와 같습니다. 반야는 일체 무명과 미망을 밝게 비추어 밝히고, 모든 중생을 살게 하고 자라게 하는, 즉 중생을 제도하는 자비의 힘을 발산하고 있는 것입니다. 그래서 지혜 또는 반야를 일컬어 모든 부처님의 스승이라고도 하며 불보살의 어머니라고도 하는 것입니다. 스승과 어머니는 제자와 자식의 행복을 위하여 항상 수고하고 정진하고 있습니다. 무엇 때문에 괴로워하고 무엇을 원하는지 항상 알아 내어 괴로움이 되는 원인은 어떤 희생을 무릅쓰고라도 제거해 줍니다. 좋아하는 것이라면 몸을 팔아서라도 얻어 주려고 합니다.

불보살께서 우리 중생을 제도하는 데는 지혜의 방편을 쓰고 계십니다. 부처님의 일생 모두가 그렇고 팔만 사천의 법문까지도 중생을 교화하기 위한 방편 이외에 아무것도 아니라는 설도 있습니다. 그런데 어떤 사람은 방편 뒤에 있는 궁극의 진리를 보지 못하고 방편에만 매달려 허송 세월을 하는 이도 없지 않습니다. 이것은 마치 달은 보지 못하고 달을 가리키는 손가락만 보는 격이나 다름없는 것입니다.

우리는 누구나 이러한 행을 이룰 수 있는 성품과 능력이 있습니다. 다만 믿음이 약하고 믿음을 실천하지 않기 때문에 이루지 못하는 것입니다. 그러므로 믿음보다 중요한 것은 없습니다. 결국 믿음이 도의 근원이요, 공덕의 어머니가 된다는 말씀을 깊이 새겨보아야 할 것입니다. 먼저 믿는 마음을 내야 하고 이해하고 알아야 하며, 또 믿고 이해한 바를 실천에 옮겨야 합니다. 그 다음에야 비로소 보게 될 것입니다. 이와 같이 신, 해, 행, 증의 과정을 원만히 이루기 위해 불교인들은 부지런히 정진해야 합니다. 부처님께 예배를 올리는 것도 신행이지만 다른 사람을 위한 이타행도 신행입니다. 자신의 소질과 능력에 따라서 이타행을 하고 계행을 지켜가면 모든 강물이 흘러서 결국은 바다에 이르듯, 그 모든 선근과 공덕이 쌓이고 쌓여서 마침내는 깨달음과 수행이 원만하게 이룩될 것입니다.

도/원/스/님

지극한 원력과 실천 있으면
누구나 대보살

도원 스님

· 1921년 9월 15일 生.
· 1941년 만공 스님을 은사로 해인사에서 득도.
· 해인사 강원 대교과 졸업.
· 현 삼보사 주지, 고운사 조실, 조계종 원로회의 의원.

바다가 마르고 허공이 꽉 차도록 대원력을 세워야 합니다.

지극한 원력과 실천 있으면 누구나 대보살

부처님 말씀, 영원히 변치 않는 위대한 빛
"중생의 마음은 본래 공적(空寂)한 것이에요."
깨달았느니 깨닫지 못했느니, 점수(漸修)니 돈오(頓悟)니 갖다 붙일 것이 없습니다. 그 어떠한 말과 물건도 붙지 않는 곳이 중생의 근본 자성(自性)자리입니다.
우리는 모두가 구법자(求法者)입니다. 깨달음을 추구하는 사람들이란 말이지요. 그런데 한편으로 대중들은 돈과 먹을 것과 권력을 더 원하고 있습니다. 하지만 더 거룩한 무엇을 얻으려는 사람들도 있습니다. 바로 마음을 참구하는 수행자들이죠. 법을 구하는 자들은 세상에서 가장 큰 걸 구하려는 사람들이지요. 가장 커다란 무엇을 얻으려는 자들이 바로 구법자입니다.
이 세상의 부귀 영화란 얻으면 내어 놓아야 할 성질의 것들이에요. 대통령 자리도 금은보화도 언제까지나 '내 것'으로 남아 있을 수 없는 것이지요. 그러나 '진리'는 영원히 변치 않고 위대한 빛을 비추고 있습니다. 바로 부처님의 법이지요.

바다가 마르고 허공이 꽉 차도록 대원력을 세워야 보살

이 세상의 수많은 중생들은 모두 대보살이 될 수 있습니다. 우리가 큰 원력을 성심껏 세운다면 이루지 못할 일이 없어요. 물론 여기에는 지극한 정성과 실천이 뒤따라야 합니다.

또한 모든 선업(善業)을 쌓으려고 항상 노력해야 합니다. 물론 선업보다도 무업(無業)이 더 좋겠지만……. 업의 종류는 수백 수천가지이지만 궁극적으로는 선업조차도 없는 게 좋겠지요. 하지만 우선은 선업을 짓는 일이 사회인들로서는 필요한 일이 아닐 수 없습니다.

우리는 금생에 도를 얻고 여래지(如來地)에 들면 다행이지만 만약 대도(大道)와 정법(正法)을 이루지 못하더라도 끝까지 이것을 이루려는 서원을 잊지 말아야 합니다. 그래야만 아승지겁(阿僧祇劫) 이후라도 그 결실을 볼 수 있지 않겠어요. 우리 중생은 대도를 이루지 못하는 한 사생(四生) 육도(六道)의 윤회를 되풀이해야 합니다.

중생의 아집과 그릇된 견해, 번뇌와 선(善) 그리고 악업 등으로 인해 중생은 태생(胎生)·난생(卵生)·습생(濕生)·화생(化生)으로 거듭나면서, 육도의 윤회 전생을 계속합니다. 중생은 지옥도·아귀도·축생도·수라도·인간도·천도를 돌면서 흥망 성쇠를 되풀이하며 정신적인 진화를 거듭하게 되어 있습니다.

정법의 자리는 이런 중생의 세계에서 벗어난, 삶과 죽음이 없는 세계입니다. 영원한 행복과 안락을 누리며 우주와 하나 되어 자재하는 곳입니다. 우리는 법을 구하는 사람들로서 큰 법을 얻고 삼계를 벗어나 다시금 일체 중생을 구제할 수 있는 힘을 얻기 위해 노력해야 합니다.

중생을 구제하기 위해서는 기복 불교도 완전히 무시할 수는 없습니다. 불법의 세계에서 기복이란, 정법은 아니지만 방편으로 활용하는 의미는 있습니다. 중생 세계에서는 당장 필요한 것이 삶의 안락과 불안의 해소와 심리적 의지처이겠지요. 기복 불교가 만연하는 것은 옳지 않지만 무조건 배격하려고만 하는 것도 문제가 있어요.

국가와 민족을 위한 기도나 아들 딸 잘 되라고 하는 기도는 사회인으로서 당연히 할 수 있는 기도지요. 하지만 정법을 얻어 영원한 대자유를 누리려는 사람들은 이런 차원을 넘어서야 합니다.

정법을 얻어 일체 중생을 구제하기 위해서는 바다가 마르고 허공이 꽉 차도록 대원력을 세워야 합니다. 일체 중생을 제도한 후 성불하겠다는 지장 보살이나 관세음 보살 같은 어른들을 본받아야 해요. 그들은 자신을 버리고 온 중생을 위해 원력을 세웠기에 중생의 스승이 된 것입니다.

있는 그대로의 마음을 관하라

범부와 보살이 대보살이 되려면 보리(菩提)의 지혜를 낼 줄 알아야 합니다. 불교에는 소승과 대승의 법이 있지만 두 가지가 따로 있는 것이 아닙니다. 소승의 법을 따라 수행을 하면서도 대승의 대보살이 될 수 있어야 해요. 그래야 진정한 대장부지요. 대장부는 자기를 잊고 우주와 하나 되는 그릇이기에 중생을 남이라 생각지 않는 것입니다.

지혜롭게 방편을 사용하고 방편을 통해서 혜를 얻어야 합니다. 이것이 여여하게 되었을 때 중생 제도의 능력을 갖추었다고 하겠지요. 그렇게 하지 못할 때는 쉼 없이 정진해서 깨달음의 길로 나아가야 합니다. 계속 정진해 공법(空法)과 무상법(無常法)을 요달했을 때 모든 지혜와 방편을 자유자재로 활용하게 됩니다.

그와 같은 최상승의 법을 얻기 위해서는 일념으로 승부를 걸어야 합니다. 그래야만 중생을 교화할 수 있는 능력을 얻게 됩니다. 불보살이 가지고 있는 초인적인 능력인 신족통(神足通), 천안통(天眼通), 천이통(天耳通), 타심통(他心通), 숙명통(宿命通), 누진통(漏盡通) 등 육신통은 모두 마음의 작용에서 일어나는 법력입니다. 법을 구하려는 자는 이 '한마음'을 얻으려고 하는 구도자입니다.

대진리가 숨어 있는 이 무심 경계(無心境界)를 꿰뚫은 이들이 바로 불보살입니다. 모든 것을 마음먹은 대로 보고 듣고 행할 수 있는 이러한 경지는 마음을 통해 열리고 나타납니다. 모든 여래의 법은 오직 마음을 열어 마음의 이치를 깨닫는 과정에서 드러납니다.

마음 수련을 통해 '공법'을 이해하게 되면 편안하게 사물을 관하고 거기에 응대할 수 있게 됩니다. 그렇지 못한 중생들은 항상 심신이 편안치 못하고 망상이 꼬리에 꼬리를 물고 일어납니다.

이 몸을 가지고 있으면서도 몸이 없다는 걸 관(觀)해야 공법을 이해할 수 있습니다. 성공과 실패, 생로병사가 있는 이 몸에 '공'의 이치가 들어 있습니다. 끝없는 잡념에 싸인 생각을 버리고 버려야 해요. 망상을 버려야 내 육체가 있어도 '공'함을 보고, 상(相)을 버리게 됩니다.

망하고 흥하고 얻고 버릴 것도 없는 이 마음을 있는 그대로 관하면 늙고 병들어도 괴롭지 않습니다. 부질없는 집착 때문에 자연의 순리인 생로병사를 두려워하는 것입니다. 천 년 만 년 몸과 마음이 편하게 살려는 것은 신선의 도를 닦는 사람들의 소망입니다. 하지만 혼자서 그렇게 오래 산들 무슨 소용이 있겠습니까. 대자비를 내는 불제자들은 중생과 함께 살면서 중생을 바른 길로 제도합니다.

행주좌와(行住坐臥) 하는 동안 끊임없이 마음을 깨어 있는 상태로 두어 편히 사물을 관하다 보면 인생의 생로병사를 자연히 초월할 수 있게 됩니다.

보살행은 세상을 밝히는 빛

깨달은 경계에서의 정법 생활은 수행의 과정처럼 괴롭지 않고 즐겁습니다. 이러한 경지에 이른다면 즐거운 마음으로 중생에게 법을 설하고 자비를 베풀어야 합니다. 이는 제불보살에게 입은 은혜를 다시 중생에게 갚는 하나의 인연법이지요.

중생에게 베푸는 보시에는 여러 가지가 있지만 단연 법보시가 으뜸입니다. 물질적 보시는 순간의 괴로움을 잊게 하고 즐거움을 주지만 오래 가지 않습니다. 금방은 배가 불러도 돌아서면 배가 고파지듯이 물질적 보시는 스쳐 지나가는 겁니다. 그러나 법보시는 보시 받는 중생을 깨닫게 하는 씨앗이 되므로 영원한 가치를 발합니다. 법보시는 어두운 밤을 밝히듯 미혹한 중생의 마음을 지혜로 이끕니다.

오늘날과 같은 과학 문명 시대에도 보살 사상에 대한 연구는 필요합니다. 나만 잘 사는 것보다 모두 잘 사는 세상을 만들어 가야 하겠기에, 중생을 차별하지 않는 보살의 정신을 구현해야 합니다. 대보살은 세상의 희로애락 속에 살면서도 그것을 초월해 평화롭게 사는 길을 인도해 줍니다.

좋아도 좋은 것이 아니요, 싫어도 싫은 게 아닌 최상승의 공법을 얻어야 대보살이 될 수 있습니다. 법을 구하는 자는 마땅히 '공법'을 구해야 한다는 말씀이 있습니다. 물론 정진을 부지런히 해야 하겠지만 그것으론 부족합니다. 전생과 금생에 지은 죄업을 남김없이 뉘우치고 참회해야 합니다.

전생에 지은 죄업이 얽히고 섥켜 정신을 괴롭히고 생활을 고단하게 합니다. 그릇이 더러우면 깨끗이 닦고 음식을 담아 먹어야 하듯이, 새로운 삶과 깨달음을 추구하는 구법자들은 구습을 닦아 내기 위한 참회를 게을리해서는 안 될 것입니다.

이렇게 깨끗이 몸을 씻고 새 옷을 입는 마음으로 신심을 발해 정진할 때 정법을 향한 발걸음도 한결 가벼워질 것입니다. 중생을 괴롭히는 악의 근원인 탐욕과 성냄과 어리석음이란 삼독심(三毒心)을 물에 빨듯이 참회하고 반성하는 시간을 수행의 전제로 삼아야 해요.

그러나 오늘날 우리 사회는 어떠합니까? 아버지와 어머니를 죽이고 아들과 딸을 살해하는 어처구니없는 세상이 되었습니다. 이게 바로 탐·진·치 삼독이 극단으로 표출된 하나의 예이지요. 또한 계율을 잘 모르거나 인과법(因果法)이 무섭다는 사실을 모르는 무지함에서 일어난 일이지요. 계율이 바로 인과의 원리에서 나온 것임을 알지 못하니 잘못된 행위의 결과를 전혀 생각하지 않고 안하무인 격으로 죄악을 저지르게 되는 겁니다.

이런 어지러운 세상을 밝히기 위해서라도 수행자는 일념으로 정진을 해야 합니다. 참선을 하든 관세음 염불을 하든 자신이 배운 법방(法方)을 일념으로 잘 닦으면 결실을 보는 날이 올 겁니다. 서울 가는 길은 사방으로 나 있지만 서로 통하는 이치와 같지요. 참선, 진언, 염불, 독경이 방법은 달라도 일념으로 정진하면 모두 좋은 '결과'를 볼 수 있다고 봅니다.

그런데 우리 나라를 비롯한 동북아시아에서는 참선으로 깨달은 이가 많습니다. 그 중에서도 우리 나라는 세계적으로 참선이 유명하지요. 오늘날 방방곡곡의 깊은 산중에서 '이 뭣고' 하며 참선하는 큰스님들이 많습니다. 거사님, 보살님들도 참선을 많이 하시지요.

내 마음을 관하고 진리를 찾지 않으면 죽은 사람과 마찬가지에요. 내 마음을 똑바로 알아야 산 사람이라고 할 수 있지요. 따라서 법을 구하는 사람은 부지런히 정진해야 합니다. 편안하고 안일한 생활을 해서는 아무 이익 될 것이 없습니다.

 지금 이 시대는 90살까지도 자기 몸은 자신이 간수해야 하는 때입니다. 옛날처럼 나이 대접 받고 편안히 여생을 마감하는 시대가 아닙니다. 우리 불제자들도 이러한 시대에 승속을 떠나 시대에 뒤떨어지지 않게 모든 일을 부지런히 해야 합니다.

 복과 지혜를 두루 갖춘 대실력자가 되어 이 세상 괴로운 중생들을 제도하려는 서원을 잠시라도 잊지 맙시다.

범 / 룡 / 스 / 님

신심 크면 의심도 크니,
무르익어 터지면 깨달음

범룡 스님

· 1914년 평북 맹산 生.
· 1936년 금강산 유점사에서 출가.
· 1938년 만허 스님을 은사로 득도.
· 1977년부터 팔공산 비로암에 주석.
· 현 문경 봉암사 조실.

요즘은 참선 안 하고 도통한 사람이 너무 많은 것 같습니다.

신심 크면 의심도 크니, 무르익어 터지면 깨달음

참선 안 하고 도통한 사람들

요즘에는 경전을 한글로 번역해 놓아 많은 이들이 부처님 말씀을 쉽게 접할 수 있어 좋더군요. 그런 반면 사람들이 법을 가볍게 보는 생각도 많아진 것 같아요. 경전이 대부분 번역되어 있으니 누구나 볼 수 있게 되었고 방송, 카세트 테이프, 책, 신문, 잡지 등이 많이 나와 법문이 너무 흔해졌어요.

무엇이든지 흔하면 천해지고 소중한 생각도 없어집니다. 쉽게 배가 불러 버려요. 참선 안 해도 다 도통한 것 같고요.

종지(宗旨)도 깊은 데 들어가려면 자기 고민을 해야 하는데 그것은 없고 머리로 헤아려 보기만 하는 것 같습니다. 그리고 공부하지 않으면 안 되는 필연성이 있어야 하는데 공부하지 않아도 풍부히 먹고 살 수 있으니 수행자들이 제자리에 서 있지 못한 것 같습니다.

요즘은 물질이 너무 풍부해요. 너무 배가 부르니 공부할 마음이 나겠습니까. 한 쪽이 비어야 공부가 되는데……. 지금 와서 생각해 보니 부처님이 왜 걸식했는지 이해가 가요. 걸식해야 공부가 되겠습디다. 하루에 한 번 먹고 앉았으니 더 먹을 생각 없고 다음에 죽이 생길는지 밥이 생길는지 모르고 그저 참선만 하고 있으니 공부가 되지요.

그런데 요즘은 대중 공양이 자주 들어오는데 며칠날 공양 들어올 것이 다 알려지고 옆에서는 도마질 소리에 음식 냄새 풍기고 있으니 공부가 되겠소. 선방하고 식당하고는 멀어야 해요. 걸식은 못 할망정 아침 먹고 점심에 무엇이 들어오는지는 몰라야 해요.

글쎄 '먹는 참선' 하고 있으니 공부가 될 턱이 없지요. 그래서 나는 참선 이야기 하기도 싫어요. 더군다나 요즘 사람은 나보다 법문도 더 많이 듣고 책도 더 많이 보아 다른 데 가서는 다 법문하고 있는데 내가 더 할 얘기가 따로 있겠습니까.

신심 없이 보고 들으면 망상만 키울 뿐

옛날에는 그저 걸망하나 메고 어느 선지식이 선지(禪旨)에 밝다, 「화엄경」에 밝다 하면 찾아가서 공부하는 분위기였는데 요즘은 많이 쇠퇴했습니다. 보고 듣는 것은 많지만 다 자기 것이 아닌 것 같습니다.

요즘에는 불법이 일미(一味)인 줄 모르고 초기 불교를 소승으로 부정하는 이도 있고, 초기 불교를 지나치게 주장하는 사람은 대승비불설(大乘非佛說)이라고 대승불교를 부정하기도 한답니다. 여여한 부처님 마음자리가 무엇인지를 알아 내려는 의지가 태산 같지 않고서야 '이거다, 저거다' 분별하는 망상밖에 더 나오겠습니까.

글쎄 세상이 자주 변하니 옛날식으로만 할 수 없겠지요. 하지만 중요한 건 소승이건 대승이건 참선이건 모두가 부처님 말씀인데 쉬지 않고 계속하면 된다는 것입니다. 문제는 열심히 안 하는 거예요. 뭐든지 신심껏 하면 되는데…….

그래요, 저만 부지런하면 어느 시대나 공부는 할 수 있어요. 괜히 공부하기 싫으니까 시대 탓만 하지요. 지금은 어느 때보다 공부하기가 좋은 환경입니다.

어떤 이들은 조건은 좋은데 유혹이 많다고들 하지만 유혹은 자기가 극복해야지요. 다 자기가 약해서 그런 거예요.

옛날 중국 당나라 때 회서 스님은 파초 잎을 따다가 거기에 글씨를 써서 초서로서는 중국 최고가 되었을 정도예요. 왕희지가 이름이 높다 하지만 초서로서는 그를 못 따라 갔지요. 파초 잎에 글씨를 써 천하 명필이 되었는데 지금은 종이가 얼마나 흔합니까. 성의만 있다면 얼마든지 할 수 있지요.

언젠가 보광사 조실 정일 스님이 망월사에서 천일 기도했던 얘기를 하시던데 참 대단했더군요. 천일 기도 중에 병이 나서 먹지도 못하고 기운도 없는데, 대중은 내쫓으라고 하는 등 수모를 겪었다고 해요. 그럼에도 굳센 인욕으로 다 참고 지냈다고 들었어요.

그런데 참는 것을 말한다면 옛 스님들을 따를 수가 없지요. 옛날 스님들은 서울에 들어가려면 한 일 년 머리 기르고 솔잎 상투를 틀고 들어 갔어요. 옛날 어느 스님이 솔잎 상투를 틀고 사대문 중의 어느 한 대문을 막 들어가려고 하는데 문 밖에 있던 어떤 다른 스님이 그 분을 알아보고 할 얘기가 있어 불러야겠는데, "아무개 스님." 하면 정체가 드러날 테니 부르지 못하고 있다 얼핏 생각나서 소리친 것이 "종광사만리(縱廣四萬里)."잖아요.

일반 사람들은 그 말을 몰라도 스님들은 그 말을 다 알아 듣거든요. 그래 솔잎 상투를 틀고 문 안으로 들어가려던 스님이 도로 나와 얘기를 듣고 들어갔다더군요.

옛적에 사미계 받을 때는 이 말을 일러 주었는데 요즘은 그렇지도 않은 모양이에요. 가로 세로가 4만 리나 되는 돌이 있는데 백년에 한 번씩 지나가는 과객의 가사 꼬리에 그 돌이 다 닳아 없어지는 것이 1겁인데 계를 받을 때는 누구에게나 "네가 이 계를 받고 파계하게 되면 이 종광사만리 돌에 떨어져 그 돌이 다 닳아 없어져야 나올 수 있다."고 일러 주었던 것이지요.

거꾸로 놓고 본 화엄경

내가 살아온 옛 이야기를 참고 삼아 해 볼까요.

산중지산(山中之山)이라. 대동강 상류의 맹산이란 곳이 내 고향입니다. 이름만큼이나 산세가 험했지요. 옛날엔 철석문이라 불렀어요. 그런 산골에 나서 거기서 죽지 않고 이렇게 뛰쳐나온 게 다행이지요. 우리 집안은 농사꾼 집안이었는데 나는 겨우 보통학교(초등학교)를 다녔을 뿐입니다. 십 리나 떨어진 학교를 열심히도 다녔어요.

출가는 그러니까 스물세 살 때 금강산에서 했지요. 유점사에서 만허스님을 은사 스님으로 모시고 중이 되었어요. 당시 금강산 유점사에는 염불방, 선방, 강당이 다 있었어요. 연화사가 염불방이었고 수월당이 강원이었고 그랬습니다. 대중은 한 30명 남짓 되었던 것으로 기억나요.

당시 오대산 상원사엔 '승려 수련소'가 있었습니다. 군대로 치면 훈련소격이지요. 이 수련소엔 유점사, 월정사, 건봉사 등 강원지역 3개 본사에서 보낸 학인 30명이 공부하도록 되어 있었어요. 원래 한 1년씩 공부하라는 건데 유점사엔 중이 부족했기 때문에 난 2년을 넘게 살았지요. 처음엔 「범망경」을 읽으라 합디다. 그리곤 「금강경」을 공부했지요.

그 때 상원사에선 한암 스님이 「화엄경」을 강의하셨어요. 탄허 스님도 거기서 배웠지요. 그 땐 책이 없으니까 아침녘에 조그만 방에 빙 둘러앉아 탄허 스님이 그 전날 토를 달고 연구해서 새기는 것을 대중은 듣는 것이지요.

아침 5시에 공양을 하고 7시쯤 대중이 한 자리에 모이면 탄허 스님이 경전 구절을 차례로 새겨 주셨어요. 혹 의심나는 내용이 있으면 묻고 그 물음에 한암 스님이 답을 해 주곤 했지요. 바로 봐도 모르는데 거꾸로 놓은 책을 보며 얼마나 알아들었는지 모르겠어요.

특히 기억에 남는 것은 「화엄경」인데 책이 없어서 중국에 주문을 해서 공부를 했어요. 책 하나 놓고 빙 둘러앉아 역시 탄허 스님이 새기고 우리는 듣는데, 망상이 날 때는 그나마 못 듣게 되니 그저 일심으로 듣는 수밖에 없었어요.

그 당시에 나처럼 젊은 사람은 「화엄경」 염송 책을 갖지 못했어요. 큰 절이나 그 책이 있는 정도였으니까요. 개인적으로는 큰스님들이 더러 갖고 있었던 형편이었고 우리는 감히 달라고 부탁하지도 못했어요.

그 때 같이 공부했던 분들은 지금 모두 돌아가신 것 같군요……. 그 땐 선지식이 어디에 계시다는 소리만 들으면 천 리를 마다 않고 찾아갔어요. 교통이나 좋았나. 늘 걸어다녔지. 아마 걸어서 남북한을 두 바퀴는 돌았을 겁니다. 한 바퀴 도는데 한 10년 걸리거든요.

당시는 남방의 지리산, 동방의 금강산, 서방의 구월산, 북방의 묘향산이라고 해서 이 곳 네 산에 방부를 튼 수좌라야 알아 주었습니다. 이 곳을 빼놓지 않고 다니신 분은 파계사의 고송 스님과 나뿐일 거예요.

오대산에서 공부를 마치고 선방을 돌아다니다 보니 강원에 가야겠다는 생각이 들어요. 그러던 중 지금은 고인이 된 이종익 박사가 일본 경도의 가네자와 문고에서 「화엄경절요」를 베껴 송광사로 보냈다는 소문을 듣고 송광사로 달려갔지요. 그것이 인연이 돼 「화엄경」에 눈을 돌리게 되었고 그것이 교학에 관심을 갖게 된 동기랄 수 있지요.

당시 「화엄경절요」를 일일이 베껴 다시 한암 스님께 가서 토를 달고 공부를 했어요. 여름엔 농사 짓고, 또 주지라고 일 보러 다니다 보니 겨울에만 토를 다는데 토다는 데만 한 이태 걸렸지요.

토를 달고 그걸 갖다 줄까 말까 하다, 누가 보나 마찬가지다 싶어 여태껏 가지고 있다가 몇 년 전에 그 걸 영인해 돌리고 있어요. 한암 스님이 후학을 위해 토를 달아 놓은 것인데, 내가 언제까지 살지 누가 알아요.

차 타고 구한 화두, 천릿길 걸어 찾은 화두

옛날 젊은 스님들은 참선하려고 걸망 지고 다녔지만 요즘 젊은 스님들은 학교를 많이 가는 것 같습니다. 학문을 해도 수행을 겸해야 하는데 그렇지 못하니 너무 방황을 많이 하는 것 같더군요. 선·교가 조화를 이뤄야 해요.

시대가 멀어질수록 선과 교를 겸비하도록 제자를 가르쳐야 해요. 또 선의 깨달음이라는 것도 경에서 밝힌 여실지견(如實之見)과 맞는가를 살펴 인가해야 합니다. 그렇지 않으면 자꾸 법의 중심에 혼란이 생길 겁니다.

글쎄, 깨달았다고들 하는데 무엇을 알았는지……. 아무튼 선을 잘만 하면 그게 얼마나 좋아요. 그러나 지금 사람은 근기(根機)가 생각 밖으로 얕은 것 같습니다. 생각한 것을 끝까지 밀어붙이는 지속성이 부족해요.

옛 스님은 법문 하나 들으려고 천릿길을 마다하지 않고 밥도 굶고 한뎃잠을 자면서까지 찾아서 신심으로 물으니 공부가 되었지요. 딴 생각이 날 턱도 없지요. 그렇게 간절하게 와서 "부처가 무엇입니까?" 하고 물으니 "마삼근(麻三斤)."이라 대답했다고 하는 얘기도 있지 않습니까.

아, 그렇게 간절한 의심덩어리를 기어이 풀 수 있을 거라고 믿었던 마음이 첫 마디에 딱 막히니 참선이 되지. 지금 사람은 그걸 믿지 않아요. 차 타고 붕 가서 화두 하나 일러 주시오 해서 '마삼근.'이라는 말만 듣고 오는데 무슨 의심이 있겠습니까.

'신심이 십분 있으면 의심이 십분 있고, 의심이 십분 있으면 깨달음이 십분 있다[信有十分 疑有十分, 疑有十分 悟有十分].'고 했는데 대부분의 요즘 사람은 신심이 2~3분이나 되는 것 같습니다. 믿음이 없으니 의심이 없을 것이고, 의심이 없으니 깨달음이 있겠소. 그러니 신심을 크게 내야 해요. 큰 신심이 큰 의심을 부르고 그 의심이 무르익어 '탁' 터질 때가 바로 한소식이 오는 순간 아니겠어요.

오직 신심을 투철히 해야 해요. 신심이 없는 의심은 소용이 없어요. 신심이 없는 화두는 바로 사구(死句)라, 화두를 일러 주는 사람도 문제예요. 화두를 내리는데 "어째 무엇이라 했는가." 하거든. '어째'가 왜 나와요. 그냥 '무엇인가.' 해야지.

조주 스님이 살아 계시다 생각하고 조주 스님께 직접 화두를 받아야 해요.

모두 공연한 소리야. 부디 잘 닦아요……

범/행/스/님

참선,
여름날 먹는
수박 맛 같은 것

범행 스님

· 1921년 2월 21일 경기 화성 生.
· 1948년 금산 태고사에서 포산 스님을 은사로 득도.
· 1957년 범어사에서 동산 스님을 계사로 비구계 수지.
· 1952년 팔달선원 원장 역임. 1959~60, 1964, 1974~90년 선학원 원장 역임.
· 조계사, 동화사, 불국사, 봉은사 주지 역임.
· 현 팔달선원 원장.

껍질을 벗으면 흘러가는 구름 속에서 법의 진면목을 볼 것입니다.

참선, 여름날 먹는 수박 맛 같은 것

법은 스스로 존재하는데 무엇을 설할까

 사람들은 나를 초빙하여 부처님의 가르침을 설해 달라고 합니다. 설법해 달라고 하는 것이지요. 그러나 법은 그 자체로 존재하는 것인데 새삼스럽게 말씀 드릴 게 어디 있겠습니까. 지금 산천에 피어 있는 꽃은 꽃대로 나무는 나무대로 새는 새대로 법을 설하고 있습니다. 온 우주에 법이 지천으로 널려 있는데 새삼 저에게 말해 달라는 것이지요. 지금 제가 몹시 목이 마른데 이런 때는 어떻게 해야 합니까.
 여러분들은 여러분들의 틀에 모든 것을 주워 담으려 합니다. 행주좌와 모든 것을 주워진 틀 안에서 판단하지요. 저의 설법 또한 여러분들의 범주로 난도질할 것입니다. 그러면서 여러분들의 지적 허욕을 채우는지도 모르지요. 그러나 법이란 여러분들의 잣대로 헤아려서는 알 수 없어요. 오히려 틀과 껍질을 벗는 용기가 필요합니다. 그럴 때, 흘러가는 구름 속에서 흩날리는 낙화(落花) 속에서 법의 진면목을 볼 것입니다. 이름도 형상도 버려야 한다는 것입니다. 결국 법을 법이라 하면 참된 법이 아니지요.

저의 설법은 이렇게 신통치 않습니다. 그렇지만 지금 도처에서 벌어지는 법석(法席)을 보고 있노라면 환희심에 충만하여 춤이라도 추고 싶습니다. 알겠습니까.

(주장자를 세 번 내리치고)

이미 법은 마쳤다고 봅니다.

본래 법이라고 이름을 붙여서 법을 설한다는 그 자체가 틀린 것입니다. 입을 열면 이미 잘못된 것입니다. 명상(名相)에 사로잡힌 것이지요. 그렇다면 어떤 방식으로 무엇을 이야기할 것인가. 이것이 문제입니다.

여러분들은 '너'가 있고 '내'가 있고 '부처님'도 있고 '삼라만상'도 있는데 왜 없다고 하느냐 반문하겠지요.

여러분이 늘상 외우는 「반야심경」에 '불생불멸(不生不滅)'이라는 것이 있습니다. 살아 있는 것도 죽은 것도 아니고, 또 눈·귀·코·입·촉감·생각하는 것이 없다고도 해요. 그렇지만 덮어놓고 없다고 하면 가시적인 우리 눈앞의 현상은 어떻게 한다는 것입니까. 염세주의자 내지 정신이상자로 취급 받기 쉽습니다. 그러니 오늘은 '불생불멸'에 대해 논리적으로 살펴보기로 합시다.

먹어 봐야 맛을 안다

'나'라는 존재가 무엇이라 생각합니까. 아버지가 어머니 뱃속에 현미경으로 보아야 간신히 보일 정도의 꽁지벌레 같은 정자를 보냅니다. 그것도 한 마리밖에 들어가지 못합니다. 어머니가 음식을 먹어서 이것이 자랍니다. 그런데 인간은 잡식 동물 아닙니까. 안 먹는 것이 없어요. 날아가는 것, 기어다니는 것, 물 속에 있는 것 가리지 않고 다 먹어요. 이렇게 먹고 자란 것이 '나'입니다. 그런데

'나'는 지수화풍 사대로 구성된 존재입니다. 이 사대가 어디서 왔느냐 하면 본래 온 데도 간 데도 없어요. 그러나 분명 '나'라는 존재가 있는데 온 데도 없고 간 데도 없으니 부처님은 '불생불멸'이라 했던 것입니다. 마음도 그렇습니다. 눈·귀·코·입·촉감·생각도 모두 절대성이 없습니다.

이제 여름이 다가오면 수박을 자주 먹게 될 것입니다. 여러분이 수박을 먹어 보지 않은 사람에게 수박 맛을 설명한다고 가정해 보세요. 수박에 대해서 말하라 하면 누구나 수박을 잘 먹은 것처럼 얘기하겠지요. "겉은 파랗고 속은 붉은 것이 여름철 별미입니다." "차갑게 해서 먹으면 더욱 맛이 납니다." 등 여러 가지로 설명을 합니다. 그렇지만 사실은 잘 설명한 것이 아닙니다. 제대로 수박 맛을 전달하지 못했어요. 부처님이라면 수박을 어떻게 설명하셨을까요. 부처님은 수박씨를 심어서 가꾸는 법까지 모두 알려 주고 익으면 직접 맛을 보라 하셨을 겁니다. 그리고 나서

"먹어 보니 어떠하더냐."

"참 수박이 맛있습니다."

"그래, 나도 그렇다. 먹어 보니 나도 그렇다."

수박을 못 먹어 본 사람에게 당분이 어떻고 수분이 얼마나 있으며 영양가가 얼마나 있다고 아무리 설명해도 소용이 없어요. 말로만 얘기하는 것보다 먹어 봐야 해요. '백문이불여일행'이지요. 내가 심고 길러서 먹어 보는 것. 그것이 바로 참선입니다. 참선해서 깨치면 바로 수박을 먹는 것처럼 시원해요.

본래 있는 것도 아니고 없는 것도 아니니 불생불멸

마음은 사실 아무것도 아닙니다. 어머니 뱃속에서 꽁지벌레 한 마리가 살아서 나를 만들었는데 그것이 어디서 왔겠습니까. 온 데

가 어디입니까. 갈 때는 바람이 먼저 가고 다음에 따뜻한 기운이 가고 그 다음에 남는 것이 무엇입니까.

나라는 존재는 수많은 균입니다. 5백억 개의 세포균으로 이루어졌어요. 이 균을 화장터에서 화장하면 죄다 없어져 버립니다. 입자나 분자라고 할 수 있는 것마저도 궁극에는 없어져요. 입자를 분리하면 전자 핵으로 나뉘고 더 나누면 물체가 되느냐 안 되느냐까지 갑니다. 이것이 물질이냐 물질이 아니냐 하는 점을 연구하면서 많은 물리학자들이 존재의 근원을 밝히려 했고, 이에 대해 수많은 가설들이 쏟아져 나오고 있지요.

구태여 우리 몸뚱이라는 것이 어디에서 왔느냐 하고 존재론적으로 해부하자면 지수화풍 사대에서 나와서 자란다고 할 수밖에 없습니다. 결국 우리는 한 개의 미분자예요. 마침내는 가는 곳 없이 헤어져요. 그러니 산 것도 아니고 죽은 것도 아닙니다. 해서 부처님께서 말씀하신 불생불멸이라는 것을 과학적으로 분석해 볼 때 본래 있는 것도 없는 것도 아니라고 표현하는 것입니다.

그렇다면 내 몸은 무엇인가. 내 몸이라는 것은 이루 말할 수 없는 핵 뭉치입니다. 숫자를 셀 수가 없어요. 엄청난 균들이 몸에 있어요. 균을 가죽 부대에 넣고 있는 거예요. 그걸 나라고 해요. 나라는 존재나 우주가 다 같은 겁니다.

생물학적으로 아버지의 정충 한 마리가 나라는 존재가 되었을 때 그것이 나냐 이거예요. 인간의 세포가 5백억이라 할 때, 한 개의 세포가 핵분열까지 하면 수십억 수백억이 되요. 물체 아닌 데까지 나간단 말이에요.

여기 불이 있습니다. 이 불도 엄청나게 많은 수백억 개의 균이 빛을 내고 있어요. 저 불 자체가 보일 정도면 이루 말할 수 없는 균이 빛을 내는 것입니다.

여러분들이 사는 이 허공에도 엄청난 균들이 있어요. 보입니까. 못 봐요. 그렇지만 엄청나게 많이 있다고 그럽니다.

어느 대학 자연과학 교수와 개인적인 친분이 있어 자주 만나는데 언젠가 이런 얘기를 해요. 아무리 손등을 깨끗이 씻더라도 전자 현미경 위에 얹어 놓고 보면 균 투성이라는 것입니다. 내 손이 이렇게 더러운가. 모두들 깜짝 놀랄 것입니다. 그런데 요즘 여자들 손을 닦고 또 이쁘라고 얼굴에다 페인트 칠 하고 야단들입니다. 더러운 데다 자꾸 더럽게 하는 거예요.

인연법은 한 치의 어긋남도 없다

아뢰야식이 있지요. 이것이 요새 컴퓨터의 주기억장치나 마찬가지입니다. 우리의 경험을 여기에 입력해 놓는 겁니다. 내가 무량겁을 살아왔는데 부처님은 그것을 알고 과거 네가 어느 세상에서 온 누구이며, 어떤 일을 했고, 지금 어떤 일을 하고 있다고 말씀하셨습니다. 이것을 말씀하시기에 인과설이 나옵니다.

과거, 현재, 미래가 있다는 인과설 말입니다. 축구 잘하는 이들은 과거에 축구도 많이 했기에 해 봐서 현재 더욱 잘해요. 처음 보는 사람인데도 밉상이 있고 어떤 사람은 예전에 본 것 같고 그래요. 다들 과거에 서로 본 것입니다. 때로는 같이 살았어요.

결혼을 어떻게 합니까. 현대의 부부는 별안간 좋다고 만나자마자 결혼하는 사람이 있고, 싫지만 할 수 없이 결혼하는 사람도 있습니다. 좋아하는 사람인데 자꾸 도망가고 또 싫은 사람이 옆에 와서 칭얼거리며 살아 보자는 사람도 있습니다. 자기가 좋아하는 사람하고만 산다는 것이 참으로 어려워요. 과거에 사람으로 부부가 되기도 했고 날짐승, 축생 할 것 없이 여러 가지 인연을 맺기도 했어요. 그러다가 금생에 사람이 되어 만나기도 하지요. 과거에 그 사람과 내가 부부였기에 지금도 그렇게 되는 것입니다. 이것이 인연입니다. 그냥 우연히 되는 것이 아니예요, 마음대로 되지도 않습니다.

법이란 스스로 얻는 것

중국의 도연명이 하루는 도를 배우고자 스님을 찾아 산에 올라가 보니 스님이 절벽의 나무 위에 앉아 있는 거예요.
"스님 위험합니다."
"나는 위태롭지 않네. 자네가 더 위태롭네."
하고 말했습니다.

욕심을 버려야 하는데 도연명은 집착하고 있었던 것입니다. 법이란 자기가 얻는 것이지 스승이 주는 것이 아닙니다. 한 생을 버려서라도 아니면 누생겁에 걸쳐서라도 반드시 도를 깨닫고 말겠다는 굳은 서원을 지니고 수행할 때 비로소 깨닫는 것입니다.

예전에 벽계 스님이란 분이 계셨어요. 국가에서 스님을 심하게 탄압하자 숨어 살았어요. 벽계 스님의 법력이 높다는 소문을 듣고 벽송 스님이 찾아가 제자가 되었습니다. 두 스님은 함께 일을 하며 살았습니다. 벽송 스님은 매일 산에 가서 나무를 해다 팔아서 근근이 먹을 것을 마련하고 벽계 스님은 미투리를 삼았습니다. 이렇게 3년 동안 시봉을 했는데도 법이니 도니 일체 말이 없는 거예요.

'세월은 흐르고 있고 3년을 헛되게 보냈구나. 이제 떠나야겠다.'고 생각하며 짐을 챙겨서 나가는데 벽계 스님이 "벽송아." 하고 부르는 겁니다.

벽송 스님은 멀리서 스승이 부르는 소리를 듣고도 절대 돌아보지 말자고 다짐하고는 그냥 걸어갔어요. 다시 "벽송아." 하니 안 볼 수도 없고 해서 고개를 돌렸습니다. 그러자 벽계 스님이 주먹을 보이며 "도 받아라." 하는 겁니다. 여기서 벽송 스님이 활안대오를 했습니다.

이 주먹에 무슨 주고 받을 도가 있겠습니까.

부처님이 새벽에 샛별을 보았는데 매일 똑같은 별 아닙니까. 그러나 부처님은 그 별을 보고 깨달음을 얻었습니다. 벽송 스님도 그 도를 얻으려고 3년 동안 나무를 한 것입니다. 오직 불법만을 찾은 것이지요. 그러니 도 받아라 하는데 활안대오를 하지 않을 수가 없는 것입니다.

어느 스님은 마당 쓸다가 발에 채인 돌을 주워 대나무 밭에 던지자 대나무가 내는 뺑 소리를 듣고 깨쳤어요. 그렇다면 도가 돌멩이에 있느냐, 대나무에 있느냐, 대나무와 돌이 만나서 나는 소리에 있느냐 이것입니다.

자기가 간절하게 참구하다 보니 나온 겁니다. 그러니 여러분들도 부처님이 가르쳐 주신 '불생불멸'의 본 뜻을 정확히 파악하고 간절하게 불법의 근본 의미를 찾으십시오.

벽/암/스/님

끝없이
참회하십시오

벽암 스님
· 1924년 2월 25일 경남 남해 生.
· 1946년 호국사 역경원에서 적음 스님을 은사로 득도.
· 1947년 호국사 역경원에서 회명 스님을 계사로 구족계 수지.
· 1949년 서울 호국사 역경원 대교과 졸업.
· 동국학원 이사장, 선학원 원장 및 이사장, 조계종 중앙종회 의장 역임.
· 현 공주 신원사 조실, 조계종 원로회의 의원.

'잘 사는 길'이란, 인과를 믿고 인과가 무서운 것을 아는 것입니다.

끝없이 참회하십시오

부처님 오신 날, 더 넓은 세계로 나아가는 날

사월 초파일은 석가모니 부처님이 이 세상에 오신 날입니다. 고통의 바다에서 헤매는 우리 중생들을 구하기 위해 사바 세계에 몸을 나투신 것입니다. 자신만이 깨달은 진리를 중생들에게 회향하기 위해 그 몸을 우리 곁에 드러내신 거룩한 날입니다. 그리고는 우리 모두가 가지고 있으면서도 깨닫지 못하는 불성을 일깨워 주셨습니다. 그 불성으로 인해 모든 인간은 스스로 존엄하고 평등하며 자비로워야 함을 알게 되었습니다. 또한 우리가 이 한 생을 어떻게 살고 왜 사는지를 가르쳐 주셨습니다. 그러니까 우리는 부처님이 오심으로 삶의 나침반을 찾은 셈입니다. 이보다 더 귀하고 소중한 일이 어디 있겠습니까.

따라서 우리 민족은 불법(佛法)을 만난 이후부터 사월 초파일을 최대의 명절로 기려 왔습니다. 무지를 깨고 지혜를 밝히는 등을 만들어 달아 그 빛을 폈으며, 불우하고 어려운 이웃을 위해 등을 밝히고 보시를 아끼지 않았습니다. 또 무리를 지어 탑을 돌며 부처님처럼 살게 해 달라고 소원을 빌기도 합니다. 모든 백성의 민속 축제로 치르던 이런 초파일 의식과 놀이들도 서구의 종교와 문물이 밀려들면서 점점 위축되고 있기는 합니다. 마치 물질 앞에 가위눌린 현대인들의 마음처럼 말입니다. 그러나 외형이 변한다고 해서 근원과 본질이 달라지는 것은 결코 아닙니다. 부처님이 사람의 몸으로 나셔서 뼈를 깎는 6년의 고행 끝에 마침내 깨달음을 얻으시고 45년 동안 법을 펴신 그 생애와 밝히신 진리는 불변인 것입니다. 다만 부처님 가르침이 진가를 드러내느냐 못 드러내느냐 하는 것은 중생 각자의 인연 소치인 것입니다.

귀한 가르침을 뼈저리게 가슴 깊이 인지하고 하나하나 생활 속에서 실천해 내는 중생은 복이 있는 중생이고 그렇지 못한 중생은 밝은 깨침이 무엇인지도 모른 채 무명 속에 살다 가는 것입니다. 박복 중생인 것이지요.

부처님은 법신불(法身佛)로 처처에 상주하고 계시므로 오고 감이 없습니다. 삼천 대천 세계로 끝없는 가지가지의 중생을 요익케 하십니다. 물에 사는 중생은 물의 요익을 얻고, 육지의 중생은 땅의 요익을 얻고, 허공의 중생은 허공의 요익을 얻게 해 주십니다. 그럼에도 우리들이 부처님 오신 날을 특별히 챙기면서 기리는 것은 우리 인간과 꼭 같은 모습으로 나투셔서 눈높이를 맞추신 화신불(化身佛)이기 때문일 것입니다.

석가모니 부처님은 과거 무량억겁 전에 연등불소에서 수행하실 때에 연등불로부터 "너는 미래세에 사바 세계에 출현하여 석가모니불이 되어 무량 중생을 제도하리라." 하는 수기를 받으셨습니다. 그 뒤에 여러 부처님이 출현할 때마다 수행을 쌓아 중생을 교화하시다가 사바 세계에 오시기 전에는 도솔천에서 호명 보살로 계시면서 천인(天人)들을 교화시키셨습니다. 그러다가 이 사바 세계의 중생을 교화할 인연이 닥쳐옴에 흰 코끼리를 타시고 사바 세계에 내려오셔서 마야 부인에게 탁태하시어 마침내 강탄하셨습니다. 사생의 자부이시고 삼계의 도사이신 부처님은 그렇게 나투신 것입니다.

업은 외상도 에누리도 없다

부처님이 이 세상에 오심으로 해서 비로소 인간은 인간다워질 수 있었습니다. 그것은 우리 중생들 사이에서 보기에 잘난 사람이건 못난 사람이건 많이 아는 사람이건 모르는 사람이건 간에 인간은 누구에게나 부처님의 종자인 불성이 있다는 것을 깨닫게 되었기 때문입니다. 또한 너 나 없이 부처님과 같이 '천상천하 유아독존'이라는 존귀한 존재라는 것을 알게 되었기 때문입니다. 부처님이 이 땅에 오시면서 인류는 자비와 평등이라는 사상에 눈뜨기 시작했습니다.

또한 우리 중생들은 한결같이 "잘 살게 해 달라."고 기도합니다. 잘 산다는 것이 무엇이겠습니까. 배부르고 몸 편한 것입니까. 거기다가 맘도 편하면 더욱 좋겠고.

그러나 아닙니다. 잘 산다는 것은 인간의 완성인 성불에 있습니다. 그러니까 "잘 살게 해 달라."는 기도는 "어서 성불하게 해 달라."는 기도여야 합니다. 어쩌면 세속과는 다른 출세간의 스님이나 하는 것이라고 말할 사람도 있을 것입니다. 확실한 것은 이런 자세의 기도가 옳고 그름을 떠나 좋은 기도라는 것입니다. 그 이유는 불교의 핵심적인 가르침인 인과를 이해하면 더 극명하게 와 닿게 될 것입니다.

흔히들 이렇게 묻는 이들이 많습니다. "사대는 다 똑같이 이루어져 있어서 다 같아야 할 터인데 어찌해서 어떤 사람은 추악하며, 어떤 사람은 현세에서 과보를 받고 어떤 사람은 후세에 가서야 과보를 받게 되는 것입니까?" 하고 말입니다.

그건 행위에 따라 생기는 과보의 차이입니다. 비유하자면 내가 거울을 들여다보면 내 모습이 거울에 나타납니다. 연꽃을 거울에 비치면 연꽃이 거울에 나타납니다. 즉 거울이 그 대하는 사물의 모양에 따라 비추이는 모습이 각기 다른 것과 같습니다. 밭에 배추씨를 뿌리면 배추가 나고 무씨를 뿌리면 무를 수확하게 되는 것입니다. 밭에 뿌려진 씨가 각기 자각하지 못하지만 저절로 싹이 트는 것과 같습니다. 업의 본성도 이러합니다.

온갖 중생은 스스로 지은 업에 의해 그 몸과 사는 세계를 스스로 만들어 갑니다. 우리가 받는 고락(苦樂)의 과보 모두가 다 현세의 업 때문만은 아니며, 그 원인이 과거세에도 있었음을 알아야 합니다. 그러므로 현재에 있어서 인(因)을 짓지 않는다면 미래에 받아야 할 과(果)도 없을 것입니다. 이렇게 보면 이 우주와 인생은 모든 유정물들이 제각기 지은 업력에 의하여 각자의 환경과 그 자신을 초래한다는 것입니다.

업력의 힘이 얼마나 센지 들어보시겠습니까. 지장 보살님이 보현 보살님에게 하신 말씀이 있습니다.

"업력이란 매우 큰 것이어서 능히 수미산을 대적하며, 능히 큰 바다보다 깊으며, 능히 성도(成道)의 장애가 되는 것입니다. 그러므로 중생들은 작은 악이라 해서 가볍게 알아, 죄가 없는 듯 착각해서는 안 됩니다. 누구나 죽은 뒤에는 과보가 있어서 아무리 미소한 것이라도 모두 받게 마련입니다. 피를 나눈 부자 사이라 할지라도 사후에 갈 길이 각기 다르며, 설사 만나는 일이 있다 할지라도 과보를 대신하여 받아 줄 수는 없는 것입니다."

참으로 업력은 준엄하며 공평하고 철저한 것입니다. 지은 만큼 받는 도리 외에는 달리 피할 길이 없는 게지요.
 그리고 나는 어려서 큰스님께 이런 말씀을 자주 들었습니다. "업은 외상도 에누리도 없다."는 말입니다. 이것이 업인업과(業因業果)의 철칙입니다.
 사람의 생명을 이어 가게 하는 곡식도 씨로부터 싹이 나오고, 싹으로부터 줄기와 잎을 치고 그 결과 열매가 생겨납니다. 씨를 떠나서는 열매가 생길 도리가 없습니다.
 그렇다고 세상 사람이 얘기하는 숙명론이니 하는 것처럼 정해진 이치대로 불변하는 것도 아닙니다. 사람의 마음은 찰나찰나 선과 악이 교차합니다. 순간순간 극락이 되었다가 지옥이 되기도 합니다. 우주 만물 변하지 않는 것이 없습니다만 사람의 마음이 가장 변화무쌍합니다. 선업과 악업을 무수하게 쌓으니까요.
 따라서 '잘 사는 길'이란 인과를 믿고 인과가 무서운 것을 아는 것입니다. 지금 당장 눈 앞에서 고생스럽다고 해서 잘못되고 있는 것이 아닙니다. 오로지 지금의 상황이 어떤 인연으로 초래된 것이고 그 결과 이러할 수밖에 없겠구나 하고 헤아리는 그 생각과 자세가 중요합니다. 그것이 바로 지혜입니다.

업의 노예가 되지 마십시오

 지혜는 지식과 다릅니다. 많이 배워서 지식이 쌓였다고 지혜로워지는 것은 아닙니다. 지혜는 바로 인과를 살피는 혜안입니다. 지혜 있는 이는 설사 전생의 악업으로 해서 고통과 어려움이 닥칠지라도 풀어 나가는 길을 스스로 찾습니다. 그래서 힘든 삶도 가닥을 잡아 가며 해결해 나갑니다.
 어리석은 사람일수록 세상말로 잘난 척합니다. '대현대우(大賢大愚)'라는 말도 있지 않습니까. 크게 현명한 사람은 보통 사람이 보기에 어리석은 것처럼 보이는 것입니다.

  인과를 믿다 보면 인과에 작용하는 업력은 참으로 무섭다는 것을 알게 됩니다. 업력이 무섭다고 생각되는 이유는 업력이 우리 중생들이 그렇게도 소망하는 성불에 이르는 데 장애로 작용하기도 한다는 것입니다. 악업을 말하는 것이지요. 그 두터운 업장을 모두 녹여야만 완성된 인격인 성불에 이르게 되니 말입니다. 알게 또 모르게 지은 업장을 눈 녹이듯이 녹일 수만 있다면 얼마나 좋겠습니까. 사실 그런 길이 없는 것은 아닙니다. 자꾸 참회하십시오. 두터운 업장을 소멸해 달라고 기도하세요.

  우리 중생들은 육도의 거리에서 숨바꼭질하듯이 삼계에 윤회합니다. 탐·진·치 삼독 망념을 내서 삼계 고해에 윤회하는 자신을 구제하겠다는 자각에서 참회를 하도록 하십시오. 나는 건강이 좋지 않을 때라도 매일 참회 진언을 합니다. 다생겁래로 신(身)·구(口)·의(意)로 지은 업을 참회하겠다는 원력입니다. 부처님은 우리 중생이 진심으로 다시 악업을 짓지 않겠다고 결심하고 참회하면 그 한 생각에 다 소멸한다고 했습니다. 마치 바싹 마른 풀을 불에 태워 없애 버리는 것과 같습니다.

  그러나 더욱 중요한 것은 인과에 어긋난 말이나 행위를 하지 않고 또한 마음조차도 먹지 않는 것입니다. 사실 쉽지 않은 일이지요. 세상 일이라는 것이 단독 운행되지 않으니까 말입니다. 좋은 일 나쁜 일이 다 복잡하게 얽히고설켜 있게 마련인데 양심에 비추어 좋은 일만 하세요. 그것이 선업을 쌓는 것입니다. 즉 선업을 저축하는 것이지요. 이렇게 되면 업장 소멸은 저절로 됩니다. 업의 노예가 되지 말고 창조적인 삶을 살아가시기 바랍니다.

비룡 스님

나를 낮추면
부처님이
가까이 다가옵니다

비룡 스님
· 1901년 4월 8일 生.
· 1927년 한암 스님을 은사로 득도.
· 현 월정사 조실, 조계종 원로회의 의원.

수행자라면 항상 탐욕을 버리고 겸손하고 하심할 줄 알아야 합니다.

나를 낮추면 부처님이 가까이 다가옵니다

욕심을 버리면 개인과 사회가 더불어 건강

요즈음 우리 사회의 현실을 보면 삼강 오륜, 윤리, 도덕 등이 모두 무너져 버린 것 같습니다.

윤리, 도덕이 바로 서야 화합이 잘 되고 남북 통일도 순조롭게 이루어질 것입니다. 다시 말해 윤리, 도덕을 바탕으로 국민들이 화합해야 하는데 그렇지가 못한 것 같아 늘 안타까울 뿐입니다. 곳곳에서 일어나는 대형 사고가 바로 탐욕을 절제하지 못하고 충심으로 화합하지 못한 결과입니다. 이렇게 화합이 잘 안 된 상태에서 통일이 된다 한들 무슨 소용이 있겠습니까. 그래서 우리 불자들은 대자대비한 불법으로 화합해야 하는 것입니다.

화합이 잘 되면 부처님 법도 흥하고 나라도 흥하게 돼 평화로운 세상이 저절로 열리는 것입니다. 그렇기 때문에 종교가 중요합니다. 특히 오늘날은 부처님의 진리가 어느 때보다 절실한 상황입니다. 중심을 잃고 방황하는 사람들의 마음을 바로 잡는 것이 불교의 핵심입니다. 불자들은 이런 진리를 바로 알고 누구보다 먼저 화합의 길에 앞장 설 줄 알아야 합니다. 농사를 짓고 장사를 하고 정치를 하더라도 이 진리는 마찬가지입니다.

모든 헛된 망상들을 과감히 끊어 버리고 진정으로 자신의 직업과 역할에 전념해야 하는 것입니다.

즉 모든 생활에 있어서 진실하고 올바른 삶을 추구할 때 우리의 사회는 건강하게 되는 것입니다. 지금 우리 사회의 세태를 보면 이기주의, 개인주의, 기회주의, 배금주의가 만연합니다. 이런 상황이 계속되면 단합은 고사하고 나라가 흥할 수 없는 것입니다. 이런 모든 것을 다 버리고 바르게 실천 수행해야 화합이 잘 되고 나라도 흥하게 되는 것입니다.

그렇기 때문에 우리 모두는 언제든지 바르게 생활하는 습관을 지녀야 합니다. 특히 교육의 현장에 있는 교육자들은 이런 점을 명심해야 합니다. 왜냐하면 지금 교육을 받고 있는 청소년들이 미래 사회의 주역이기 때문입니다. 입시 위주의 교육이나 암기 위주의 교육에서 하루빨리 벗어나 열린 교육, 참교육을 실시해야 합니다.

참교육이라는 것은 윤리, 도덕을 바로 세우는 교육입니다. 이런 교육이 나라를 건강하게 하는 길입니다. 다시 말해 예의가 바로 서야 나라도 바로 서는 것입니다.

정진만이 번뇌의 황소뿔을 막을 수 있다

출가자의 공부도 이와 같습니다. 수행 정진하는 데 욕심이 남아 있다면 성불은 고사하고 올바른 수행도 못 하는 것입니다. 그래서 선지식들은 탐·진·치의 삼독심을 버리고 정진할 때, 올바른 수행을 하는 것이고 성불할 수 있다고 강조한 것입니다.

그런데 처음 수행의 길에 드는 수행자는 이런 번뇌 망상들을 소멸하기가 쉽지 않습니다. 그래서 수행자가 가부좌를 틀고 화두에 들면 온갖 삿된 꿈이 꾸어지고 혼란에 빠지기도 합니다.
 수행자 가운데 번뇌 망상이 많은 사람은 삿된 꿈이 헤아릴 수 없이 일어나고, 번뇌가 없는 사람은 삿된 꿈이 일어나지 않고 속히 깨달음을 얻을 수 있는 것입니다.
 저의 사형 가운데 보문 스님이 계셨습니다. 스님은 상원사에서 용맹정진했는데 일 주일 만에 깨달음을 얻었다고 합니다. 스님의 용맹정진하던 이야기를 들어 보면 번뇌를 끊기란 얼마나 어려운 일인지 알 수 있습니다.
 보문 스님이 처음에 화두를 들고 하나하나 풀려고 수행에 들었을 때 갑자기 붉은 황소가 나타나 단단한 뿔로 받으려고 달려들었답니다. 이것은 바로 마음 속에 번뇌가 가득 쌓여 있기 때문입니다. 산란심과 번뇌가 마음 속에 가득하기 때문에 이런 삿된 꿈을 꾸게 되고 꿈 속에서 헤어나지 못하게 되는 것입니다.
 불같이 타오르는 번뇌 덩어리인 붉은 황소를 물리치려고 입술을 깨물며 수행을 하다 보면 마침내 붉은 황소는 서서히 없어지고 다시 검은 황소가 나타납니다. 이번에는 검은 황소를 붙잡으려고 온갖 몸부림을 치지만 몸부림을 치면 칠수록 소는 잡히지 않고 점점 멀리멀리 도망쳐 버립니다. 그러나 쉬지 않고 계속해서 정진하다 보면 번뇌는 하나하나 소멸되고 결국에는 검은 황소의 고삐를 잡을 수 있습니다. 그러나 고삐를 잡았다고 절대로 마음을 놓아서는 안 됩니다. 번뇌란 놈은 기회만 있으면 일어나려고 항상 꿈틀거리기 때문입니다. 고삐를 꽉 잡고 검은 황소를 못 움직이게 해야 비로소 검은 소가 번뇌를 벗어 버리고 하얀 소가 되는 것입니다.
 붉은 황소가 검은 소가 되고 하얀 소가 되어도 번뇌는 없어지지 않고 또다시 호랑이란 새로운 번뇌가 다시 나타납니다. 모든 번뇌를 다 끊어 버렸다고 생각한 이 몸뚱이는 호랑이를 만나자마자 또다시 도망을 치기 시작합니다. 수행자는 이와 같은 상황에서 더욱 정진할 줄 알아야 합니다. 번뇌 소멸을 위해 용맹정진하다 보면 결국에는 더 이상 올라갈 수도 내려갈 수도 없는 곳에 이르러 수십 길 낭떠러지에 떨어집니다. 이 때 바로 모든 업장이 녹아 내리기 시작하는 것입니다. 이처럼 방일하지 않고 정진하다 보면 큰 물고기도 잡을 수 있고 작은 물고기도 잡을 수 있는 것입니다.

나중에는 허공 속에 밝은 별이 보이게 되는 것입니다. 이런 경지에 오르는 순간 성난 검은 소는 욕심 없고 순한 하얀 소가 됩니다. 이런 경지에서도 끊임 없이 수행하다 보면 나중에는 소 자체가 없어지고 별과 달이 비치게 되는데 그 때가 바로 일체 망상이 다 소멸되어 오직 마음 공부에만 일념할 수 있는 때입니다.

이런 상황이 되면 거기서 바로 진리를 알 수 있는 것입니다. 마음의 진리를 증득했다고 안심해서는 절대 안 됩니다. 깨달음을 얻었다고 모두 수행이 다 끝난 것이냐. 그것은 결코 아닙니다. '내가 제일이다. 이제는 더 이상 수행할 필요가 없다.' 이러한 자만 속에 빠져 버리면 소(번뇌)는 다시 나타나게 되는 법입니다.

비록 깨달음을 증득했다고 하더라도 계속해서 선정 삼매에 들어 정진해야 합니다. 선정 삼매에 들면 모든 분별심이 끊어지고 동심으로 돌아갑니다. 동심으로 돌아가서 나중에는 입증이 되는 것입니다. 또한 계율을 지켜야 선정에 드는 것이지 계율을 지키지 않으면 아무리 용맹정진한다 해도 아무 소용이 없는 것입니다. 참선뿐 아니라 어떤 수행도 계율을 수행의 근본으로 삼아야 합니다.

깨달음을 증득했다고 하더라도 계속해서 닦지 않으면 안 됩니다. 그래야 모든 분별심이 끊어지고 확철대오하는 것입니다.

주린 가운데 도가 발한다

해방 이후 지금까지 50여 년 동안 한국 불교의 역사를 돌이켜보면 결코 잘 했다고만 할 수 없습니다. 그래서 종단을 바로 잡아야 한다는 생각을 늘 가지고 있지요. 지금 무엇보다 중요한 것은 승려의 교육과 자질 향상을 꾀하는 일일 것입니다.

요즈음 승가의 현실을 보면 머리만 깎으면 모든 것이 다 끝난 줄 알고 공부할 줄 모릅니다. 대부분이 자신의 법랍에 상관 없이 모두 어른이고 큰스님 노릇을 하려 합니다. 법랍도 속이고 승적도 속이고 큰 깨달음을 얻은 스님처럼 설법을 하는 등 마치 수십 년간 공부한 스님네들처럼 행동을 하려 합니다.

수행자라 하면 항상 탐욕을 버리고 겸손하고 하심할 줄 알아야 하는데 요즈음 스님네들을 보면 합장할 줄을 모르는 것 같습니다. 한 마디로 위계 질서가 없습니다. 사회만 윤리, 도덕이 무너진 것이 아니라 승가에도 예의, 도덕이 날이 갈수록 무너지고 있습니다.

본래 승가란 것이 속가의 나이로 질서를 잡는 것이 아니라 부처님 법으로 하기 때문에 출가순으로 해야 하는 것입니다. 앞으로 한국 불교가 더욱 발전하려면 항상 하심하는 생활 습관과 공부하는 승가의 교육 환경을 조성해야 합니다. 그래야 부처님의 제자라고 말할 수 있고 절밥을 먹을 자격이 있다고 할 것입니다.

또한 어떤 스님네들은 공부는 않고 먹는 데만 집착하고 있습니다. 음식을 잘 먹으려고 하면 할수록 공부는 잘 되지 않는 법입니다.

"주린 가운데서 도가 발한다."라는 말이 있습니다. 배부른 상태에서 무슨 도를 찾고 용맹정진할 수 있겠습니까. 잘 먹고 편안한 가운데서 공부하겠다는 것은 다 헛소리고 망상입니다. 배가 부르면 부를수록 온갖 망상은 불처럼 일어나고 편안해지려는 욕망도 걷잡을 수 없이 강해지기 때문에 공부하는 데 가장 큰 장애가 되는 것입니다.

오직 수행만이 혼탁한 세상을 맑힐 수 있다

저의 은사 스님인 한암 큰스님께서는 무섭게 공부하셨지요. 요즈음은 옛날과 많이 다른 것 같습니다. 무섭게 공부를 시키는 스님도 없고, 공부를 하려고 하는 스님도 만나기 어렵습니다. 전반적으로 승가의 수행 풍토가 많이 해이해졌습니다.

한암 큰스님께서는 입버릇처럼 "공부해라. 중이 공부 안 하면 큰 죄를 짓는다."고 말씀하셨습니다. 특히 한암 큰스님은 "수행자가 공부를 하지 않는다면 펄펄 끓는 쇳물을 먹을지언정 한 톨의 쌀도 먹지 말라."고 제자나 스님네들만 보면 항상 강조하셨습니다. 이것이 바로 수행자의 기본적인 자세이고 신도들의 시주 은혜에 보답하는 길입니다. 수많은 신도들의 뜻(소원)이 가득 담긴 공양이기에 공부하지 않고 어찌 함부로 음식을 먹을 수 있겠습니까.

출가 수행자는 항상 부처님을 믿고 열심히 공부해야 부처님, 부모님, 신도들의 은혜를 갚는 것이고 깨달음을 얻을 수 있는 것입니다.

앞으로 우리 나라에서 좋은 스님들이 많이 나옵니다. 왜냐하면 신라, 고려, 조선 때 스님들이 아직 열반에 들지 않고 지금도 선정에 들어 있기 때문입니다. 이런 스님들이 혼탁한 사회와 중생 교화를 위해 다시 출현하시는 것입니다.

예를 들면 원효 스님은 미륵불로 나오시게 될 것입니다. 어지럽고 혼탁한 시대에 모든 중생에게 희망이 되어 주고 바른 길을 알려 주기 위해서입니다. 원효 스님과 같은 분이 바로 미륵입니다. 그래서 종교가 매우 중요한 것입니다. 종교가 잘못되면 나라가 흔들려 망하게 됩니다. 다시 말해 정신이 흔들린다면 어찌 나라가

성할 수 있겠습니까.

　정신이 건강해야 육체도 건강하게 되는 것입니다. 수행자들은 이 이치를 절대로 잊지 말고 더욱더 정진해 혼탁한 사회를 밝게 비추는 등불이 돼야 합니다.

　불교는 자기를 찾고자 수행하는 종교입니다. 자기를 알려면 마음을 비워야 합니다. 마음을 올바로 밝히게 되면 도의 근원에 합치한 것이고, 이것이 사회와 중생에게 빚지지 않는 길입니다.

서/암/스/님

망상의 구름 헤치고

일념으로 들어가라

서암 스님

- 1912년 경북 풍기 生.
- 1935년 화산 스님을 은사로 득도.
- 일본대 종교학과 졸업.
- 조계종 원로회의 의장, 9대 종정 역임.
- 현 중흥사 조실.

괴로움은 스스로 만든 마음의 구름 때문입니다.

망상의 구름 헤치고 일념으로 들어가라

깨치면 모든 문제가 풀린다

행복은 바깥 조건에 있지 않습니다. 행복을 자기 마음 속에서 찾아야지 바깥 경계에서 찾는다는 것은 잘못된 일입니다. 어디를 가도 괴롭고 우울한 것은 바깥에 낀 구름 때문이 아닙니다. 스스로 마음 속에 만든 구름 때문입니다.

그래서 자기 마음을 깨치라는 것이지요. 자기 마음을 깨치면 모든 문제가 다 풀리고, 자기 마음을 깨치지 못하면 모든 일이 의혹 투성입니다. 우리들의 괴로움은 보통 이 몸을 토대로 생깁니다. 몸이 편안하고 몸이 만족하고 몸이 마음대로 되어야 하는데 그것이 잘 안 되니 찌뿌드드하고 괴롭습니다.

그렇다면 이 몸이 어떻게 생겼느냐 하는 근본적인 문제로 돌아가 보아야 합니다. 이것을 해결하면 모든 문제가 다 풀어지는 것이지요. 그러니까 몸이 어떻게 생겼는지 그 근본도 모르면서 몸이 움직이는 것에 따르다 보니 괴로움이 생기는 겁니다. 결국 자신의 문제로 돌아갑니다. 근본을 알게 되면 자기로 인해 나타나는 모든 현상계가 전부 다 자기가 뿌린 씨앗에서 나온 것임을 알게 됩니다. 자기를 깨치지 못하면 중간에 일어난 자기 형태만 흐리멍텅하게 알기 때문에 억울하게 당하는 것 같고 쓸데없이 피해를 입는 것 같지만 전부 자기가 뿌린 것이라 추호도 어긋남이 없다는 원리를 깨쳐야 되는 것입니다.

깨치기 전에는 항상 회의를 느끼지요. 그런데 깨치지 못했다 하더라도 그것을 알 수는 있지 않겠어요. 그것을 누가 던져 주었겠습니까. 자기가 느끼는 것을 가만히 돌이켜보면 스스로 고민을 더 하기도 하고 덜기도 합니다. 허공에 구름이 일어나듯이 그것이 금방 없다 있다, 있다 없다 합니다. 그러니까 그것이 흐리멍텅하다 이겁니다. 있으면 영원히 있고 없으면 영원히 없어야 하는데, 이것이 자기의 초점을 모르기 때문에 그렇습니다. 그러니까 모든 고통의 원인을 모르기는 하지만 분명히 내가 받고 있고, 그 고통은 자기가 뿌린 씨앗으로서 추호도 억울함이 없는 것입니다.

팔정도를 생활화하면 고통의 그물을 벗을 수 있다

그 억울함은 팔정도(八正道)를 행함으로써 없어지지요. 정견(正見)·정사유(正思惟)·정어(正語)·정업(正業)·정명(正命)·정정진(正精進)·정념(正念)·정정(正定)의 팔정도는 모두 바른 행으로써 자기의 초점을 알아내는 수행이지요.

팔정도를 생활화하면 자연히 마음이 밝아져 고통의 그물을 벗어 버릴 수 있다고 하셨습니다. 이것이 고집멸도(苦集滅道)를 말하는 사제법(四諦法)이지요.

씹어 먹듯이 깊이 파고 들어가 보세요. 그러면 자기 자리가 초점이 되어 천하가 일어나는 것을 알게 될 것입니다.

고(苦)도 사람의 모양처럼 짙은 고, 옅은 고가 있어 모양이 다

다릅니다. 그 고를 느끼는 사람을 중생이라 합니다. 그러니까 중생은 흐리멍텅한 존재이지요. 흐리멍텅하기 때문에 고통도 천차만별로 느끼고 자기가 행복하게 산다고 하면서도 자꾸 불행한 구덩이로 기어 들어가는 겁니다.

그러나 팔정도를 행해서 바르게 살 때, 어떠한 고통도 극복할 수 있고 피해 나갈 수 있는 길이 열리는 것입니다. 그런데 이 세상 사람들은 급한데 언제 팔정도를 닦고 있느냐, 뭐든지 갖다 쓰자 이런 식입니다. 그러나 그 원리를 모르고 생활을 하다 보면 결국은 자기 파탄이 일어나게 됩니다. 그래서 부처님은 바르게 살아갈 수 있는 근본 원리로 팔정도를 가르치신 겁니다.

육체는 고깃덩어리에 불과한 것

참 생명은 이 고깃덩어리 속에 있는 것이 아닙니다. 참으로 그 자리는 불생불멸합니다. 고깃덩어리인 이 몸은 죽어도 그 생명은 죽지 않습니다. 이 육체라는 것은 그 자리만 떠나 버리면 돌덩어리와 마찬가지입니다. 눈이 있어도 보지 못하는 모양 없는 그 것이 참 자기입니다. 모양이 없으니 죽을 수도 없고 또한 살릴 수도 없습니다. 그 자리는 우주 법계가 생기기 이전부터 있었던 자리입니다. 그것은 누가 만들어 낸 것이 아니기 때문에 또한 없어질 수도 없어요.

모든 형상이 있는 것은 다, 만들어진 물건이니까 없어지게 마련입니다. 이 지구도 몇억 년 지나면 마멸하여 없어지지요. 그러나 우리의 생명 자리는 모양이 없으니까 없어지지 않아요. 모양 없는 그 자리가 바로 자기라 이겁니다.

그러니까 육체는 죽어도 그 자리는 죽을 수가 없는 겁니다. 밤에도 이 육체는 쿨쿨 잠을 자지만 그 자리는 꿈을 꾸며 돌아다니지요. 방 안에 누워 있는 자기는 완전히 잊어버리지요. 그런데 몸을 방 안에 놓고 마음만 가지고 다니는 것은 아니잖아요. 꿈에도 분명히 몸은 가지고 다니잖아요. 누가 좋은 것 주면 먹고 목마르면 물 마시고 미친 개나 누가 칼 들고 쫓아오면 도망가지 않느냐 이겁니다. 그러나 사실 도망갈 필요도 없지요. 모양이 없는데 물릴 것도 없고 찔릴 것도 없잖아요. 그렇지만 분명히 도망간다 이겁니다. 깨어 보면 속았지요. 몸은 방 안에 그대로 있거든요. 그런데 분명히 모양이 없는 그것이 자기라는 말입니다. 인간은 그러한 자기를 망각하고 백 년 안쪽으로 살아가는 이 육체를 자기인 줄 알고 온갖 향락에 빠져 스스로를 괴롭히고 남도 괴롭힙니다.

육체를 근본으로 삼으니까 다생광겁의 영원한 자기 생명력을 보는 안목이 없어요. 그래서 이 육 척 단구의 몸이 자기의 전부인 줄 알고 거기에만 매달리다가 나자빠지며 정신 없어 하지요.

인도의 갠지스 강가에는 피골이 상접했을지라도 가만히 앉아 청정한 정신으로 살아가는 사람들이 많습니다. 그런 사람들은 이 육체가 아닌 본연의 생명력을 알고 있는 겁니다. 그런 사람들은 죽음 앞에서도 남을 해치거나 하지 않습니다. 딱 앉아서 빛도 모양도 없는 근본 자리로 돌아가는 수행이 되어 있는 사람들입니다.

인도 사람들은 육체를 본위로 살지 않고 진리를 본위로 살기 때문에 육체가 무너지는 장면에서도 헤매지 않고 당황하지 않지요. 이 몸이 자기가 아닌 줄을 알고 자기의 영원한 생명의 빛을 가지고 살아가는 것입니다.

인생의 목표가, 길어야 고작 백 년인 세월을 채우는 데 있을 수는 없습니다. 나고 죽는 고통의 그물을 끊어 버리자는 것이 부처님의 가르침입니다. 백 년 사는 것도 바르게 살 때 행복한 것이지, 그걸 모르고 욕망에만 빠져들면 백 년 인생도 비참한 것이 되고

맙니다.

생각 일어나고 생각 끓기는 게 생사

우리가 산다는 것은 전부 생각의 흐름입니다. 생각, 그것을 가지고 살아갑니다. 한 생각도 없을 때는 없습니다. 보통 중생의 세계에서는 무슨 생각이든지 생각을 가지고 있거든요. 내가 아무 생각도 안 한다 해도 안 한다는 생각을 가지고 있는 것이므로 다 쉬어버리지 못한 것이고 텅 비웠다 해도 비웠다는 생각 역시 하나의 생각이거든요. 결국은 우리의 생각을 털어 버리지 못하고 생각 속에서 자꾸 흐르고 있다 이거지요. 그러니까 좋은 경계가 오고 기뻐할 때는 좋은 줄은 알지만 그것은 금방 꿈 같이 지나가 버립니다.

또 어떠한 생각이 대신 밀어닥쳐 연신 붉은 생각, 푸른 생각, 흰 생각 등 온갖 생각이 다 난다 그 말이지요. 기쁜 생각, 덤덤한 생각, 사랑하는 생각, 미워하는 생각, 질투하는 생각, 온갖 생각이 자기의 부처를 가리고 주마등처럼 흘러갑니다. 그러니 괴로운 것이지요. 그걸 불교에서 똘똘 뭉쳐 말하기를 "염기염멸이 즉 생사다(念起念滅 卽生死)." 즉 생각 일으키고 생각 끊어지고 하는 그것이 나고 죽는 것이라는 겁니다. '정'에 든다는 말은 무념(無念) 즉 아무 생각이 없다는 뜻인데 생각이 없으면 돌덩어리나 나무토막처럼 아무 감각도 없이 된다는 말로 생각하기 쉬운데 그것도 어디까지나 생각입니다. 생각이 끊어진 자리는 생각으로 도저히 들어가지지를 않습니다.

생각이 끊어지면 아무 생각이 없는 그런 무정물이 되는 것이 아니라, 희로애락 따라 흘러가는 그런 생각이 없다는 말입니다. 그런 생각이 없을 때, 참으로 흐림이 없는 본바탕인 마음의 고향이 나타나고, 일어나는 생각을 쉴 때는 본바탕이 빛난다는 말입니다. 아무 생각이 없이 무슨 허공처럼 무정물이 되는 것이 아닙니다. 오히려 우리가 희로애락을 느끼는 이상의 위대한 빛이 흐르고 아주 밝은, 참으로 불생불멸하는 자기의 본바탕을 본다 그겁니다. 이렇듯 자기 마음만 깨치면 그만입니다. 그 마음 깨치는 것이 어렵지 않습니다. 꼬집으면 아픈 줄 알고, 웃기면 웃을 줄 알고, 부르면 대답할 줄 아는 우리의 주인공은 누구에게나 평등해서 어디서나 성불할 수 있습니다. 머리 깎고 중이 되어 청정하게 계행을 지키고 절에 있다고 해서, 불교를 전매 특허 낼 만큼 무슨 대단한 것을 하는 것이 아닙니다. 부설 거사 같은 이를 보십시오. 도반 셋이 가다가 어떤 여인하고 인연이 닿아서 마을에 들어앉아 농사짓고 아들 딸 낳고 그렇게 살아도 먼저 도인이 되지 않았습니까. 절에 간다고 꼭 공부가 되는 것은 아닙니다.

참선은 마음을 넓게 쓰는 공부

그래서 참선하는 법이 있습니다. '이 뭣고' 하는 법이지요. 울고 웃고 온갖 행동하는 것이 도대체 뭐길래, 누가 웃기면 웃고, 누가 부아를 돋우면 성내고, 온갖 것 판단하는 그 핵심이 도대체 어떻게 된 물건인가? 이 뭣고? 우리는 일상 생활을 하면서 다른 모든 활동을 하면서도 마음 공부를 할 수 있습니다. 쉽게 말해서 생활 불교지요.

종일 일을 하여 피곤하다 해도, 세수하고 잠자리에 들기 전에 한 시간 정도 작정하고 인생 문제를 한번 풀어 보라는 겁니다. 대장부의 마음으로 '이 뭣고'를 붙들고 앉으라는 말입니다. 그런데 망상에 덮여 잠 못 이루고 뒤척이다 보면 이 놈의 신경이 항상 활동을 하니까 피로해질 수밖에요. 여덟 시간 아홉 시간 자도 항상 찌뿌드드한 게 맨날 잠이 부족하지요.

그런데 참선을 하고 자면 한두 시간 자고 일어나도 눈이 샛별 같고 총명해집니다. 그런데 이런 보배를 보배인 줄 모르거든요. 자기 전에 한 시간이나 두 시간, 세수하고 다부지게 앉아서 '이 뭣고'를 하는 겁니다. '이 뭣고'를 하는 그 시간만큼은 순전히 내 시간이다 이겁니다.

한 시간이고 얼마고 공부를 하는 겁니다. 그러다 보면 살아가는데 여유가 생기고 누가 부아를 돋우어도 거기에 말려들지 않아요. 늘 웃을 수 있는 마음의 여유가 생깁니다. 그런 공부를 안 한 사람은 조금만 거슬리는 소리를 해도 파르르 하고 성을 내고, 서로 싸우고 친구간에도 의를 바꾸고, 부아가 많이 치밀면 아들딸 낳고 살아가는 부부간에도 우리 그만 갈라서자 이렇게 되는 거지요.

조그만 데 걸려 가지고 아귀다툼하고 삽니다. 조금만 이 마음의 근본 자리로 들어가는 공부를 해 놓으면 누가 욕을 해도 허허 웃고 '아, 저 사람은 살아가는 세계가 저렇게 좁구나, 나도 공부하기 전에는 누가 뭐라 하면 거기에 끄달렸지.' 하고 오히려 동정이 가고 그 사람을 위로해 줄 수 있는 여유가 생기지요. 그만큼 인생관의 폭이 넓어집니다. 사람의 마음 자리는 본시 위대합니다. 천하도 다 집어삼킬 수 있는 그런 여유를 가진 마음을 조그맣게 쓰기 때문에 항상 불행 속에 빠지는 겁니다. 참선을 하면 넓은 마음을 넓게 쓰는 공부가 저절로 됩니다. 그래서 '이 뭣고'를 하는 거지요.

처음에는 잘 안 됩니다. 그런데 안 되는 게 되는 겁니다. 아예 공부를 안 하면 안 되는 것도 없습니다. "아이고 나는 망상이 일어나서 도무지 안 된다."고 해도 그게 되는 겁니다. 비교하면 자전거를 타는데 첫번에 타는 사람은 없습니다. 나자빠지고 넘어지면서 어떤 때는 핸들도 부러뜨리고, 팔도 다치고, 무릎도 깨지고 그럽니다. 그런데 안 된다고 집어던지면 평생 그 사람은 자전거를 못 타는 겁니다.

 첫번이 제일 어려운 법입니다. 어려운 것이 자꾸 지나가면 그 다음에는 우리가 온갖 일을 해 가면서도 화두 공부를 할 수가 있습니다. 그렇게 해서 공부하는 쪽에 비중이 커지게 되면 이 세상 살이 모두에 구애받지 않게 되고 공부가 익어가게 마련입니다. 뭐든지 일심으로 노력해야 합니다. 뭐든지 열심히 한 가지로 하면 뚫어지는 구멍은 마찬가집니다. 참선하는 이나, 염불하는 이나, 기도하는 이나, 뭘하는 이나 들어가면 뚫리게 마련입니다. 망상이란 구름을 헤치고 일념으로 들어가는 겁니다.

석/주/스/님

내 몸을 먼저 낮추면
부처님께로
가까이 다가갑니다

석주 스님

- 1909년 3월 4일 경북 안동 生.
- 1928년 남전 스님을 은사로 출가.
- 범어사 대교과 졸업.
- 1978, 1989년 조계종 총무원장 역임.
- 현 칠보사 조실, 조계종 원로회의 의원, 중앙승가대 명예학장, 동국역경원 이사장.

번뇌는 손님과 같아 언젠가는 가게 되어 있습니다.

내 몸을 먼저 낮추면 부처님께로 가까이 다가갑니다

깨끗한 마음은 보탑을 쌓는 공덕보다 뛰어나다

문수 보살님께서 말씀하시기를 "사람이 고요히 잠깐 동안 앉아 있어도 항하사와 같은 수의 칠보탑을 쌓는 공덕보다 수승하다. 보탑은 필경에 소멸되어서 티끌이 되거니와 항상 깨끗한 한 생각, 깨끗한 마음은 필경에 성불한다." 하셨습니다.

지금 여러분이 잠깐 앉아서 입정한 공덕이 그렇게 많다는 것입니다. 잠깐 고요히 앉아 있는 그 공덕이 칠보를 가지고 항하사와 같은 수의 보탑을 쌓는 공덕보다 더 낫다는 것입니다. 그것은 왜 그런가 하면 보탑은 필경에는 없어지는 것입니다. 칠보로 조성한 보탑은 시간이 지나면 그 풍화우세에 마멸되게 마련입니다. 그렇지만 잠깐 앉아 있는 그 깨끗한 마음은 꼭 성불하게 된다는 뜻입니다. 그렇기 때문에 칠보로 탑을 쌓은 공덕보다도 잠깐 앉아 있는 그 공덕이 더 수승하다고 말씀하셨습니다.

모두가 타고난 대로 살아가겠지만 더 잘 살기 위해서 부처님께 와서 기도를 합니다. 기도를 할 때도 어떻게 하든지 좋은 자리는 남에게 양보하는 마음으로 해야 합니다. 그것이 바로 진정한 기도입니다. 부처님께서도 좋은 자리는 남에게 다 돌려 주라 하셨습니다. 제일 나쁜 자리에 내가 앉으라 하셨으니 그것이 바로 모두가 복 받는 일인 것입니다.

법성 자리로 보아서 우리 마음에는 본래 오고 가는 것이 없습니다. 그렇기 때문에 우리 나라 고승의 한 분이신 함허 스님께서는 "억천 겁을 지내도 옛날이 아니고, 만세를 지낸다 하더라도 항상 이제와 같다." 하셨으니 이 자리는 본래 오고 가는 것이 없다는 말입니다.

「화엄경」에서는 "한 생각으로 널리 한량없는 겁을 보느니, 보는 일도 없고 가는 일도 없다." "이와 같이 삼세의 일을 요달할 것 같으면 모든 방편을 초월해서 심력을 얻는다." 했으니 그것은 바로 부처님이 된다는 말입니다.

부처님 법문은 방편 법문이 많습니다. 모든 중생들의 마음이 다르고 기틀이 달라 그 근기에 맞추어 여러 가지로 말씀하셨기 때문입니다.

경이라는 것은 이정표와 같은 것입니다. 이를테면 부산 사람들을 위해 서울은 어디로 해서 간다는 노정을 안내하는 것과 마찬가지로 부처님 경지에 이르는 과정을 말씀해 놓은 것이 경전입니다. 우리들로 하여금 부처님이 될 수 있도록 부처님이 말씀해 놓은 것을 팔만 사천 법문이라 합니다. 또 우리 마음 가운데는 팔만 사천 가지 번뇌가 있다고 합니다. 번뇌라는 것은 마음의 때를 말합니다. 번뇌를 정확히 말하면 '번요뇌란(煩擾惱亂)'입니다. 흔들어서 괴롭히고 어지럽게 한다는 뜻입니다. 그러나 본래 우리 마음은 다 부처님입니다.

우리 마음 가운데 보리심이라는 것이 있습니다. 보리심은 말하자면 우리들의 주인공입니다. 우리들의 본 마음입니다. 번뇌라는 것은 손님과 같은 것입니다. 그래서 번뇌를 객진이라 합니다.

이를테면 우리의 가정이나 하숙집 같은 데 손님이 오면 며칠 묵다가 일을 다 보고 나면 가게 되어 있습니다. 번뇌란 그와 같아서 객진이라 하는 것입니다. 손님이 왔다가는 것과 마찬가지로 번뇌는 언젠가는 가게 되어 있는 것입니다.

우리 마음 가운데 있는 번뇌는 언젠가는 없어지게 되어 있습니다. 그 번뇌만 없어지면 우리들의 본 마음이 나타나는데 이것을 일컬어 우리가 본래 가지고 있는 부처님을 깨닫게 되었다고 하는 것입니다. 그러므로 번뇌는 왔다 가는 것이고 반면에 우리들의 본 마음은 부처님인 것입니다.

보리는 우리들의 주체고 주인공이지만 번뇌라는 것은 잠깐 생겼다 없어지는 것입니다. 마치 여름날 갑자기 검은 구름이 일어나 소나기가 오고 천둥이 치고 하는 현상이 오래 가지 못하고 맑게 개이는 그런 현상처럼 우리 마음도 그러합니다. 번뇌에 가려서 우리들이 일시적으로 괴로운 것입니다. 비행기를 타 보면 우리가 가는 곳은 깨끗하고 구름 한 점이 없습니다. 그렇지만 아래를 내려다보면 하얀 구름이 뒤덮여서 아무것도 보이지 않습니다. 구름이라는 것은 언젠가는 우리가 털어서 없애 버려야 하는 것입니다.

깨끗한 거울은 김씨가 오면 김씨를 비춰 주고 이씨가 오면 이씨를 비춰 주고 무엇이든지 앞에 오는 것은 그대로 다 비춰 줍니다. 그렇지만 거울에 먼지가 겹겹이 앉게 되면 비춰 주는 힘이 없어지게 됩니다. 그렇다고 모든 것을 비춰 주던 그 힘이 아주 없어진 것은 아닙니다. 거울에 있는 먼지만 깨끗이 닦아 주면 다시 옛날과 같이 모든 것을 다 비춰 주게 됩니다. 지금 우리 중생은 모두가 번뇌 망상에 가려서 자기 본성이 나타나지 않은 상태인 것입니다. 그러나 그 번뇌의 구름이 활짝 개이게 되면 우리들이 본래 갖추고 있는 부처님이 나타나게 되는 것입니다.

궁극의 회향은 부처 되는 일

불교에서는 부처님이 되는 것이 제일의 목적입니다. 부처님이 이 세상에 오신 뜻은, 우리들로 하여금 본래 한 분씩 모시고 있는 이 부처님을 찾게 하기 위해서입니다.

「법화경」에도 "중생들에게 불지견(佛知見)을 보여서 청정함을 얻게 하기 위해서 오셨으며, 불지견을 보여 주기 위해서 오셨고, 깨닫게 하기 위해서 오셨고, 불지견에 들어가게 하기 위해서 오셨다."라고 설명하고 있습니다.

부처님이 이 세상에 오신 뜻은 불지견을 가르쳐 주시기 위함입니다. 우리들이 참답게 잘 살기 위해서는 이것을 잘 알아야 되는 것입니다. 우리가 모시고 있는 부처님을 깨달아야 모든 괴로움을 여의고 윤회에서 해탈할 수 있기 때문입니다.

그러므로 우리가 기도를 하는 것도 필경에는 그 회향이 부처님 되는 데 있는 것입니다. 그래야 우리가 완전히 생사를 초월해서 대지혜와 대해탈을 통한 대자유를 얻어 마음대로 살아갈 수 있는 것입니다. 우리가 가지고 있는 부처님을 깨치기 전에는 영원히 생사 윤회에서 벗어날 수 없습니다. 그렇기 때문에 오직 생사 문제를 해결하기 위해 우리들이 지니고 있는 자성 부처님을 깨달아야 된다는 것이 법문입니다. 그것 하나 가르쳐 주시기 위해서 이 세상에 오신 것입니다. 우리들은 자꾸 향상되어야 됩니다. 날마다 달라지고 법회 나올 때마다 깨닫는 바가 있어서 생활이 조금씩이라도 향상되어야 합니다. 처음 나올 때나 지금이나 똑같아 아무런 향상이 없으면 절에 나오나마나 한 것입니다.

그리고 또 중요한 것은 세상을 살아 가면서 절대 이웃 사람들을 괴롭혀서는 안 된다는 것입니다. 그런데 요즘 들어 동방예의지국이라는 우리 나라에서 아들이 아버지를 죽일 정도로 사람의 생명을 가볍게 여깁니다. 왜 이렇게 되었는지 모르겠습니다.

사람 죽이는 것을 파리 죽이는 것보다 더 쉽게 합니다. 그래서 요즘 이구동성으로 인간의 본성을 되찾아야 한다고들 합니다.

인간의 본성은 원래 부처님입니다. 잘못하면 스스로 잘못된 일들을 다 알고 있습니다. 알면서도 과거에 익힌 버릇에 의해 그런 행동을 하게 되는 겁니다. 그래서 우리는 하루하루 반성을 하고 수시로 고쳐 나가야 합니다. 그저 우리의 부처님이 시키는 대로 하고 부처님이 하지 말라는 것은 안 해야 됩니다.

우리들의 본성은 다 착합니다. 그것을 모르기 때문에 검은 구름이 일어나 해를 가리는 것과 같이, 거울에 먼지가 앉아서 그 맑음이 없어지는 것과 같이 좋지 못한 행동을 하는 것입니다.

가정은 교육의 근본 도량

원인을 생각해 보면 이 세상의 으뜸가는 근본 교육인 가정 교육의 부재 탓입니다. 가정에서 부모가 자녀를 잘 기르게 되면 이런 일이 없습니다. 좋은 어버이 밑에서 자랐다면 그럴 수가 없습니다.

자식을 키우는 데 애정이 없기 때문에 이러한 일이 생기는 것입니다. 모든 책임이 가정에 있습니다. 가정 교육은 그 어느 교육 보다도 중요한 것입니다. 원만한 아버지 어머니 밑에서 자라기만 한다면 절대로 나쁜 짓을 하지 않습니다. 또한 자식에게 효도를 받으려면 부모가 먼저 효도 받을 일을 해야 하는데 그것이 바로 자식을 바르게 키우는 일입니다.

하심은 불법 공부의 첩경

기도를 하면서 축원하는 모든 것이 남을 위하는 일이 되어야 합니다. 남을 위하는 것이 바로 나를 위하는 것입니다. 그러므로 축원문을 보면 "원컨대 이 법계에 있는 모든 중생들이 다 같이 성불하여지이다." 하는 것처럼 혼자를 위한 축원은 없습니다. 그러므로 욕심을 버려야 합니다.

원효 스님 법문에 보면 "막지도 않는 천당에 가는 사람이 적은 것은, 이 몸과 망심을 보배로 삼기 때문이다."는 말씀이 있습니다. 그런 습관 때문에 천당에 가는 사람의 수가 적은 것입니다. 또 아무도 지옥에 같이 가자고 권하는 사람이 없는데도 가는 사람이 많은 것은 이 몸과 마음이 욕심으로 꽉 차서 그것을 자기의 재물로 삼기 때문입니다.

기도하면서 마음을 비우고, 욕심을 비우고, 남을 위하는 마음으로 살아간다면, 우리는 누구나 복을 받고 부처님이 될 수 있습니다. 「범망경」에 보면 "좋은 일은 다른 사람에게 다 돌려 주고 악한 일은 모두 자기에게 돌리라." 하셨습니다. 언제든지 남을 존경해야지 나만 잘 살겠다고 해서는 잘 살 수가 없는 것입니다.

스님이 되어 처음 배우는 「초발심자경문」에 보면 "내가 아니다 하는 그 상이 무너지는 곳에 함이 없는 도가 스스로 일어나고, 무릇 하심하는 자에게는 만 가지 복이 모두 날 위해서 온다."라고 말하고 있습니다. 하심 공부는 정말 좋은 것이니 참선하고 염불하는 중에도 '나'라는 생각이 있으면 안 되는 것입니다.

항상 하심하세요. 진정 필요한 것은 법문 많이 듣는 게 아닙니다. 한 마디라도 들어 실행하는 그것이 귀한 것입니다. 너무 많이 들어도 마음이 시끄러워집니다.

「법화경」의 상불경보살품의 상불경 보살은 "나는 여러분들을 존경합니다. 당신들이 장차 다 부처님이 되실 분이기 때문에 당신을 존경합니다."라고 했습니다. 사람들은 네가 무엇인데 우리에게 그런 말을 하느냐고 돌을 던지고 때렸습니다. 그런데도 멀찍이 물러서서 존경한다고 했습니다. 매를 맞아가면서도 때리는 사람들을 존경한다며 예배를 했습니다.

 이렇듯 불법 공부를 하려면 반드시 하심을 해야 합니다. 내 몸을 낮추고 다른 사람을 존중하고 존경해야만 자신도 존경받을 수 있습니다. 한 걸음이라도 부처님께로 다가가기 위해서는 복 받을 일을 해야 합니다.

성수 스님

수행,
즐거운 일이 되게
하십시오

성수 스님

· 1923년 경남 울산 生.
· 1944년 득도.
· 조계사, 범어사, 해인사 주지 역임.
· 1981년 조계종 총무원장 역임.
· 현 법수선원 조실.

눈, 입, 손, 발 관리만 잘 해도 존경받을 수 있습니다.

수행, 즐거운 일이 되게 하십시오

발걸음 한 번에도 장부의 기상을 실어라

오늘 산승은 여러 대중에게 사바 세계의 때를 벗어 던지고 씻어 버리는 얘기부터 하겠습니다. 우선 신 잘 벗는 것부터 배웠으면 합니다. 자기가 신는 신 하나 제대로 못 벗는 사람은 부처님 뱃속에 들어가도 진리니, 법이니, 설법이니 하는 것을 못 알아듣기 때문입니다.

신 하나만 제대로 잘 벗고, 모자 하나만 반듯하게 잘 쓰고, 입만 잘 관리해도 바르게 살 수 있게 됩니다. 또 손도 소중한 손, 귀중한 손, 위대한 손인 줄 알고 함부로 써서는 안 된다는 생각을 가져야 합니다. 그 다음엔 발걸음 한 번 잘못 내디디면 삼대를 망칠 수 있다는 것을 명심해야 합니다.

한 발자국이라도 백 번을 생각하고 또 해서 옮겨 놓을 수 있는 장부가 돼야 합니다. 발걸음 떼면 다 걷는 줄 알지만 생각하고 걷는 것과 생각 않고 걷는 것과는 태도와 모습이 천지차입니다.

자신의 신체 하나하나도 잘 관리하지 못하면서 부처님 앞에 절만 꾸벅꾸벅하는 것은 껍데기 불자입니다. 껍데기 불자만으로는 앞으로의 한국 불교를 낙관할 수 없습니다.

부처님은 오백 생 동안 눈, 입, 손, 발 관리를 잘 하셨기에 삼천 년 존경받는 분이 되셨습니다. 지금을 살아가는 승가와 우바새, 우바이도 이것들을 잘 관리해 참다운 불자가 되어야 합니다. 그래야만 한국 불교의 미래가 밝아질 수 있을 것입니다. 하지만 그것이 그리 간단한 문제는 아닙니다. 굳은 심지와 실천이 있어야만 가능한 일입니다.

'입' 하나 잘 관리하는 데서 극락 세계가 열린다

우리 나라 불자치고 '정구업(淨口業) 진언'을 모르는 사람은 없을 것입니다. 모르는 사람은 없으나 실천, 수행하는 이들은 적은 것 같습니다.

"수리수리 마하수리 수수리 사바하"

이것은 "입으로 지은 업 맑게 하고 참말만 하겠습니다." 하고 부처님 앞에 고백하는 것입니다. 자기 자신이 발원해 놓고 실행하지 못할 때는 스스로 벌을 설 줄 알아야 하고 불제자로서 참회해야 합니다.

또한 자기 허물은 덮어 두고 남의 걱정과 허물 들춰 내기를 일삼는 불자는 부처님 앞에 합장할 자격이 없습니다. 남의 허물만 들추지 말고 힘써 내 몸을 살펴야 합니다. 남을 흉보기 이전에 나는 어떤가 하고 먼저 반성하여야 한다는 것입니다. 자신의 잣대로 남을 판단하고 강요하고 하는 것은 불법을 공부하는 사람으로서 부끄러운 일입니다. 자신의 생각이 아닌 남의 생각도 옳을 수 있다고 항상 돌이켜 생각해야 합니다. 모든 사람이 이렇게 깨달으면 다툼은 사라질 것입니다.

장부의 일언은 중천금이라 했습니다. 전 인류에 살이 되고 뼈가 될 수 있는 장부의 말 한 마디는 수백 년 없어지지 않으리라고 생각해야 합니다. 그러므로 정구업 진언을 발원해야 하는 것입니다. '참말만 하겠습니다.' 하고 아침에 발원하고 저녁에 가슴에 손 얹고 하루를 생각해 보면 거짓말, 나쁜 말, 비겁하고 용렬한 말 들이 하루 또는 전 생애를 망쳐 버렸음을 느낄 때가 있을 것입니다. 스스로 업을 지어 놓고 부처님께 복 달라, 명(命) 달라 하는 것은 진정한 불자의 모습이 아닐 것입니다. 스스로 수행하지 못하고 구복을 일삼는 것은 껍데기에 불과한 불자입니다.

진실한 말, 고운 말, 득이 되고 복이 될 수 있는 말이 아니면 하지 않겠다는 포부와 각오를 가지고 살아야 할 것입니다.

천 등 만 등 달아 발원하는 것보다 실천하는 것이 중요하고 우선입니다. 실천하지 않는 발원은 업만을 계속 쌓아갈 뿐입니다.

그 다음 '오방내외안위제신진언(五方內外安慰諸神眞言)'을 독송합시다.

'나무 사만다 못다남 옴 도로도로 지미 사바하'

입을 잘 관리해서, 득이 되고 복이 될 수 있는 말만 하면 아들 딸과 온 동네가 다 편안해질 수 있습니다. 나 좋고 이웃 좋은 것이 바로 극락 세계가 아니겠습니까? 극락 세계가 멀리 있는 게 아닙니다. 내 입 하나 관리 잘 해서 내 마음 편하고 식구 모두 편하고 이웃, 나라가 다 편하니 그것이 바로 극락 세계인 것입니다. 도는 멀리 있는 것이 아닙니다.

「천수경」에서 오방내외안위제신진언 다음에 '개경게(開經偈)'를 말합니다.

무상심심미묘법(無上甚深微妙法)

백천만겁난조우(百千萬劫難遭遇)
아금문견득수지(我今聞見得受持)
원해여래진실의(願解如來眞實意)

가장 높고 미묘하고 깊고 깊은 부처님의 법
백천만 겁 지나도록 만나기 어려워라.
내가 이제 다행히도 듣고 보고 지니오니
부처님의 참된 뜻 알게 하소서.

천하의 만물이 선(禪) 아닌 게 없고, 세상 만사가 도(道) 아닌 게 없습니다. 그게 법(法)인 것입니다. 그 법을 알고 살면, 나쁜 것도 잊고, 욕심도 잊은 참된 불자가 될 수 있을 것입니다.

실천하지 않는 사람에게는 팔만 사천 지혜가 팔만 사천 마구니
내 마음의 구정물이 맑아지면 저절로 피가 맑아지고, 정신이 맑아지고, 눈이 맑아집니다. 그러면 십 년, 백 년을 내다볼 수 있는 혜안이 생기고 부처님이 왕궁과 처자를 버리고 출가한 이유 또한 이해가 될 것입니다.
여러분들이 절에 갈 때 내 마음의 법을 스스로 갖고 절을 찾을 때만이 우리 마음 속에 득실거리는 팔만 사천 마구니를 다스릴 수 있습니다. 투철한 각오가 없으면 번뇌 마구니에 휩싸여 방황하고 고통스런 인생을 살아갈 수밖에 없습니다.
단지 구복을 위해 절을 찾을 것이 아니라 자신 스스로가 자신으로 인해 복을 구할 수 있는 불자가 되도록 실천 수행해야 합니다.
부처님은 오백 생 동안 자비 보시행을 하셨습니다. 자비 보시행은 물질적인 보시행보다 정신적인 보시행에 더욱 중점을 둡니다.

나는 '복 짓는 것은 삼세의 원수가 된다.'고 말합니다.

물질 복을 짓는다고 한평생 허덕이고, 만석꾼이 되어서는 열쇠 지키다가 한생 또 허덕이고, 이렇게 복 짓는 타령하느라 한평생을 또 무의미하게 살게 됩니다. 그러니 삼세를 헛 산 것이나 다름없지 않습니까? 그래서 물질 복을 지을 게 아니라 지혜의 복을 지어야 한다는 것입니다. 물론 물질 복을 지어 불우한 이웃을 돕거나 유용하게 쓴다면 물질 복을 짓는 것 또한 중요한 일이겠지요. 그러나 지혜로운 사람은 욕심을 버려 한 가지 물건도 가지지 않고 스스로를 깨끗이 하여 모든 번뇌를 지혜로 되돌려 놓습니다.

요즘 우리 나라에서는 승가든, 재가든 물질을 너무 추구하는 경향이 있습니다. 그래서 부정 부패가 생기고 세력 다툼이 생기는 것이 아닌가 싶습니다.

자기 일 잘하고 지혜를 갖추기 위해 노력하는 것이 불교이고 불제자의 도리입니다. 그런데 우리 나라 불자들은 기도만 하면 부처님이 뭐든 해 주는 것으로 생각합니다. 복을 지으라는 것은 물질 복을 지으라는 것이 아니라 지혜의 복을 지어야 한다는 것입니다. 밝은 사람한테는 어둠이 다가올 수 없듯 깨달음을 위해 수행하는 이에게는 고(苦)가 있을 수 없습니다.

정신이 똑바르면 숨구멍이 트이는 법입니다. 불법을 따르고 실천하면 지혜가 광명이 되어 나옵니다. 그러나 물질에 허덕이면 눈도 가물가물해지고 정신도 혼미해지는 것입니다.

물질에 대한 집착이 끊기면 마음이 깨끗해지고 눈이 맑아짐을 느낄 수 있습니다. 하지만 결코 단번에 부처가 되는 것은 아닙니다. 법을 실천하고 부단한 수행을 쌓아야 부처가 될 수 있습니다.

부처가 되기 위해서는 마음을 편하게 가지십시오. 성냄을 버려야 합니다. 또한 거만도 버려야 합니다. 그리고 모든 애욕과 탐심을 버려야 합니다. 정신에도 물질에도 집착하지 않으면 마음이 고요하고 편안해 괴로움이 없어지기 때문입니다.

짜증을 내고, 화를 내면 우리 몸 속의 피는 독한 피가 되어 돌게 됩니다. 거울을 한번 보십시오. 화낼 때 피가 어떻게 돌아가는지 느껴 보세요. 분명 험악한 얼굴일 것입니다.

다른 사람에게 잘 보이려면 짜증내지 말고, 화내지 말고, 싸우지 말고, 먼저 자비를 베풀어야 합니다. 독한 얼굴을 하고 부처님 앞에 합장하고 서 있을 수는 없는 노릇 아닙니까?

부처님께서는 자살 죄를 범하지 말라고 하셨습니다. 그것은 자기를 짓밟지 말고 자기를 더럽히지 말라고 하신 것입니다. 자기를 아끼라고 말씀하신 것이지요.

내가 수행할 때 효봉 스님과 목욕을 하곤 했는데 효봉 스님은 마치 백 일 난 애기 동자와도 같았습니다. 물에 꼭 솜뭉치 띄워 놓은 것 같았어요. 그러나 효봉 스님의 몸을 만져 보면 쇳덩이처럼 단단했었습니다.

또 해인사 방장하실 때 20일 동안 등을 땅에 붙이지 않은 적이 있었습니다. 칠순 노인이 고개도 끄덕 않을 정도로 전혀 미동이 없고 해서 살짝 옆에 가서 장난삼아 들여다보니까 고개는 들고 숨소리만 색색거리시더군요. 어른을 때릴 수는 없고 해서 주장자로 방바닥을 딱 때리니까 효봉 스님이 깜짝 놀라십디다. 그 때 잠깐 주무신 모양입니다. 주무셔도 몸은 전혀 움직임이 없으셨던 거지요. 그냥 보통 수좌였다면 어림도 없는 얘기죠. 한 생 닦아서는 안 되는 것입니다. 그러니 여러분도 입만 부처라고 말하지 말고 자기를 아끼고 잘 관리하고 실천 수행해야 합니다. 그래야만 참된 불자라 할 수 있는 것입니다.

진실로 구하면 일상 생활에서 깨달음을 얻는 법

사람 몸 받기 얼마나 어려운가를 알아야 합니다. 이 몸뚱이 한 번 잃어 버리면 다시 만나기가 하늘의 별 따기만큼이나 어렵다는 것을 알아야 합니다. 이 몸이 있을 때 좋은 일 많이 하고, 복도 많이 짓고, 수행도 열심히 해서 부처님 근처에 가는 흉내라도 내야 합니다.

깨침은 여러분이 생각하는 것만큼 어려운 것은 아닙니다. 일상 생활에서 진실로, 한마음으로 구하면 깨달음을 얻을 수 있습니다. 바로 곁의 일이 깨달음의 씨앗이 되는 것이지요. 그러기 위해서는 무엇보다도 불법을 실천하겠다는 의지가 필요합니다. 말보다는 실천 수행이 앞서야 한다는 것입니다. 그렇게 되었을 때 한국불교의 미래는 밝아집니다. 나를 아끼고, 이웃을 아끼고, 나라를 아껴 한마음되어 실천, 수행하는 것만이 예토를 정토로 만드는 길입니다.

무조건 절에 가서 빌고 스님에게 절한다고 해서 복 받고, 잘 살게 되는 것이 아닙니다. 참된 불자라면 그것부터 인식해야 합니다. 공부하는 불자, 실천하는 불자를 지금의 한국 불교는 원합니다. 그렇게 노력하고 실천, 수행함으로써 옳은 길을 가지 못하는 스님들을 채찍질할 수 있을 것입니다. 공부하는 신도들이 있는 한 스님들은 나태해질 수 없을 것입니다.

승가는 승가대로, 재가는 재가대로 제 모습 찾기에 열중해야 합니다. 하지만 공부가 무엇인지도 모르고 공부하는 것은 무모한 짓입니다. 시작이 반이라고 무턱대고 시작할 수는 없지 않습니까. 선(禪)이 무엇인지 모르는 사람이 참선을 한다고 하니 답답한 노릇이 아닐 수 없습니다.

한국 불교가 다시 발전하려면 새로운 각오와 확고한 중심을 세워야 합니다. 내가 왜 불법을 공부하는지, 왜 절에 다니는지, 왜 기도하는지 알고 난 뒤에 절을 찾고 기도해야 하는 것입니다.

알고 믿어야 한다는 것입니다. 알고 가야 합니다. 알고 믿겠다는 각오를 가지고 불교를 믿어야 더 이상 한국 불교가 흔들리지 않습니다.

자신의 주장자를 먼저 세우십시오. 생각이 온전하면 지혜가 생기고 생각이 흩어지면 지혜를 잃는 법입니다. 이 두 갈래 길을 밝게 알아서 지혜를 따르면 도를 이루고 각오가 투철해집니다.

게으름피우지 말고 힘차게 일어나야 합니다. 즐거운 법을 따라 즐거이 나아가십시오.

성/찬/스/님

번뇌가 많고
분별심이 많은 그 곳에
깨달음이 있다

성찬 스님

· 1914년 8월 26일 충남 논산 生.
· 23세 되던 해, 만공 스님을 은사로 계룡산 동학사에서 출가.
· 현 비슬산 도성암 조실.

새들의 지저귐 소리를 듣고도 깨달음을 얻을 수 있습니다.

번뇌가 많고 분별심이 많은 그 곳에 깨달음이 있다

깨닫지 못하면 허깨비일 뿐

제가 지금 20여 일째 단식을 하고 있는 중입니다. 속세의 인연으로 찾아온 풍(風) 기운을 소멸시키려고 하고 있는데 법문이 제대로 될지 모르겠어요.

사실 법문이란 특별히 따로 있는 게 아닙니다. 산 속에 흐르는 물 소리, 바람 소리가 다 상승 법문입니다. 새들의 지저귐 소리를 듣고도, 새벽 하늘에 빛나는 별빛을 보고도 깨달음을 얻을 수 있습니다. 생활 소음 역시 마찬가지입니다. 일체가 다 자신의 마음에 달려 있습니다.

　　비로 연일만봉(毘盧 延壹萬峯)
　　동해 연만리통(東海 延萬里通)
　　산해 청정법신(山海 淸淨法身)
　　풍성 설해곡(風聲 說解曲)

비로는 헤아릴 수 없이 우뚝 솟아 있고,

동해는 널리 도달하지 않는 바가 없네.
산과 바다는 청정 부처님이요,
바람 소리는 조사의 노랫소리로다.

일체 중생이 다 천진불(天眞佛)이라 했는데 왜 천진불이 지금처럼 우매했을까요. 우매한 게 아니라 애초에 깨닫지 못한 것입니다. 불교에서 우리가 살고 있는 이 우주를 통틀어 삼천 대천 세계라 하는데, 이 삼천 대천 세계에 있는 헤아릴 수 없이 많은 중생들이 애초에 깨닫지 못한 것입니다.

부처님께서 이 세상에 나오셔서 49년 동안 설법하신 것이 바로 네 자신이 본래 부처임을 알라는 것입니다.

"네가 너 자신을 알라."고 가르치신 것이지요.

자기 자신도 모르는 자를 어찌 사람이라 할 수 있겠습니까. 사람의 형상만 하고 있을 뿐 참사람 구실을 못 하고 있는 겁니다. 깨달아야 사람 노릇을 하게 됩니다.

보이는 모든 것은 허망할 뿐

백 년이 안 되어 소멸하는 이 몸뚱아리는 내가 아닙니다. 이 몸을 움직이게 하고 생각을 일으키게 하는 근본 주인공을 깨달아야 합니다.

범소유상 개시허망(凡所有相 皆是虛妄)
약견제상비상 즉견여래(若見諸相非相 卽見如來)

무릇 이 세상 물건은 하나도 떳떳한 게 없습니다. 한 번 생겨난 것은 반드시 멸하게 되어 있어요. 모든 형상이 있는 것은 허망한 것임을 알고, 일체의 상이 상 아님을 보면 곧 부처를 보는 것입니다.
「금강경」 한 구절 가르치는 게 시방 세계 사람 모두를 먹여 살리는 공덕보다 더 크다고 했습니다. 아무리 많은 사람들을 먹여 살려도 나고 죽는 생사의 이치는 가르쳐 주지 못합니다. 한 생각이 어두워 깨닫지 못하는 것이니 한 구절만으로도 충분합니다. 이 한 구절을 예사로 흘려 듣지 말고 깊이 체득해야 합니다.

자기 자신을 완전히 깨달으면 영생 불멸과 대자유를 얻게 됩니다. 옛날 얘기를 하나 들려 드리겠습니다.

아득한 옛날에 가섭 부처님이 계셨는데 이 곳 비슬산 도성암에 이르러 말씀하시기를 "장차 이 자리에서 천 명의 도인이 나오리라."고 예언했습니다. 신라 시대의 고승 도성 국사가 도안(道眼)으로 이를 관하고 움막을 짓고 수련했는데 훗날 선덕여왕 때 승법스님이 절을 세운 게 현재의 도성암입니다. 그래서 여기는 신라 시대부터 천인득도지(千人得道地)라 불리었습니다. 지금까지 마흔 여덟 분의 도인이 나왔는데 아홉 분의 유품이 남아 있을 뿐입니다.

「삼국유사」에 보면 이 산에 도성(道成) 선사와 관기(觀機) 선사 두 도인이 봉우리를 마주하고 살았답니다. 그런데 관기 선사가 도성 선사 있는 곳으로 오면 산의 나무들이 미리 도성 선사가 있는 봉우리로 쏠리고 도성 선사가 관기 선사 있는 봉우리로 가면 그 반대편으로 나무가 쏠렸다고 합니다.

이렇게 두 분이 유유자적하면서 살다가 같은 날 열반하시면서 무애자재의 큰 이적을 남겼습니다. 암자 뒤쪽으로 올라가면 도통바위라고 있는데 거기서 도성 국사가 먼저 허공에 떠오른 뒤 등천하였고 관기 선사가 그 뒤를 따랐답니다. 이렇듯 깨달음을 얻으면 생사를 초월하여 무애자재의 대자유인이 됩니다.

문자에 집착하면 경전도 장애

그러면 어떻게 하면 깨달음에 이를 수 있을까요. 중국 선불교의 중흥조인 육조 혜능 대사는 대중들에게 "나에게 한 물건이 있는데 머리도 꼬리도 없고, 적색도 황색도 청색도 백색도 아닌 이것이 무엇인고?[吾有一物 是何物]"라고 하였습니다.

경허 스님은 "알겠느냐? 어느 물건이 설법하고 청법하느냐? 형상 없으되 뚜렷한 그 한 물건을 일러라."고 질문을 던졌습니다. 이 한 물건 찾는 공부를 해야 됩니다. 자나 깨나 밥 먹을 때나 일 할 때나 생각을 일으키는 '이 한 물건이 무엇인고.' 하고 일념으로 참구해야 합니다.

하도 번잡한 세상이다 보니 수행자들이 여러 가지에 마음을 쓰는 일이 비일비재한데 그렇게 해서는 닭벼슬에도 못 미칠 것입니다. 목숨을 내놓고 자기 마음 깨치려 수행자의 길에 들어선 이는 화두 하나에 목숨을 걸어야 합니다.

저의 은사이신 만공 스님은 "사람을 대할 때는 자비심으로 대하여야 하지만, 공부를 위해서는 죽음을 각오한, 극히 악하고 극히 독한 마음을 먹어야 한다."고 당부하셨습니다. 이 마음자리 깨닫는 것보다 더 중요하고 시급한 것은 없습니다. 경허 스님은 "오늘은 비록 보존하나 내일은 보존하기 어렵다. 정신 바짝 차리고 게으름 없이 모든 일에 무심하고 마음에 일 없게 하면 지혜가 자연히 깨끗하고 맑아진다."고 하였습니다. 화살과도 같이 빠르게 지나가는 것이 우리 중생의 삶이 아니겠어요. 그러니 잠시도 딴 생각을 내서는 안 됩니다.

가끔 교학 공부에 대해 묻는 분들이 있습니다. 우리가 깨치려는 것은 부처님 마음을 내 안에서 찾으려고 하는 것인데 글로써 부처님 마음을 드러내기에는 어림없습니다. 오로지 화두 하나 틀어

쥐는 선(禪) 수행을 해야만 부처님 마음에 다가갈 수 있습니다. 그래서 많은 조사님들이 선을 최상승법문이라고 하셨지요. 그리고 많은 스님들이 공부에 방해된다고 하여 경을 불사르곤 했습니다.

나의 경험으로 볼 때 반야를 밝히려는 경전의 정신을 모르고 문자에만 집착하면 좋은 부처님의 말씀도 도리어 공부에 장애가 되지 않나 생각합니다. 많은 스님들이 현실에서 글을 쓰기 위해, 말을 하기 위해 또는 남들에게 자신을 드러내기 위해 교학 공부를 하는 것으로 알고 있는데 그런 것은 자신의 마음을 깨닫는 공부하고는 아무런 관련이 없어요.

번뇌 곧 보리

수행을 위해 꼭 머리를 깎고 출가할 필요는 없습니다. 일상 생활 속에서도 얼마든지 수행할 수 있습니다. 고요한 적정처에서 얻은 공부보다 번잡하고 시끄러운 곳에서 얻은 공부가 더 견고하고 오래 갑니다. 번뇌가 많고 분별심이 많은 바로 그 곳에 깨달음이 있습니다.

결혼 생활 하면서도 수행이 가능합니다. 다만 부부는 좋은 인연으로 만나는 경우가 많습니다. 그러나 살아가면서 열에 아홉은 나쁜 인연으로 만듭니다. 기껏 50년 정도 같이 사는데 서로 어거지로 삽니다. 그나마 요즈음엔 툭하면 이혼한다고들 하고……. 좋은 인연 만나려면 좋은 일을 많이 해야 합니다. 좋은 인연 만나서 같이 수행하면 금상첨화인 것이지요.

만공 스님은 "번뇌를 지우고 지혜를 별도로 구하는 것이 아니라 번뇌가 있되 그 번뇌에 어둡지 않고 번뇌의 실상을 여실히 봄으로써 번뇌의 당처(當處)에서 지혜를 얻으라."고 했습니다. 또한 생사와 열반이 둘 아님[不二]에 있어서 생사가 끝나고 열반이 시작

되는 것이 아니라, 생사 그 자체로 열반의 모습을 삼는 당시당처(當時當處)의 불이를 강조했습니다. 그리하여 장래의 어떤 시점에 중생의 몸을 여읜 부처가 새롭게 오는 것이 아니라, 즉시의 현전에서 업력으로 받은 육신인 '나'가 있는 그대로 이전과 이후가 아무런 다름이 없이 그대로 부처입니다.

화두도 내가 들고, 망상도 내가 내고, 잠도 내가 잡니다. 거짓된 나 자신과의 모든 싸움에서 이겨 참나를 깨달아야 합니다.

온 정신을 집중해서 일체의 생각들을 쉬고 일념에 들 수 있어야 하며, 일념이라는 생각조차 잊어버린 무념처에 들 수 있어야 합니다. 일념에서 무념으로 무념에서 다시 한 걸음 더 나아갈 정도가 되어야 합니다. 만공 스님은 "꿈이든 생시든 한결같이 공부해 나갈 수 있어야 한다."고 했습니다.

장날이 되면 장을 보러 마을에 내려가곤 합니다. 사중의 살림도 장만할 겸 세간 사람들과 어울려 절에서는 느낄 수 없는 세간 사람들의 삶을 느껴 보기 위해섭니다.

공부는 모든 것으로부터 배우겠다는 자세가 중요합니다. 일체가 다 나 아님이 없다는 것을 일체로부터 배워야 합니다. 그러므로 일체가 다 나의 스승입니다.

간절함은 가장 훌륭한 스승

중생들이 우매한 까닭은 마음 공부는 아니 하고 먹고 사는 데 끄달려서 망상만 익혔기 때문입니다. 이 몸뚱아리가 나인 줄 착각하고 명리를 위해 욕심으로 살아왔기 때문입니다.

마하 가섭은 일의일발(一衣一鉢) 두타행을 하셨고, 백장 스님은 "하루 일하지 않으면 하루 먹지 말라."는 정신으로 생활했습니다.

몸이 건강하면 공부하기가 수월합니다. 하지만 궁극적으로 말하자면 몸이 건강한 것과 그렇지 않은 것은 아무런 문제가 되지 않습니다. 몸이 건강하지 않은 만큼 더 절실하게 화두를 들 수도 있는 거예요. 어느 정도 깊이 들어가면, 먹지 않아도 사는 경계가 나옵니다. 먹고 마시는 것은 부처 자리가 하는 것이 아니라 몸뚱아리가 하는 것입니다.

이 절 법당에 가면 금물녀(今勿女)라고 모셔져 있습니다. 원래 이 밑의 마을 처녀였는데 이 곳에 나물을 뜯으러 왔다가 도성 선사에게 법문을 듣고 사흘만에 득도를 했어요. 이 분이 깨달은 내용을 요약하면 "사람들마다 '나'라고 얘기하지만 '나'는 존재하는 바가 없다. 다만 썩어서 사라질 이 몸뚱아리가 있어서 말을 하고 시비분별심을 내어 다른 사람과 다툼을 벌인다. 실제로는 '나'도 없고 '너'도 없고 삼라만상이 다 없는 것이다. 또 없는 그것은 무엇인가? 없지만 묘하게 있다."는 것입니다. 이렇게 득도를 하여 평생을 이 절에서 대도인으로 사셨습니다. 이렇듯 깨달음에는 남녀 구별도 없고 그렇게 오랜 시간을 요하는 것도 아닙니다. 얼마나 간절하고 사무치게 참구하느냐에 달려 있습니다.

보다 공부를 명확하고 수월하게 하려면 훌륭한 선지식을 만나야 합니다. 훌륭한 선지식을 만나게 되면 공부 기간을 크게 단축시킬 수 있습니다. 선지식을 만난 다음에는 철저한 믿음으로써 모든 것을 스승에게 맡겨야 합니다.

만공 스님은 "선지식을 믿는 정도에 따라 나 찾는 공부가 성취된다."고 했습니다. 훌륭한 스승은 알게 모르게 제자를 해탈의 길로 인도합니다. 이러한 스승에 대한 신심을 바탕으로 하여 속절없이 윤회하는 '나'에 대한 분심을 일으켜야 되고 다시 화두에 대한 강한 의심으로 발전시켜 나가야 합니다.

이렇게 해서 근본 자리를 한 번 깨닫고 난 후에도 계속 정진해서 더 크게 깨우쳐야 합니다. 그래야 완전한 진리에 도달합니다.

송/담/스/님

십선계는
청정 국토의 근본적 대안

송담 스님
· 전강 스님을 은사로 득도.
· 현 인천 용화선원 조실.

참선을 하면 저절로 계가 지켜지게 됩니다.

십선계는 청정 국토의 근본적 대안

십선계는 불국토로 드는 문

오늘은 대승십선계를 설하고 화두와 불명을 수여하는 법요식이 거행되는 날입니다.

불도 수행을 성취하고자 하면 계(戒)·정(定)·혜(慧) 삼학을 겸해서 닦아야 합니다. 계의 그릇이 온당해야 선정의 물이 담기고 선정의 물이 맑고 고요해야 지혜의 달이 나타날 수 있습니다. 특히 부처님께서는 계로써 스승을 삼으라며 계의 중요성을 강조하셨습니다.

그럼 대승십선계를 설하겠습니다.

첫째, 불살생(不殺生)이니 산 목숨을 죽이지 말라. 무릇 불법을 믿는 이는 자비심으로 일체 중생을 제도하려는 서원을 세웠거늘 어찌 산 목숨을 죽일 수 있겠습니까.

둘째, 불투도(不偸盜)니 남의 것을 훔치지 말라. 내 것을 널리 보시하여 일체 중생의 배고픔과 목마름을 해소시키고 생사의 고통에서 벗어나는 것이 불자의 수행 목적인데 어찌 남의 것을 훔치겠습니까.

셋째, 불사음(不邪淫)이니 사음을 하지 말라. 살생을 하면 자비 종자를 상하게 되고 도둑질을 하게 되면 복덕 종자를 손상하며 사음을 하면 청정 종자를 잃게 됩니다. 자비심과 복덕심 그리고 청정한 마음이 있어야 도를 성취하고 나아가서는 일체 중생을 제도하게 될 텐데 어찌 사음을 하겠습니까.

넷째, 불망어(不妄語)니 거짓말을 하지 말라. 거짓말을 하게 되면 진실 종자를 잃게 됩니다. 진실한 마음 하나가 스스로 도업을 이루고 일체 중생을 제도할 수 있는 원동력이 되는 것인데 진실한 마음을 잃고서 어찌 중생을 제도할 수 있겠습니까.

다섯째, 불기어(不綺語)니 음탕하고 상스러운 말을 하지 말라. 음탕하고 상스러운 말을 하면 공부하는 마음이 흔들리게 되며 또한 진실한 마음이 무너지게 되니 기어를 하지 말아야 합니다.

여섯째, 불양설(不兩舌)이니 이간하는 말을 하지 말라. 서로 미워하고 싸우는 사이를 화합시키지는 못할지언정 어찌 이말 저말로 이간질하여 화합을 깨뜨리겠습니까. 부처님 몸에 피를 내고 아라한을 죽이고 부모를 죽이고 하는 오역죄와 같은 죄가 바로 대중의 화합을 깨뜨리는 것입니다.

일곱째, 불악구(不惡口)니 악한 말을 하지 말라. 불자는 항상 자비롭고 부드럽고 좋은 말을 해야 하는데 입에 못 담을 흉악한 말을 함부로 내뱉으면 그것이 어찌 불자로서 할 일이겠습니까.

여덟째, 불탐욕(不貪欲)이니 탐욕심을 내지 말라. 무엇이든지 남의 것을 자기 것으로 만들려 하고 하늘 높은 줄 모르고 욕심을 내면 탐욕의 불로 인해서 스스로의 복덕을 잃게 되는 것입니다. 탐욕은 패가망신의 근원입니다.

아홉째, 불진에(不瞋恚)니 진심을 내지 말라. 무엇이든지 제 욕심에 차지 않으면 진심을 내는 것이 중생의 버릇인데 진심을 내면 그 동안에 쌓은 모든 공덕을 찰나에 잃게 됩니다.

열째, 불사견(不邪見)이니 어리석고 삿된 견해를 갖지 말라. 어리석고 삿된 견해는 인과의 법칙을 믿지 않는 것이요, 인과의 법칙은 지극히 과학적인 사실임에도 그것을 믿지 않고 부정해 버리면 못할 짓이 없습니다. 모든 결과는 반드시 그럴 만한 원인이 있어서 그런 결과가 나타나는 것인데 인과의 법칙을 부정하고 마구잡이로 행동을 하게 되면 그 사람은 정도에서 벗어나 삼악도밖에 갈 곳이 없게 됩니다.

불살생·불투도·불사음은 몸으로 짓는 죄고, 불망어·불기어·불양설·불악구는 입으로 짓는 죄고, 불탐욕·불진에·불사견은 마음으로 짓는 죄입니다.

이상 설한 열 가지 대승십선계를 마땅히 실천하여 일체 중생을 제도하고 구경에는 생사 해탈의 원을 이루어야 할 것입니다. 그러니 몸으로 짓는 세 가지, 입으로 짓는 네 가지, 마음으로 짓는 세 가지, 합하여 열 가지 계를 잘 지키면 십선계를 지키는 것이고 그렇지 않고 마구잡이로 행동을 하면 십악을 행하게 되는 것입니다. 십선을 지키면 불자로서 도에 나아가는 기초가 잘 이루어진 것이고 십선을 지키지 아니하고 십악을 행하면 도의 문에 들어가기 어렵습니다.

'참선' 은 십선계를 지키는 창조적 수행

이제 여러분은 대승십선계를 받고 연비를 마쳤습니다. 연비하는 뜻은 무량겁 이래로 알게 모르게 지은 모든 죄를 참회하는 것입니다. 과거의 지은 죄를 참회하고 앞으로는 그런 악을 짓지 않겠다고 하는 맹세를 부처님 전에 하는 것입니다. 계를 받고 연비를 한 이 공덕으로 우리가 과거에 지은 모든 죄를 깨끗이 씻었습니다. 앞으로 다시는 그런 죄를 짓지 않도록 해야 하는데 어떻게 하면 이런 열 가지 악을 짓지 않을 수가 있겠습니까?

열 가지 계를 따로따로 지키려 하면 대단히 어려울 것입니다. 그러나 언제 어디서나 자연스럽고 간단하게 잘 지키는 법이 있습니다. 그것은 내가 나를 찾는 공부인 참선법, 최상승법인 활구 참선을 하게 되면 저절로 살생을 안 하게 되고 도둑질, 거짓말도 안 하게 됩니다.

우리는 무량겁으로 내려오면서 익힌 바가 습으로 남아 있어서 무심결에 그런 죄를 범하게 됩니다. 그러나 악한 생각이 일어나려고 하면 퍼뜩 이 뭣고 화두를 들면 그 죄를 범하기 전에 막을 수가 있는 것입니다.

항상 화두를 챙기고 화두를 들고 참나를 찾는 공부를 하면 저절로 계가 지켜지게 됩니다. 참선하는 사람이 무슨 살생을 하고 도둑질을 하며 사음을 하겠습니까. 그러니 '이 뭣고', 이 몸뚱이를 끌고 다니는 이 놈이 무엇인가를 놓치지 말아야 합니다.

속이 상할 때나 기분이 나쁠 때나 성이 날 때나 외롭고 슬플 때나 원망스러울 때나, 무슨 마음이 일어나더라도 그 생각이 일어나려고 하자마자 탁 숨을 깊이 들이마셨다가 내쉬면서 이 뭣고, 숨이 다 나가면 또 들이마시고 내쉬면서 이 뭣고 이렇게 하다 보면 치밀어오르던 가슴이 쑥 가라앉으면서 저절로 계를 지키게 되고 참나를 찾는 공부로 나아가니 이것이 바로 최상법입니다.

환경 운동의 시작은 마음보 고치는 일에서부터

이제 여름이 가고 가을이 왔습니다. 가을도 늦은 가을로 접어들었습니다. 산에 들에는 여기저기 오곡백과가 익어서 문자 그대로 금수강산이라 할 만합니다. 그러나 슬프게도 자연을 예찬만 하고 있을 수가 없는 형편입니다. 아름다운 산의 골짜기는 등산객들로 인해 병들어 가고 공장 폐수, 생활 폐수가 흘러서 한강, 금강, 영산강, 낙동강이 죽어 가고 있습니다. 이러한 강물이 흘러 바다에 이르면 바닷물이 벌겋게 오염이 되는 적조 현상을 일으켜 해산물과 고기가 다 죽어 갑니다.

이것은 천재지변이 아닙니다. 한 치 앞도 내다보지 못하는 몰지각한 인간들의 행위로 말미암아 아름다운 산이, 유유히 흐르는 강물이, 넓고 넓어서 맑은 물이 물결치던 바다가 오염되는 것입니다. 자연히 산과 강과 바다가 오염되면 결국은 인간이 살 수 없게 됩니다. 독한 물질로 모두가 병들게 되는 것입니다.

한국의 가을 하늘은 세계적으로 이름난 것인데 지금은 하늘이 파랗지가 않습니다. 언제나 시커먼 구름이 끼어 있습니다. 자동차와 공장에서 나오는 매연과 먼지로 인해서 푸른 하늘이 없어져 버린 것입니다. 숨도 제대로 못 쉬고 물도 제대로 마시지 못하고 바다에서 나오는 해산물도 먹지 못하고 또 들에는 독한 농약을 함부로 써서 곡식도 마음대로 먹을 수가 없습니다. 그렇다고 안 먹을 수 없으니 옛날에는 구경하기도 어렵던 각종 병이 여기저기서 우리 가족과 친지들을 죽음으로 몰고 가는 것입니다.

조금만 지혜가 있었어도 산이 저렇게 망가지고 강과 바다가 저렇게 더러워지지 않았을 것입니다. 조상으로부터 물려받은 이 금수강산을 우리는 지옥보다도 더 고약하고 못된 강토로 만들어서 후손들에게 남겨 주고 가게 되었습니다.

요즘 들어 환경을 보호하자는 소리가 높습니다. 법을 엄하게 제정하고 감시를 철저히 하고 환경 운동을 전국적으로 전개하는 것도 중요합니다. 그러나 그것보다 선행되어야 할 것이 있습니다.

그것은 돈도 안 들고 시간도 안 걸리는 일입니다. 바로 우리의 마음보를 고치는 일입니다. 몸도 세계도 영원토록 살 수 있는 좋은 극락 국토를 만드는 것이 바로 마음보를 고치는 것에서 부터 시작됩니다.

마음보를 고치기 위해서는 오늘 받은 십선계를 지켜야 합니다. 마음보가 바로 잡혀지고 안 잡혀지고는 몸으로 하는 행동, 입으로 하는 말, 마음 쓰는 것 등을 보면 알 수 있습니다.

말과 행동과 마음씀에 덧붙여 '이 뭣고'를 참구해야 합니다. 앉아서나 서서나 걸어가면서나 일하면서나 일체처 일체시에 항상 이 뭣고를 놓지 않고 생활 속에 반영하여야 하겠습니다.

참선과 생활이 둘이 아니어야 합니다. 신토불이는 바로 이러한 경지를 이르는 말입니다. 외국 농산물을 먹지 말고 이 땅에서 나온 것을 먹자. 신토불이의 뜻이 어찌 그렇게 값없이 해석될 수 있겠습니까. 신토불이는 우리의 마음과 몸, 몸과 세계가 둘이 아니라는 것입니다. 그러니 마음보를 고쳐 몸과 주변 환경을 건강하고 아름답게 가꾸어야 합니다. 이것이 신토불이의 참뜻입니다.

오늘 법회에 참석하여 대승십선계와 화두, 불명을 받은 이 공덕으로 세세생생 삼악도에 떨어지지 않을 것이며 청법 문중으로 다시 만나게 될 것입니다.

화두는 '이 뭣고'를 받았습니다. 처음에는 별로 재미도 없고 맛도 없지만 법문을 자주 듣고 법문대로 '이 뭣고'를 열심히 찾으면 차츰차츰 저절로 동요하지 않게 될 때가 반드시 올 것입니다.

번뇌 망상이 일어나도 짜증내지 말고 그냥 그대로 놔둔 채 이 뭣고만 추켜 들면 번뇌 망상은 본래 뿌리가 없는 것이라 저절로 없어치고 화두가 순일하게 됩니다.

어떠한 찰나에 통의 밑구멍 빠지듯 툭 터져서 의단을 타파하게 되면 그 때는 선지식을 찾아가서 점검을 받아야 합니다. 확철대오를 했으면 공부해 나가는 법을 지도받을 것이고 그것이 바른 깨달음이 아니면 다시 새로운 마음으로 공부를 해 가야 할 것입니다.

송 / 월 / 스 / 님

제자리에서 최선 다하면
꽃이 피고 향기도 납니다

송월 스님

- 1925년 3월 1일 경남 합천 生.
- 1945년 해인사에서 혼해 스님을 은사로 득도.
- 1947년 해인사에서 상월 스님을 계사로 비구계 수지.
- 1950년 해인사 강원 대교과 졸업.
- 조계종 제1대~6대 종회의원 역임.
- 명봉사, 김용사 주지 역임.
- 대한불교미술전람회 사군자, 서예 다수 특선·입선.
- 사군자, 서예 개인전 8회 개최.
- 현 용문사 조실.

놓으면 오히려 스스로 찾아 옵니다.

제자리에서 최선 다하면 꽃이 피고 향기도 납니다

나의 그림은 잡념을 쓸어 내는 비

지난달 서울에서 고희 개인전을 가졌습니다. 그 동안 틈틈이 만든 작품들을 선보인 것입니다. 먼저 이 자리를 빌어 성원해 주신 여러분께 감사드립니다.

저는 평생을 선방에 앉아 있거나 그렇지 않으면 붓을 들고 살아왔습니다. 이왕 전시회 얘기를 했으니 작품에 대해 한 말씀드리겠습니다.

전시회를 보신 분들은 아시겠지만 저는 '사군자'를 즐겨 칩니다. 수행자가 웬 선비의 그림을 즐겨 그리느냐고 하겠지요. 사군자는 수행의 일환으로 그리면 선화(禪畵)입니다. 특히 매·란·국·죽은 수행자의 기품이 살아 있어 더할 나위 없는 수행의 방편이기도 합니다. 그래서 사군자는 '그린다'고 하지 않고 '친다'고 합니다. 이 얼마나 명쾌한 표현입니까.

붓을 통해서 곧은 대나무를 치다 보면 흔들리던 마음도 가라앉힐 수 있게 됩니다. 참선 수행과 둘이 아닌 셈이죠. 그래서 나는 작품 활동을 통해 막연히 밀려오는 번뇌를 쉬 내쫓아 버립니다. 때문에 작품에는 수행의 정도와 심리, 인격의 수준이 묻어나 있습니다. 대중은 전시 작품에서 이것을 볼 수 있어야 합니다.

여러분은 번뇌를 어떻게 치유하고 있습니까. 쉬운 일은 아니죠. 자신에게 알맞은 수행의 방편을 찾다 보면 틀림없이 자기의 근기에 맞는 방법이 있을 겁니다.

그러나 흔들리는 마음을 자기 자신 외에는 어느 누구도 잡지 못한다는 것을 자신이 먼저 인식해야 합니다. 현대인들은 자기를 모르기 때문에 점집을 찾고 스님을 찾아 "앞으로 어떻게 되겠습니까."라는 어리석은 질문을 하게 되는 것입니다.

모두가 자기 마음의 그 무엇을 찾지 못해서 그렇죠. 마음에 잡념이 많으면 어둡게 마련입니다. 망상심이 죽 끓듯 하게 되는 것이죠. 중생심에는 한 찰나 안에 오백 생멸이 있습니다. 백지 오백 장을 쌓아 놓고 송곳으로 꿰뚫을 때 종이 한 장 지나는 것을 한 찰나라고 합니다.

이렇듯 짧은 순간에 수없는 생각이 생겼다가 없어지는 것입니다. 그 생멸심이 없으면 마음이 환해지고, 자기를 들여다볼 수 있습니다. 생멸심을 없애려면 참선, 주력, 염불 등 수행 정진을 열심히 해야만 합니다. 근기에 따라 참선을 하는 사람, 염불하는 사람, 주력하는 사람 등으로 나눠지듯 수행 정진의 방법이 달라지겠죠. 그렇듯 자기 근기에 맞는 각자의 수행 방법을 찾아야 합니다.

잡으려 하면 더욱 멀어질 뿐

우리가 불법을 믿고 배우는 까닭은 우리 스스로의 성품을 확철(廓徹)하게 보고 밝혀서 부처를 이루자는 데 있습니다.

혹자는 '부처님은 거룩하신 분인데 내가 감히 어떻게 부처(깨달음)를 이루랴.' 하고 생각하지만 그런 중생심은 바람직하지 못합니다. 그런 마음은 중생이라는 굴레에 또 하나의 굴레를 씌우는 것과 같습니다.

부처님께서는 "모든 중생에게는 불성(佛性)이 있어서 누구든지 다 불도(佛道)를 이룰 수 있다."고 가르치셨습니다. 그러나 그것은 자기 자신이 자기 삶의 주체자임을 깨달았을 때만이 가능합니다.

그 주체자는 때때로 헛된 이익을 추구하느라 괴로움을 당하죠. 지금 여기에 모인 여러분들 대개가 그렇지 않습니까. 나 또한 마찬가지입니다.

여러분, 이제 모든 잡념·번뇌를 끊어버리고 수행 정진해 보세요. 그리고 자기 자신을 밝혀 보세요. 욕심을 버리고. 무량광대한 불법의 대해에 나라는 고집스런 욕심의 뿌리를 세우려 한다는 것은 스스로 괴로움을 짓는 일과 같습니다. 그대로 두면 저절로 넉넉해지고 물 흐르는 대로 흘러가는데, 왜 헛되이 명리(名利)를 구하고 권세를 탐합니까. 더 잘 되려다 오히려 고(苦)를 부르게 되는 불상사를 초래하게 됩니다.

모든 일의 이치는 흐르는 물처럼 자연스러워야 합니다. 잡으려고 가면 갈수록 멀어질 뿐입니다. 그러다 보면 마음이 답답해지고, 원래의 목표도 흔들리게 되죠. 모든 일의 이치는 순리대로 흘러가야 하는 것, 그것마저도 마음 밖으로 놓으면 오히려 그 목표가 제 스스로 찾아 오는 이것이 묘법입니다.

옛날에 어떤 사람이 가을날의 정취를 찾아 길을 떠났다가 결국 찾지 못하고 집에 돌아오니 싱그런 여름이 가고, 낙엽이 떨어지는 가을이 와 있더랍니다. 찾으려 애를 쓰면 구해지지 않습니다. 오히려 지금의 자기 자리에서 묵묵히 최선을 다하세요.

깨달음이란 어디에서 오는 것이 아닙니다. 내 스스로가 깨달음으로 피어나는 것입니다. 봄을 보내고 여름을 맞아 가을의 시원한 바람에 심신을 달래는 것과 같습니다. 자연의 이치와 같은 것이지요. 그러므로 참된 수행자는 깨달음에 연연해 헛된 욕심을 부리지 않습니다. 깨달음에 대한 집착도 집착이기 때문입니다.

수평선이란 따라가면 또 그만큼 멀어져서 언제나 '저기에' 있을 뿐 '여기에' 있을 수 없습니다. 이런 이치를 모르는 사람은 하늘의 구름을 쫓는 것과 비슷하다고 할 것입니다.

우리가 세상사를 살면서 돈과 권세와 쾌락을 쫓는 것은 허망한 꿈을 꾸는 것과도 같습니다. 꿈에서 깨어 보면 꿈 속에서 꾸었던 온갖 것들은 다 자취도 없이 사라져 버리고 허무하기 이를 데 없지 않습니까? 그것은 헛된 욕심으로 존재하지도 않는 허망한 것을 쫓았기 때문이죠. 그런데도 불구하고 욕심을 부리는 사람은 자기 내부의 뿌리는 어디에다 내팽개쳐 버렸는지, 꿈이 꿈인지 모르는 까닭으로 번민합니다.

여러분, 지금의 꿈에서 깨어나세요. 쾅!쾅!쾅!

그 쾌락의 꿈과 고통의 꿈에서 깨어나서 한바탕 껄껄 웃고 사려 깊은 눈으로 이 세계의 참모습을 보며 살아야 합니다. 불법은 바로 그것을 가르치고 있습니다.

자기가 본래 갖고 있는 맑고 깨끗한 부처 자리를, 참된 수행 정진 없이 욕심 부려 추구하기 보다는 우선 여러분께서 지금 하실 수 있는 작은 일부터 작다 생각지 말고 최선을 다해 정진하십시오.

한 마디만 더 하겠습니다. 지금 여러분들이 소중하게 생각하며 붙들고 사랑하는 것이 다 한바탕 꿈이라면 어떠하겠습니까? 지금 여러분들이 겪는 갖가지 고통과 어려움 또한 그처럼 실체가 없어서 텅 빈 것이라면 어떻겠습니까? 여러분 자신이 그 사실을 인식하게 된다면 큰 자유를 느끼게 될 것입니다.

좋다는 생각 뒷면에는 싫다는 마음이 끈적끈적 붙어 있고, 싫고 지루한 마음이 따라오게 마련입니다. 좋고 나쁘다는 그것까지 벗어나서 바르게 세상을 보고, 바르게 세상을 살아가도록 노력해야 합니다.

마음의 눈을 떠 보세요. 요즈음 빈번히 벌어지는 험악한 일들의 원인을 알 수 있을 것입니다. 과거를 모르기 때문에 현재의 잘못을 되돌아보지 못하고, 미래를 모르기 때문에 아이를 내다 버리고, 부모를 살해하고, 사기를 치는 범법(犯法)행위를 저지르게 되는 것입니다. 선이든, 악이든, 선으로 주면 선으로 받고 악으로 주면 악으로 받게 됩니다. 이것이 바로 불가에서 말하는 인과와 인연의 이치죠.

불교란 흐르는 물처럼 세상을 사는 법

석가 세존의 전생담 중에 칠경화(七莖花) 얘기가 있습니다. 석가 세존께서 선혜라는 선인(仙人)으로 보살행을 닦던 인행시(因行時)에 보광 여래께서 오신다는 말을 들었습니다. 선혜 선인은 여래께 꽃을 공양하려고 꽃을 구하러 다녔으나 그 나라의 왕 역시 여래께 꽃을 공양하기 위해 나라 안의 꽃을 모두 사들였기 때문에 꽃이 동이 나서 살 수가 없었습니다.

선혜 선인은 수소문 끝에 구리 선녀에게 일곱 송이의 꽃이 있다는 말을 듣고 꽃을 사려 했으나 팔 수 없다고 거절당했습니다. 난감해진 선인은 여래에게 공양을 하려 하니 제발 꽃을 팔라고 간곡하게 청을 하자, 그 정성에 감동해서 자기와 결혼하는 조건으로 꽃 다섯 송이를 주고, 두 송이는 자기 몫으로 여래에게 공양을 올려 달라면서 그 일곱 송이의 꽃을 내 주었다고 합니다. 이후 두 사람은 정반왕의 아들과 야소다라 공주로 다시 만나게 된 것입니다.
 이렇듯 사람은 전생의 인연으로 다시 만나게 되고, 선업과 악업을 이어가게 되는 것입니다. 좋은 몸과 착한 마음을 가진 사람으로 태어나기 위해서는 부처님의 가르침을 배우고 실천해야 하는 것이지요. 불교를 알면 이 세상에 행법(行法)이 없어도 살 수 있습니다.

작지만 깊은 실천이 깨달음으로 이끈다

 언젠가 62가지 기술 면허증을 취득한 최모씨라는 사람이 해인사에 찾아왔습니다. 그 사람은 다른 종교를 믿고 있었습니다. 그는 나에게 "스님, 궁금한 게 있어 왔습니다. 어떻게 하면 마음에 기둥이 생기겠습니까?"라고 묻더군요. 그래서 "그건 나에게 묻지 말고 자신에게 물으시오." 했습니다.
 자기가 자기 자신을 모르는데 어디 가서 무엇을 얻을 것입니까? 자기 자신을 스스로 아는 사람이 가장 똑똑한 사람입니다. 그리고 모든 일에 현명하게 대처할 수 있는 사람이죠. 반대로 자기를 모르는 사람이 가장 어리석은 사람입니다. 부처가 그래서 부처가 아니겠습니까.
 나는 오늘 여기 모인 대중들에게 자기 자신을 알려고 노력하고, 정진하는 것이 이 세상을 살아 가는 데 가장 중요한 수행이라고 말해 주고 싶습니다. 자기 자신을 찾으려 노력하는 게 바른 인생입니다. 그래야 과거·현재·미래를 바로 살 수 있으니까요. 내 몸은 부모에게 받았지만 자기 마음은 자기가 만드는 것입니다. 그래서 자기가 우주의 주인공인 것이죠.
 생활을 떠나서 불법을 따로 구하지 말고, 불법을 잃고 따로 그 어떤 것이 있다고 믿지도 말고, 오만하지도 마십시오. 살아가는 이 모든 것이 곧 불법입니다.

　우리가 생활 불교, 생활 불교를 구호처럼 외치지만 자기의 생활을 떠난 불교는 한낱 허상에 불과합니다. 심지어 수행자도 불법을 생활에서 구하고 펼쳐야 합니다. 그러나 그 생활 불교라는 것은 조석 예불 잘 모시는 데서 끝나는 것이 아닙니다. 생활을 불교식으로 바꾸고 작지만 깊이 깨닫고 실천하는 것입니다. 자기 자리에서 최선을 다하면 절로 꽃이 피고 향기가 나게 됩니다. 보살님들, 눈을 감아 보세요. 그리고 숨어 있는 자기 자신을 느껴 보세요. 오늘 여기 모인 대중들 모두 "어떻게 하면 잘 살겠습니까?"라는 의문을 품은 얼굴만 하고 있지 말고, 그 생각 자체부터 떨쳐 버리면 어떨까요.

　모든 근심과 공포와 번뇌는 거짓 나를 고정불변한 것으로 착각해서 생겨나는 것이니 항상 나를 계발하려고 정진하세요. 참선을 하든 염불을 하든, 자기의 근기에 따라 쉬지 말고 정진하십시오.

　도(道)에는 문이 없습니다. 어떤 스승도 듣기만 하면 부처님의 지혜를 갖추게 할 법문을 들려 주지는 못합니다. 지금 내가 여러분들에게 한 시간 넘게 얘기하고 있는 것도 말일 뿐입니다. 귀 없는 귀로 들으세요. 그리고 느껴 보세요. 선업이 아름다운 인연을 낳는다는 걸 명심하시고.

숭/산/스/님

참선,

인류가 더불어 사는 길

숭산 스님

· 1927년 평남 순천 生.
· 1947년 마곡사에서 득도.
· 1949년 동국대 불교학과 졸업, 1951년 마곡사 강원 대교과 졸업.
· 1958~1966년 화계사 주지, 조계종 중앙종회 의원,
  불교신문사 사장, 동국학원 이사 역임.
· 세계 각 도시에 홍법원 개설.
· 세계평화상 수상.
· 현 화계사 조실.

참선은 모든 종교를 초월하는 것입니다.

참선, 인류가 더불어 사는 길

여성은 인류의 어머니

이 지구가 돌고 있는 한 변화하지 않는 것은 하나도 없습니다. 그렇기 때문에 변화하는 세상에서 어떻게 하면 올바르게 살아가느냐 하는 것은 언제나 중요한 문제로 떠오릅니다.

먼저 나와 가정을 어떻게 다스리고 지키며 가꾸어 갈 것인가 하는 데서부터 '올바른 삶'에 대한 모색이 시작되겠지요. 물론 이러한 노력이 내가 속한 사회와 국가, 나아가서는 인류가 함께 잘 사는 문제와 무관할 수 없다는 데까지 생각이 미쳐야 합니다.

그럼 지금부터 이러한 전제 아래서 논의의 초점을 여성의 역할에 맞추어 보겠습니다. 자칫하면 얘기의 내용이 지나치게 일반화되거나 추상적으로 흐를 수 있기 때문입니다.

어느 시대건 한 사회가 발전하려면 여성의 힘과 역할이 제 몫을 해야 합니다. 여성이 타락한다는 것은 그 사회 내부의 타락을 의미합니다. 대체로 여성의 힘은 겉으로 잘 드러나지 않는 성질의 것이기 때문입니다.

역사의 뒤안길을 조금만 유심히 들여다보면, 그 흐름을 바꾸어 놓은 것은 여성의 힘이었다는 점을 쉽게 발견할 수 있을 것입니다. 수많은 왕실의 역사와 전쟁의 역사가 그것을 증언합니다. 이렇듯 겉으로 드러나지는 않지만 안에서 조정하는 여성의 힘은 굉장한 것입니다.

새로운 세기, 새로운 역사의 시작

바야흐로 격동의 한 세기가 저물어 가고 있습니다. 극한적 이념 대립의 종식과 함께 21세기의 새벽을 코앞에 두고 있습니다. 지난 한 세기 동안 인류는 공산주의와 자본주의라는 두 기둥을 근간으로 질서를 유지해 왔습니다. 그러나 이 두 기둥은 철길의 평행처럼 양립하지는 못했습니다. 어느 한 기둥이 불쑥 솟아오르거나 기우뚱할 때는 전체가 흔들릴 수밖에 없는 그런 공존이자 대립이었습니다. 소련과 동구권 붕괴 후의 국면은 일견 자본주의의 승리로 보일지 모르지만 사실은 새로운 질서를 앞에 둔 해체 국면인 것입니다.

그 새로운 질서는 흔히 '세계화'라는 말로 표현되기도 합니다만 그 이면의 숨은 의미 즉 '전 지구의 서구화' 또는 '전 세계의 단일 시장화'가 우리에게 어떤 작용을 할지에 대해서도 충분히 생각하고 대비해야 할 것입니다.

어쨌든 세계는 새로운 모습으로 거듭나고 있습니다. 특히 교통과 통신의 혁명적 발달은 앞으로 우리의 사고와 행동 양식을 지배할 것입니다. 그렇다면 이러한 거대한 흐름, 전환의 시대에 여성이 어떤 역할을 해야 할 것인가 하는 문제에 좀더 쉽게 접근하기 위해 간단하게 제가 겪은 일에 대해 얘기할까 합니다.

우리의 후손들에게 무엇을 물려 줄 것인가

구소련 연방이 한창 개방과 개혁을 부르짖을 무렵 저는 소련 정부로부터 초청을 받았습니다. 그 때 소련 정부는 세계 각국의 종교인, 정치인, 학자, 예술가 등 여러 분야에 걸쳐 3백 명을 초청했습니다. 그 외에 소련 내의 반체제 인사들, 권부의 핵심에 있는 사람들과 함께 앞으로 지구상의 인간들이 살아갈 방향에 대해 토론하는 것이 그 모임의 목적이었습니다. 주요 주제는 '환경과 인간의 방향'이었습니다.

이 때 행해진 고르바초프의 연설 한 토막을 소개하겠습니다.

"우리 인간들이 이 지구상에서 가장 악질적인 동물입니다. 인간이 인간을 해치고 공기와 물을 더럽히는 등 세상의 모든 악행은 인간에 의해서 저질러집니다. 또 인간은 동물을 죽여서 고기를 얻고 옷과 신발 등을 만들어 씁니다. 다른 모든 생명을 착취하고 있는 것입니다.

그러나 그 동물들이 인간보다 얼마나 착합니까. 인간은 이 지구상의 독재자입니다. 이 독재적인 인간은 얼마 못 가서 멸망할 것입니다. 그렇기 때문에 오늘날 인간은 이념이니 하는 것을 철폐하고 어떻게 하면 올바른 방향으로 나아갈 것이며 다음 세대에 무엇을 전할 것인가에 대해 생각하지 않으면 안 됩니다."

참선은 나와 우주의 근본을 밝히는 일

옛날 어머니들은 아이 많이 낳는 것을 미덕으로 생각했습니다. 오늘날처럼 인구가 많지 않을 때나 인력에 의존한 농경 사회에서는 맞는 말입니다. 하지만 공멸을 가져올 만큼 폭발적으로 인구가 불어나고 있는 오늘날에는 결코 바람직한 일이 아닙니다. 다음 세대를 생각하지 않을 수 없기 때문입니다. 과연 무엇을 물려 줄 것인가. 이것이 문제인 것입니다.

여러분들은 자식들에게 무엇을 물려 줄 것입니까. 돈, 권력, 명예……. 그 어느 것도 미래를 보장할 수 없습니다. 그렇다면 우리는 자신과 후손의 미래를 위해서 무엇을 할 것인가. 이 시기에 여성으로서 어떤 길을 걸을 것인가. 고르바초프와 같은 사람들도 문제 제기만 했을 뿐 원인이나 대안에 대해서는 이야기하지 못했습니다.

그래서 저는 진정한 자신을 발견하는 일에서부터 실마리를 찾고자 합니다. '나는 누구인가.' '나는 어디서 와서 어디로 갈 것인가.' 하는 의문에서부터 시작하자는 것입니다. 그래야만 '나' 와 내가 속한 '인류' 의 과거와 현재와 미래를 볼 수 있겠기 때문입니다. 원인 없는 결과는 없는 것이지요.

그래서 참선을 하라는 겁니다. 참선은 나와 우주의 근본을 찾는 작업입니다. 근본을 찾아야 온 곳과 갈 곳을 알 수 있을 것 아닙니까. 지금 서양에서는 신부나 수녀, 목사들도 참선을 하고 있습니다. 참선은 모든 종교를 초월하는 것이기 때문입니다.

아픈 마음을 가져 오너라

옛날 대혜 선사가 황벽 선사를 찾았습니다.
"스님, 법을 배우러 왔습니다."
"법을 배우러 와. 누가?"
"제가요."
"이놈의 자식, 어째서 송장을 끌고 다니느냐."

옛날 서암 선사께서는 매일 스스로 '주인공' 을 부르고 다시 스스로 대답하였습니다.
"주인공아."
"네."
"정신 바짝 차려라."
"네."
"언제나 남한테 속지 말아라."
"네."
'나'라는 사람이 묻고 '나'라는 사람이 대답했는데 어떤 것이 진짜 주인공입니까.

옛날 보리 달마께서 인도에서 중국으로 왔습니다. 양무제가 달마 대사를 찾았습니다.
"대사님, 나는 수천 절을 짓고 수많은 스님들에게 가사 장삼을 지어 드리는 등 공양을 했습니다. 저의 공덕은 얼마나 많습니까."
"아무 공덕이 없소."
"그러면 당신은 도대체 누구요."
"모를 뿐입니다."
달마 대사께서는 아무 미련 없이 양무제 곁을 떠나 양자강을 건너 위나라로 갔습니다. 그 곳 소림사의 조그마한 굴에서 9년 동안 면벽 참선을 했습니다.
당시 위나라에 혜가라는 국사가 있었는데, 혜가 대사는 문무백관이 지켜 보는 가운데 왕실에서 매월 설법을 행해 오고 있었습니다. 하루는 혜가 스님이 방안에서 경전을 보고 있는데 밖에서 어린 아이의 메아리가 들려 왔습니다. 문을 열고 살펴보니 허공에서 오색 광명이 퍼지며 다음과 같은 소리가 들렸습니다.
"네가 옳은 불법을 알고자 하면 소림굴로 찾아 가라."

그 길로 혜가 스님은 소림굴을 찾아갔습니다.
혜가를 본 달마는,
"무엇을 하러 여기에 왔느냐."
"법을 구하러 왔습니다."
그러나 달마의 마음을 움직일 수 없었습니다.
"어찌 가벼운 마음으로 불법을 구하려 하는가."
혜가는 왼팔을 잘라 바치고 결연한 구도심을 보였습니다. 이렇게 하여 달마의 제자가 된 혜가는 다시 여쭈었습니다.
"스님, 제 마음이 편치 않습니다."
"그래. 그 아픈 마음을 가져 오너라."
"아픈 마음을 아무리 찾아도 찾을 수가 없습니다."
"내 이미 네 마음을 편안하게 했노라."
이것이 그 유명한 달마 안심 법문입니다.
아시겠습니까. 참선이란 바로 이런 경지입니다.

본래의 마음을 찾아라

모양과 이름에 집착하여 살게 되면 내 본래 마음을 모릅니다. 모양과 이름에 집착하지 아니했을 때 본래 성품으로 돌아갈 수 있습니다. 본래 성품으로 돌아갔을 때 비로소 지금 이 곳에서 무엇을 할 것인가에 대해 분명히 알 수 있게 됩니다.

제가 여러분들에게 앞으로의 길에 대해서는 이렇게밖에 말씀드릴 수 없습니다. 직접 행하여 맛을 봐야 하기 때문입니다. 제가 그 맛과 모양을 일러 준들 여러분의 것이 아니기 때문입니다. 이름과 말에 속지 마십시오.

끝으로 다시 한 번 당부 드리고 싶은 것은 내 본래의 마음자리를 찾는 공부를 하라는 겁니다. 그렇게 되면 어머니로서, 아내로서, 인류를 구성하고 있는 한 사람으로서 자신의 일을 찾을 수 있기 때문입니다.

　길을 찾으면 곧 광명입니다. 그 광명은 나와 더불어 모든 인류를 밝게 비춰 줄 것입니다.

우/룡/스/님

감사하며 살 때,
극락 세계가 펼쳐집니다

우롱 스님

- 1931년 경남 합천 生.
- 1944년 해인사로 출가, 고봉 스님을 은사로 득도.
- 통도사 극락선원, 오대산 상원사 선원, 지리산 쌍계사 탑전 등지에서 수행.
- 법주사, 화엄사 등지에서 강사 역임.
- 현 울산 학성 선원 조실.

스스로의 감정을 잘 다스리면 우주가 한눈에 들어옵니다.

감사하며 살 때, 극락 세계가 펼쳐집니다

'나'에서 벗어나면 보살의 길

　모름지기 불교에 발을 들이려는 사람들이 놓아야 할 주춧돌이 세 가지 있습니다. 먼저 부처님을 부처님으로 모실 줄 알아야 합니다. 그리고 스승을 부처님으로 모실 줄 알아야 합니다. 그 다음에 대중을 부처님으로 모실 줄 알아야 합니다.

　가정 생활에서도 가족을 부처님으로 생각할 줄 알아야 합니다. 그런데 이게 실천이 잘 안 됩니다. 가족을 부처님으로 볼 줄 모르는데, 어떻게 사회 전체와 모든 법계의 유정물(有情物)을 부처님으로 볼 수 있겠습니까.

　잘못 놓인 주춧돌은 '나'라고 하는 고약한 생각입니다. 주춧돌이 잘못 놓였으니 착각에 빠져 세상을 살아가는 겁니다.

　가정에서 내외간이라고 그저 한 마디씩 내뱉는 말이 상대방의 가슴에 어떻게 꽂히는지를 생각해야 합니다. 남편의 말이 별나게 가슴에 딱 꽂혀서 다른 때처럼 잘 풀어지지 않는 걸 여러 차례 겪었을 겁니다. 남편들도 평소 아는 사람의 어떤 말이 유난히 가슴에 사무쳐 감정이 솟구친 일이 있을 겁니다. 이게 바로 한 맺힘의 씨앗입니다.

윤회라고 하는 것은 불교만의 이야기가 아니기 때문에 서구의 과학자들은 철두철미한 이론으로 증명하고 있습니다.

현재의 '나'라고 하는 자체가 하나로 이뤄진 게 아닙니다. 수많은 시간 동안 수백 번 나고 죽고 하면서 식물, 벌레, 짐승을 거쳐 사람이 되어 수백 번 바뀌어진 용심(用心)이 '나'라고 하는 존재입니다. 현재 내 용심이 아무개 한 사람의 용심인 줄 알지만, 여기에는 벌레, 짐승, 인간 때의 용심이 터져 나온 것이 섞여 있습니다. 지금 이 순간 이 육체의 행동에도 몇백 번 나고 죽고 했던 벌레, 짐승의 행동이 터져 나오니, 지금 우리가 아무개라고 하는 한 사람의 영(靈)과 육체의 행동이라고 하는 착각에 빠져서는 안 되는 것입니다. 바로 이 착각이 주춧돌이 되어 있으니까 이 세상의 모든 일이 착각 속에 돌아갈 수밖에 없는 것이지요.

우리의 행위가 전생의 행동과 그대로 연결이 되고, 앞으로 이 버릇과 행동이 그대로 이어질 것이기에 지금 여기에서 짓고 있는 잘못된 관행과 습관은 과감히 고쳐야 합니다. 이 버릇을 고쳐 나가는 사람, 향상 발전하려고 노력하는 사람을 보살이라고 말합니다. 불교인들은 언제 어디서나 향상하려는 노력을 기울여야 하는데 이걸 마하반야바라밀(摩訶般若波羅蜜)이라고 합니다.

여기에서 주체는 '반야'입니다. 반야는 '진리와 실천과 결과'라는 말이 합한 말입니다. '마하반야'는 크게, 남보다 뛰어나게 실천한다는 의미입니다. 따라서 마하반야바라밀은 남보다 뛰어난 끊임없는 노력으로 피안의 저 언덕으로 나아간다는 뜻입니다. 마하반야바라밀에서 벗어났을 때 불교인으로서의 자격은 없습니다.

언제나 마하반야바라밀에 서 있으면 불교인의 자격이 있지만 여기에서 이탈하고 제자리걸음 또는 후퇴할 때는 자격이 없는 것입니다.

그리고 보살의 실천은 나 혼자만이 해탈한다는 것이 아닙니다. 나는 오히려 희생이 되고 뒤로 물러나더라도 곁에 있는 사람을 밀어 드리고 성취시켜 드리는 것이 바로 보살의 길입니다.

서로 깨우쳐 주는 것이 설법

성문(聲聞)·연각(緣覺)이나 아라한과(阿羅漢果)를 얻은 보살은 무여열반(無餘涅槃)에 이르는 것을 목적으로 하고, 대승 보살의 실천자는 유여열반(有餘涅槃)에 서 있지 무여열반을 바라거나 들지를 않습니다.

무여열반은 생사의 괴로움을 여읜 번뇌장을 끊은 상태로서 현재의 신체까지 멸해 없어진 경지입니다. 반대로 유여열반은 자신의 수행으로 고(苦)의 원인인 번뇌는 끊었으나, 아직도 과거의 업보로 받은 신체는 멸하지 않은 상태를 말합니다. 소승의 사람들은 무여열반을 바라지만, 대승의 사람들은 유여열반에 머물러서 자기가 깨친 차원을 주위 사람에게 전부 알려서 해탈시키려 합니다. 그래서 대승의 길을 걸으려는 사람은 이 유여열반에 머물러야 하는 것입니다.

대승의 보살행은 그리 먼 곳에 있는 것이 아닙니다. 나만 걱정거리 없이 편안하고 넉넉하게 살아서는 안 된다는 것이지요. 차라리 진흙 바닥에서 고생을 하더라도 곁의 사람을 위해 물질적 보시를 하고 밀어 주고 당겨 주고 하는 행위가 바로 보살행입니다.

흔히 불교인들은 우상 숭배를 하지 않는다고 하지만 사실은 그렇지 않습니다. 절이 있어야 한다거나 그림으로라도 불상이 있어야 한다거나 머리 깎은 스님이 있어야 한다는 등의 고정 관념이 있습니다. 으레 그게 먼저 있어야 개인과 단체의 실천이 이루어진다고 착각하기 쉽습니다. 이런 생각이 있는 한 영원히 이 테두리를 벗어날 수 없습니다. 이 우상이 떨어져 나가야 진실한 불교인이 될 것입니다.

그리고 설법을 꼭 스님네에게 부탁할 필요는 없습니다. 불자들끼리 모여 서로 어떤 기회에 불교에 발을 들여 놓게 됐고, 지금은 어떻게 부처님의 가르침을 실천하고 있는지, 이렇게 실천하다 보니 어떤 점이 달라졌는지, 이런 대화를 나눠 서로 깨우쳐 주는 게 바로 설법이요, 부처님 제자가 모이는 설법장인 것입니다.

「금강경」에 나오는 상(相)이 바로 우상을 뜻하는 것입니다. 나, 내 아들, 내 딸이라고 하는 상에 사로잡혀서 참 생명으로서의 구실을 못하고 있습니다.

기도, 염불, 독경, 참선 모두가 눈 뜨기 위한 방편

눈을 뜨고 살아야 합니다. 대우주의 일들을 좀더 넓게 바라보고 한 꺼풀 가려진 배후의 세계를 꿰뚫어 보려 노력할 때에 오늘날과 같은 잘못은 저지르지 않을 것입니다. 눈을 뜨려고 실천하는 게 염불이고 기도요, 선이고 독경입니다. 이 생활을 하지 않게 되면 나라고 하는 착각이 주춧돌이 되어 욕망, 분노 등의 감정이 솟아나게 됩니다. 이러한 감정들을 다스릴 수 있을 때에 우주 전체를 바라볼 수 있는 눈이 생깁니다. 그러므로 그러한 욕망과 감정으로 치닫는 마음을 집중시켜 꺾는 노력을 해야 합니다. 염불, 화두, 좌선은 바로 이러한 노력의 한 방편인 것입니다.

몸뚱아리는 결국 대우주와 한 덩어리인 까닭에 우리의 생활은 대우주의 흐름과 하나가 되어야 합니다. 결국에는 이 몸을 가지고 대우주의 현상계를 마음대로 요리할 수 있는 차원이 기도, 염불,

독경, 참선의 생활에서 우러나게 되는 것입니다.

눈을 뜨고 살면 죄악의 구렁텅이에 빠지지 않고, 대우주를 내 손아귀에 잡아 놓고 내 마음대로 요리하면서, 인간이 만들어 낸 모든 말의 구속에서 벗어나 자유자재로 살 수 있는 차원이 열린다는 말입니다. 우리를 둘러싼 착각을 물리치고 눈을 바로 뜨면 대우주의 무한한 영광과 행복과 광영 속에 살고 있는 자신을 볼 수 있으며, 착각이 모든 걸 가로막아 욕심 속에 허우적거리면 캄캄한 어둠이 앞을 가로막을 것입니다.

우리는 또한 바른 생각이 일어났을 때 이 바른 생각을 유지하기 위해 노력해야 합니다. 이런 노력 속에 아뇩다라삼먁삼보리[無上正等正覺]가 이뤄집니다. 그건 바로 '아 내가 착각 속에 살았구나. 내가 잘못 살고 있었구나.'라고 깨닫는 것이지요. 이 생각이 났을 때 꺾지 말고 유지해서 끝없이 고치려고 노력해야 합니다. 끊임없이 착하고 참된 마음을 키워 잘못된 생각을 지워 나가는 것이 불교인의 길입니다.

보살의 생활을 잊어서는 안 됩니다. 끝없이 향상되어 나가는 것이 보살의 삶입니다. 이런 삶을 계속할 때 생과 사를 벗어나 대우주 속에 자유자재할 수 있는 경지까지 이를 수 있다는 사실은 부처님과 역대 조사님들이 이미 보여 주셨습니다. 현재의 고통을 참으며 부지런히 노력할 때 이루지 못할 것은 어떤 것도 없습니다.

부처님의 말씀은 어떤 울림에서 찾아야 하는 것이 아닙니다. 부처님의 말씀은 메아리가 생기기 전에 거기 있습니다. 법회에 참석하거나 독경 소리를 듣는 것은 남의 소리를 듣는 것이 아니고 진정한 나의 소리를 듣는 것입니다. 즉 외부의 소리가 아닌 우리 마음 속에 있는 내면의 소리를 듣는 것입니다.

이런 시간은 아무것도 하는 일 없이 우두커니 앉아 있는 시간이 아니라 듣고 생각하고 실천하기 위한 시간입니다. 부처님의 소리를 바로 듣고 생각하고 실천하는 이른바 문(聞)·사(思)·수(修), 삼혜(三慧)의 시간입니다. '문혜'는 보고 듣고서 얻는 지혜이고, '사혜'는 마음으로 고찰해 얻는 지혜이며, '수혜'는 고찰을 마치고 입정한 뒤에 닦아서 얻는 지혜입니다. 또한 관세음(觀世音)이라고 하는 것도 분별이 있기 전의 진리의 소리를 들으며 생각하고 실천하는 것을 말합니다.

부처님의 모습은 '불생 불멸, 불구 부정, 부증 불감'하다는 사실을 알아야 합니다. 망상에 사로잡힌 나를 버리기 위해 부지런히 수행해 가면 '불생 불멸, 불구 부정'한 나의 참모습을 바라볼 수 있습니다. 오온(五蘊)은 모든 잘못과 실수의 원천입니다. 망상의 분별을 일으키는 헛된 오온이 가져다 주는 결과의 무서움을 직시해야 합니다. 그걸 알면 한없는 복덕이 함께 하지만 믿지 못하면 영원한 윤회의 사슬을 벗어날 수 없습니다. 세세생생 거짓말에 속아 허우적거리면서 참된 것을 바라볼 줄 모릅니다.

헛된 욕심에서 벗어나면 일체 경계가 극락

우리는 모양도 이름도 붙일 수 없고, 만질 수도 붙들 수도 떨쳐버릴 수도 없는 하나를 찾아내야 합니다. 우리가 관세음의 생활, 마하반야바라밀의 생활을 시작했다면 '원인과 결과'라고 하는 그 원리를 체득해야 합니다. 자그마한 수박 씨앗 한 톨이 열매를 맺습니다. 내가 만든 원인과 결과를 믿지 않는 게 중생입니다.

많은 불서를 읽고 스님들을 만나고 절을 참배하는 것만으로 모든 것이 성취되는 게 아닙니다. 인과의 법칙을 깊이 느끼고 체험하지 않는다면 물에 뜬 거품을 만드는 꼴과 같습니다. 모양 있는 것, 말이 생긴 뒤에 나타나는 것을 진실인 양 믿어서는 안 됩니다.

내가 만든 원인에 따라 복락과 칼날의 길이 갈라진다는 이치를 믿어야 합니다.

　인과의 법칙은 한없이 고맙고 두려운 것입니다. 떨칠래야 떨칠 수 없는 인과의 원리를 똑똑히 보고 똑똑히 믿어야 합니다. 대우주와 법계의 살림살이에는 묘한 도리와 이치가 있는 것입니다. 인과의 원리를 알고 윤회를 벗어나는 일이 말로 되는 게 아닙니다. 주위의 자그마한 일에도 관심을 기울이고, 소홀히 해서는 안 됩니다. 부지런히 경을 읽으며 참회하고 기도하며 내 공덕으로 타인을 위해 축원하는 삶을 살아야 합니다. 공부하는 방법이 중요한 것이 아닙니다. 선각(先覺)이 이끄는 대로 경건하게 배우고 닦는 것이 중요합니다.

　근원으로 돌아가면 부처, 중생과 수많은 이름이 아무 소용이 없습니다. 그러나 허무의 '무(無)'는 아닙니다. 한없는 공덕과 지옥불이 함께하는 '무'입니다. 그런 무의 세계를 쳐다보며 소리 들으며 살아야 합니다. 대우주의 살림살이는 인간의 재주와 지혜, 상식으로는 그 실체를 파악하기 힘든 도리와 조화가 있습니다. 그래서 일상 생활 속에서도 경건한 몸가짐으로 긴장하며 살아야 하는 것입니다.

　더 이상 번뇌가 없이 편안하다는 극락은 우리가 생각하듯 즐거움만 있는 세상이 아닙니다. 모든 것이 구족(俱足)되어 있는 즐거운 세계라고 하는 것은 자기 입장에서 자꾸 원(願)을 세운 결과이지요. 고통과 상대되는 즐거움도 함께 떨어져 나간 세계, 그 곳이 바로 극락입니다. 중생에게는 제일 무서운 것이 물질욕과 감정의 응어리입니다. 이 응어리가 떨어져 나간 세계가 바로 대열반의 세계입니다.

　완전히 진리를 터득하고 진리와 하나 된 사람은 우리와 같이 살아도 생각 자체는 다릅니다. 시공 속에 놓인 몸뚱아리에 구속이 되지 않는 것입니다. 도와 진리를 깨친 맛은 도끼를 열두 번 씻은 맛과 같다고 합니다. 도의 세계는 그야말로 무색 무취의 경지에 놓여 있는 것입니다. 우리는 대우주 부모의 고마움을 느끼며 '고맙습니다. 고맙습니다.' 하며 살아야 합니다. 한번 더 눈을 돌이켜 감사의 생각을 일으킬 때, 지금 이 곳에 극락이 펼쳐집니다.

운제 스님

불고,
세상에서 가장 아름다운 분의
가장 아름다운 가르침

운제 스님

- 1922년 1월 25일 충북 괴산 生.
- 1937년 한재순 스님을 은사로 득도.
- 1942년 석왕사 강원 대교과 졸업, 1950년 동국대 사학과 졸업.
- 1957년 경북대 대학원 석사.
- 조선대, 건국대 교수 역임.
- 1988~1991년까지 태고종 총무원장 역임.
- 뇌허학술상, 서울시교육회상, 대한교련상, 국민훈장 목련장 수상.

아름다운 마음이 빚은 세계가 바로 극락입니다.

불교, 세상에서 가장 아름다운 분의 가장 아름다운 가르침

불법의 묘미는 진리를 보는 데 있다

불교는 다른 종교나 철학과 달리 세 가지의 명칭이 있으니 불교, 불법, 불도가 그것입니다.

사람은 누구나 정(情)과 지(知)와 의(意), 이 세 가지를 갖추고 있습니다. 정에는 아름다움을 찾는 심미적인 것이 있으니 이를 불교에서는 부처의 가르침이라 이르며, 여기에는 괴로움을 여의고 즐거움을 얻겠다는 종교적 목적이 있습니다. 이 세계에서 가장 아름다운 분이 부처님이고 그 분의 가르침이기에 불교라 하며 그 아름다움으로 창조된 세계가 극락입니다.

그러기에 부처님을 이렇게 찬송하였습니다.

천상천하무여불(天上天下無如佛)
시방세계역무비(十方世界亦無比)
세간소유아진견(世間所有我盡見)
일체무유여불자(一切無有如佛者)

하늘 위나 하늘 아래에 부처님이 가장 훌륭하여
모든 세계에 부처와 견줄 이가 없네.
세간에 있는 것 다 보아도
부처님만한 분이 없네.

무릇 불자라면 부처님은 가장 훌륭한 분이고, 그 분의 가르침인 불교야말로 제일의 종교임을 자각해야 합니다.

다른 종교에서는 종교와 철학은 다른 영역이라고 하지만 불교에서는 철학 없는 종교가 있을 수 없고 종교 없는 철학도 없다고 여깁니다. 그래서 종교적인 면에서는 불교라 하고 철학적인 면에서는 불법이라 하여 종교와 철학을 하나로 묶는 데서 불교의 묘미가 있으니, 이는 참을 찾는 가르침이기 때문입니다.

극락도 마음 쓰기에 달렸으니

다른 종교나 철학에서는 밖으로 진리와 구세주를 구하지만 불교에서는 안으로 자기의 마음을 떠나서 진리나 구원을 말하지 않습니다. '천경만론(千經萬論)이 지명일심(只明一心)'이라, 즉 '모든 경론들이 다 마음 밝히는 도리'라 하였으니 이를 전미개오(轉迷開悟)라 합니다. 진리가 내 마음 안에 있고 구원이 자기의 깨달음에 있다고 보니 이것은 자력교(自力敎), 즉 자기의 힘으로 깨닫는 종교라는 말입니다. 이를 간추려 말하면 인간 중에서 가장 완성된 분이 부처인데 부처란 마음을 깨달은 분을 일컫기에 그 분의 가르침에 의해 모든 사람이 깨달음을 얻을 수 있고 끝내는 부처가 될 수 있다는 말입니다. 그리고 그러한 깨달음에 의해 이루어진 세계가 가장 살기 좋은 세계, 즉 극락 세계인 것입니다.

그런데 극락 세계는 따로 있는 것이 아니라 내 마음 쓰기에 달려 있습니다. 부처를 이루어 극락 세계를 누리는 것도 나를 내놓고는 따로 없으며 중생의 경계에서 괴로움을 받는 것도 나를 내놓고는 없습니다. 그리고 극락 세계의 즐거움을 창조하는 것도 내 마음이고 지옥의 괴로움을 창조하는 것도 자기 자신입니다.

그러기에 중국 선종의 개창자 달마 대사는 형식 불교를 타파하여 양무제의 행위에 대해 "조금도 공덕이 없다[小無功德]." 하였고, 그래도 양무제가 깨닫지 못하자 양자강을 건너가 소림사에서 9년 동안 면벽을 하였습니다. 마침내 제자 혜가를 만났는데 그가 묻기를 "저의 마음이 불안합니다. 마음 편할 도리를 가르쳐 주소서." 하니 달마 대사의 대답이 "불안한 마음을 가져오너라. 마음을 편하게 해 주겠다." 하였습니다. 서양 사람들이 불안의 요인을 환경에 있다고 본 것과는 대조적입니다. 환경론은 외적으로 경계에 맡긴 데 반하여 불교는 내적으로 자기 마음에서 찾고 있습니다.

'마음을 가져오라'는 말을 들은 혜가는 마음을 찾아보았으나 마음이 분명히 있으면서도 찾아 낼 수가 없었습니다. 그래서 스승에게 사뢰기를 "마음을 찾아도 찾아 낼 수가 없습니다[覓不得]." 하니 달마 대사가 웃으면서 "이미 마음을 편하게 해 주었네." 하시는 거였습니다. 이 말에 혜가가 크게 깨달았다고 합니다.

'용'에 끌리면 자유를 잃는다

마음에는 체(體)와 용(用)이 있습니다. 우리가 슬픔을 느끼고 기쁨을 느끼는 것은 마음의 용 때문입니다. 마음의 체는 생(生)도 아니고 멸(滅)도 아닙니다. 그런데 우리는 용을 마음으로 여기고 체를 보지 못하는 데서 환경에 끌려 다닙니다. 환경이 하자는 대로 끌려가니 자유가 없는 것입니다. 용은 분명히 있는 듯합니다. 그러나 체는 생도 아니고 멸도 아니어서 말로 표현할 수 없고[言

語道斷], 마음으로 생각할 수 없습니다[心行處滅]. 여기서 마음을 찾을 수 없다 함은 마음의 체는 생이니 멸이니 있느니 없느니 할 수 없는 자리이기 때문입니다. 그러므로 혜가의 대답은 마음의 체를 본 것입니다. '마음의 용'을 '마음'이라 함은 중생이요, '마음의 체'를 '마음'이라 함은 부처와 조사들의 마음입니다. 마음의 용은 밖으로 환경에 매였으니 천차만별(千差萬別)로 달라지고 마음의 체는 안으로 일심(一心)이니 평등일여(平等一如)합니다.

이 마음의 체를 얻으려는 데서 참선을 하고 염불을 하고 기도를 하고 경을 보는 등 정진이 계속됩니다. 이를 수행이라 이릅니다. 이는 믿음이나 느낌으로 되는 것이 아닙니다. 오랜 수행을 요합니다.

자비행은 부처를 이루는 으뜸의 길

불도(佛道)의 도(道)란 길을 말하는 것이니 이는 가야 한다는 뜻입니다. 자비(慈悲)라는 말의 뜻은 알지만 이를 행하지 아니함은, 마치 배고픈 자가 입으로 밥을 외치는 것과 같으니 이를 설식기부(說食飢夫)라 합니다. 부처의 길을 입으로는 말하나, 몸으로 실천하지 아니하면 부처는 결코 되지 못합니다. 그래서 불'도'인 것입니다.

「삼국유사(三國遺事)」에 보면 백월산 2대 성인의 이야기가 있습니다. 백월산 남쪽에 어떤 수행자가 수행을 하고 백월산 북쪽에도 어떤 수행자가 있었습니다. 한 분은 지혜는 뛰어나나 자비심이 부족하고 한 분은 자비심과 지혜를 함께 갖추었습니다.

관세음 보살이 열심히 정진하는 두 분을 돕기 위하여 나타났습니다. 아름다운 처녀의 몸을 한 관세음 보살이 나물 바구니를 들고 남쪽 암자에 이르러 말하기를 "이웃 동네 여자인데 날이 저물어 길을 잃었습니다. 산중에는 호랑이 등 맹수들이 많으니 목숨이 위태합니다. 하룻밤만 재워 주십시오." 하니 남쪽 암자의 스님이 대답하기를 "당신 같은 젊은 여자와 있으면 내 마음이 흔들리기 쉽소. 호랑이 등 맹수의 문제는 당신의 문제요. 나는 파계하기 싫소." 하고 냉정하게 말하며 여자를 쫓아 버렸습니다.

관세음 보살이 생각하기를 '이 수행인은 파계하지 않겠다는 결심은 대단하지만 사람이 호랑이한테 물려가도 나만 온전하면 그만이라는 태도로 볼 때 자비심이 부족하구나.' 하고 생각하며 다시 여자의 몸으로 북쪽 암자에 이르러 똑같이 말합니다. 북쪽 암자의 스님은 '이 여인은 매우 어려운 처지에 있다. 이를 구원해 주어야겠다.' 하고 마음 속으로 생각하며 그 여인을 방 안에 들여 놓았습니다. 그렇다고 파계할 수는 없어 방 안에 선을 그어 놓고 밤새도록 정진을 하였습니다. 관세음 보살은 그 수행인의 자비심을 보고 한술 더 떠서 말하기를 "내가 아이를 낳으려 하니 산탕(産湯)물을 준비해 주시오." 하니 그 수행인은 흔들림 없는 마음으로 산탕물을 끓여 주었습니다. 곧 이어 암자는 목욕하는 여인의 향기로 가득 찼습니다.

이어 여인이 "목욕물이 남아 있으니 당신도 들어와 목욕하시오." 하여 목욕탕에 들어가니 몸과 마음이 기쁨으로 가득 차고 전신이 황금빛으로 바뀌었습니다. 그 순간 여인은 흔적도 없이 사라져 버렸습니다.

그 때, 남쪽 암자의 수행자가 생각했습니다. '나는 그 여자 때문에 파계할 뻔한 것을 면했지만 북쪽 암자 수행인은 틀림없이 파계하였을 것이니 내가 위로 겸 놀려 주어야겠다.'고 생각하며 북쪽 암자를 찾아가니 수행자는 보이지 않고 금빛 부처님만이 앉아 계셨습니다. 금빛으로 빛나는 부처가 된 수행자가 자초지종을 말하고 이르기를 "목욕하던 물이 남아 있으니 들어와서 목욕하시오." 하기에 남쪽 수행자도 그 목욕탕에 들어갔습니다. 그러나 물이 부족하여 반만 금빛 몸이 되었다고 합니다.

 지혜는 자리(自利)의 행이 주가 되고, 자비는 이타(利他)의 행이 주가 됩니다. 이 설화는 자리의 행도 중요하지만 이타의 행이 더 중요하고 실행하기 어렵다는 것을 보인 것이요, 어려운 자비행이 이루어지면 부처 이루는 것이 멀지 않다는 것을 보여 줍니다. 「지도론(智度論)」에 의하면 석가모니와 미륵의 관계에서도 지혜보다 자비가 부처를 이루는 중요한 길임을 보여 주고 있습니다.

 이상에서 불교는 부처의 가르침이고 불법은 부처의 가르침의 내용이고 불도는 부처가 되는 길임을 말하였습니다. 이를 불(佛)·법(法)·승(僧) 삼보라고 일러 삼위일체, 즉 셋이면서 하나이고 하나이면서 셋이라고 말합니다.

 불교 용어 중에 전기(轉機)와 전어(轉語)라는 말이 있습니다. 전기(轉機)는 마음을 돌리는 계기를 말하고, 전어(轉語)는 그러한 기회를 가져다 줄 말을 가리킵니다. 우리가 절을 찾고 법회에 나가서 법사를 뵙고 법문을 듣는 것이 바로 전기와 전어인 것입니다.

 다른 종교는 믿기만 하면 되지만 불교는 스스로 깨달음을 얻어 해탈에 이르러야 합니다. 그러기에 전기, 즉 중생적인 생활에서 부처의 생활로 전환하는 계기와 그러한 계기를 만들어 줄 전어가 필요한 것입니다.

 스님을 보고 스님들의 행위를 보고 신문이나 텔레비전을 보는 것, 법사의 말이나 고승의 이야기나 라디오 등을 듣는 것, 이 모든 것이 전기와 전어입니다. 그러기에 우리는 법회에 자주 나가서 법사의 말을 들으며 자기를 반성하고 자기가 부처임을 자각하여야 합니다.

오직 지은 대로 받을 뿐

또한 우리는, 이론적으로 알고 불교를 알았다고 생각하는 행태에서 벗어나야 합니다. 이웃을 위하고 민족을 위하고 인류를 위하여 실천하는 불교인이 되어야 합니다. 그러기 위해서는 동체대비의 입장에서 다음 몇 가지를 알아야만 바른 실천이 가능할 것입니다.

첫째, 인연의 도리를 깨닫자는 것입니다. 인연이란 자칫하면 숙명론으로 기울기 쉽습니다. 길거리에서 옷깃 한 번 스치는 것도 오백 생의 인연이라는 식으로 말입니다. 그런데 인연의 참뜻은 숙명론보다는 창조론에 가깝습니다. 다른 종교에서는 신이 모든 것을 창조하였다고 주장하지만 불교는 인연의 법칙에 의하여 모든 것이 창조된다고 보기 때문입니다.

인연의 인(因)은 주체니, 즉 자신을 말하고, 연(緣)은 조연(助緣)이니, 즉 인을 도와 주는 환경을 말합니다. 인과 연이 합하면 모든 일이 이루어지고 인과 연이 흩어지면 모든 일이 끝납니다. 그러기에 모든 일은 반드시 인연의 법칙에 의하여 이루어지고 흩어지는 것이지 우연으로 이루어지지 아니합니다.

인연의 주된 세력은 업(業)인데, 과거에 지은 업이 현재를 규정한다는 식으로만 보면 숙명론처럼 보이고, 현재와 미래를 말할 적에는 창조론의 근거가 됩니다.

부처님의 10대 제자 가운데 지혜 제일인 사리불은 본래 외도에 출가하였던 사람입니다. 그는 지성과 지혜가 뛰어났기에 외도의 가르침에 만족하지 못하여 그의 친우 목건련과 약속하기를 "누구든지 먼저 좋은 가르침을 만나면 서로 권하여 그 가르침에 들어가자."고 하였습니다. 어느 날 사리불에게 마승(馬勝)이라는 부처님의 제자가 와서 말하기를 "전생의 일을 알고 싶으면 금생에 받는 것이 그것이요, 내생의 일을 알고 싶으면 금생에 짓는 것이 그것이라."함을 듣고 감탄하기를 "이 말은 신의 창조를 인정하지 않고 내가 창조자임을 강조하는 동시에 창조의 원리로서 인연론이 제시되었음이다." 하고 목건련과 함께 불교에 귀의하여 사리불은 지혜 제일이 되고 목건련은 신통 제일이 되었다고 합니다.

 둘째, 인과의 법칙입니다. 모든 일에는 반드시 원인과 결과가 있습니다. 위에서 말한 인연이 횡으로 말한 것이라면 여기서 말하는 인과는 종으로 말한 것입니다. 우리 민족에게는 옛부터 인과론적 사고가 바탕에 깔려 있습니다. "아니 땐 굴뚝에 연기 나랴." 또는 "콩 심은 데 콩 나고 팥 심은 데 팥 난다."고 한 말에서도 그것을 엿볼 수 있습니다. 이러한 인과에는 동시(同時) 인과와 이시(異時) 인과가 있습니다. 동시 인과란 원인과 동시에 결과가 나타나는 것을 말합니다. 예를 들면 가게에 가서 돈을 주는 것과 동시에 물건을 사는 것과 같은 것입니다. 그러나 동시 인과만 있는 것이 아니라 이시 인과가 많이 있으니, 예를 들면 봄에 꽃이 피었다 떨어지고 가을에 열매 맺는 것과 같은 것입니다. 불교는 삼세를 주장하기에 현재의 인과도 알기 어렵지만 과거의 인과와 미래의 인과는 더욱 알기 어려운 점이 있습니다.

 미래 인과 중 금생(今生)에 지어서 금생에 받는 것을 순시(順時) 인과라 하고 금생에 지어서 내생에 받는 것을 순생(順生) 인과라 합니다. 금생에 지어서 금생에 받을지 내생에 받을지 모르는 것을 부정(不定) 인과라고 합니다.

 그러나 인연과 인과의 법칙은 없어지지 않아서 예컨대 백천 겁이 지나가도 없어지지 않았다가, 다시 인연을 만날 때에 인과를 받는다[假使百千劫 所作業不滅 因緣會遇時 果報還自受]는 사실을 명심해야 할 것입니다.

월/산/스/님

자기를 바로 보면
부처를 본다

월산 스님

· 1912년 5월 5일 서울 生.
· 1945년 선학원에서 동산 스님을 계사로 비구계 수지.
· 1948년 망월사 강원 대교과 졸업.
· 조계종 원로회의 의장, 법주사·불국사 주지 역임.
· 현 불국사 조실.

불법의 대의는 삶과 죽음에 집착하지 않는 데 있습니다.

자기를 바로 보면 부처를 본다

무엇을 불교라 할 것인가

이것이 무엇입니까.

이것을 보고 주장자라고 하면 이치에 어긋나고 주장자가 아니라고 하면 또 사변에 어긋납니다.

자, 대중 가운데 어느 분이든지 일어나서 이것이 무엇이라고 한 말씀 해 주시오. 주장자라고 하면 이치에 어긋나고 주장자가 아니라고 하면 사변에 어긋나니 무엇이라고 해야 하겠습니까.

대중들이 침묵을 하니 불가불 산승이 한 마디 안 할 수 없습니다.

월락철해중(月落鐵海中) 영생불멸(永生不滅)이라.

달이 철해(鐵海) 가운데 떨어졌다는 것입니다. 철해란 글자 그대로 철로 만들어진 바다란 말입니다. 그 철의 바다에 달이 떨어졌다는 것인데 그 달은 영원히 없어지지 않고 대천 세계를 비춘다는 말입니다.

이것은 바로 이 주장자를 설명한 것입니다. 주장자라고 하면 이치에 어긋났고 아니라고 한다면 사변에 어긋났다는 말은 철의 바다에 떨어진 달을 설명한 것인데 이것을 알아야 불교를 알게 되는 것입니다.

여러 불자님들은 불교를 잘 알고 있다고 생각할 것입니다. 그러나 누가 무엇이 불교냐고 물으면 어떻게 대답하겠습니까. 누가 명쾌히 '불교는 이것이다.' 하고 말할 수 있겠습니까. 그것은 실로 어려운 대답입니다.

평생 부처님의 가르침을 연구하고 또 절에 다니면서 법문을 듣고 하는데도 막상 불교가 무엇이냐고 물으면 대답을 못 합니다. 그럼 여기서 부처님 얘기를 해 보겠습니다.

나를 알면 불교를 알고, 불교를 알면 나를 알 수 있다

석가모니 부처님께서는 고해의 중생들에게 위없는 큰 법, 우주의 모든 것을 삼키는 진리를 가르치려고 이 사바 세계에 오셨습니다. 오셔서 처음 하신 말씀이 무엇입니까. 부처님은 한 손으로는 하늘을 가리키고, 또 한 손으로는 땅을 가리키며 눈으로는 사방을 둘러 보셨습니다. 그리고 사방으로 일곱 발자국 걸으시고 '천상천하 유아독존(天上天下唯我獨尊)' 이라 했습니다.

"하늘 위나 땅 아래에 오직 나 홀로 존귀하다." 이것은 무슨 말입니까. 이 세상에는 오직 나 홀로 존귀할 뿐이라는 이 소리는 대단히 큰 의미를 갖고 있습니다. 불교를 아는 첫 길이 바로 이 말씀 속에 있는 것입니다.

부처님이 말씀하신 '나' 라는 것은 곧 불교의 대의이기도 합니다. 자세히 말씀드리자면 나를 알아야 불교를 알고 불교를 알면 나를 알게 된다는 뜻입니다. 부처님의 가르침은 여기서부터 출발

하는 것입니다.

부처님은 또 무엇을 설하셨습니까.「아함경」을 12년 간 설하셨고 「방등경」을 8년 간 설하셨습니다. 그리고 21년 간은「반야경」을 설하셨고 나머지 8년 간은「법화경」을 설하셨습니다. 그러니까 모두 49년 간을 설하신 것입니다. 우주의 모든 진리를 49년 간 이런저런 경으로 설하셨습니다. 그렇다고 무슨 책을 써서 설하신 것은 아니고 그 법문의 내용을 묶은 것이 경이 됐을 뿐입니다.

그런데 부처님께서는 출가 이전부터 사유하는 법을 익혔습니다. 그리고 그 법을 가르쳤습니다. 출가 후에도 설산에서 사유를 게을리 하지 않았습니다. 그 사유가 곧 참선입니다.

자, 이제 불교가 무엇이냐고 물으면 대답할 수 있겠습니까. 일평생 절에 다니면서 법문을 듣고 경을 배우고 했는데 불법이 무엇이냐는 질문에 대답을 못한다면 그런 창피한 일이 어디 있겠습니까.

참선, 나를 바로 보는 길

불법을 모르고 목숨이 떨어져 죽으면 허둥지둥 갈 곳조차 모르게 됩니다. 죽은 후에 여러분은 어디로 가겠습니까. 그 갈 곳을 아는 것, 그것을 알려고 하는 것은 부질없는 일입니다. 부처님의 법을 배우고 도를 닦으면 죽은 후에 갈 곳은 훤히 다 보입니다. 눈에 보이는 것이 아니라 마음 속에 보입니다. 그래서 삶과 죽음에 집착하지 않게 되는 것입니다.

삶과 죽음에 집착하지 않는 방법이 있으니 그것이 바로 부처님의 사유법, 참선인 것입니다. 부처님은 사유를 하면서 생로병사의 고통을 아셨고 사유를 통해 그 고통을 훌쩍 뛰어넘는 길을 열어 보이셨습니다.

참선은 생각하는 것입니다. 이런저런 잡스런 것을 마구 생각하는 것이 아니라 몸을 단정히 하고 생각의 뿌리를 한 곳에 모아 진리의 본체를 밝혀 내는 생각을 하는 것입니다. 그러나 그게 어디 쉬운 일이겠습니까. 쉽지 않으니 차례차례 참선을 해 나가야죠. 집에서 부지런히 일하다가 가만히 앉아 생각하십시오. 무슨 생각이든지 하십시오. 조사들의 공안을 참구하며 화두 공부를 한다면 더할 나위 없이 좋을 것입니다.

방금 제가 여러분께 생각을 하는 것이 참선이다 했는데, 이제 그 생각을 생각하지 않는 것이 참선이라 말하겠습니다. 그것이 단계입니다. 마음은 고요합니다. 본래 아무런 소리도 없는 고요한 것인데 거기서 온갖 생각을 일으키고 잡념을 일으키는 것입니다. 본래 고요한 마음을 망상으로써 고통받게 하는 것입니다. 망상이 많고 고통이 많고 생각이 많은 사람은 부처님이 열 번이 아니라 백 번 나와도 제대로 교화받지 못합니다.

부처님은 마음을 고요히 하여 그 근본을 알아야 한다고 가르치셨습니다. 이렇게 쉽게 하는 공부가 또 어디 있겠습니까. 경을 많이 배우라는 것도 아니고 그저 고요히 앉아서 마음을 바라보라니, 이처럼 쉬운 공부가 어디 또 있겠습니까.

그러나 이 공부는 대단히 어려운 공부입니다. 앉아 있되 치열하게 자신과 싸우는 공부이며 고요하되 시끌벅적 마구니의 방해를 물리치는 공부입니다. 진리를 진리로 보지 않고 그 뿌리까지 뽑아 보는 공부인데 겉에서 보는 범부의 눈에 비치듯 그렇게 쉬울 까닭이 있겠습니까.

참선은 근본을 파고 들어가서 그 근본의 뿌리를 알아 내는 것입니다. 내 자신이 어디서 왔느냐. 그 근본을 알아야 하는 것입니다.

여러분, 자기를 바로 보는 이 공부를 참선이라고 말하고 자기를 바로 보았다면 그것은 곧 부처의 법을 보았다고 하는 겁니다. 다시 말해 자기가 부처임을 알아 내는 것입니다. 이것이 불법 수행의 대의요, 기초입니다. 자신과 부처가 따로 있는 것이 아닙니다. 자기 스스로 망상을 일으켜서, 자기 스스로가 모든 죄를 만들어서 고통을 받는 것입니다. 자신의 고통을 누가 안겨다 준 것은 아니란 얘기입니다.

자신이 누구냐 하는 문제는 실로 중요한 것입니다. 방금 말했듯이 부처인 자신이 왜 이 범부의 삶에 얽매여 있느냐를 생각해야 합니다. 스스로가 부처임을 깨닫지 못하고 스스로를 번뇌와 망상의 쇠사슬로 묶어 범부의 삶으로 얽어 매고 있는 것입니다. 그러니까 스스로가 부처임을 깨닫는 일이 가장 중요한 것이란 결론을 낳게 되는 것입니다.

달마 대사가 면벽한 뜻은

내가 누구인가 하는 근본을 알고 나면 모든 것이 환해집니다. 그러니까 대중 여러분은 집에 있을 때나 차 타고 어디 갈 때나 항상 고요히 근본이 무엇인가를 사유하십시오. 그러면 알아집니다. 그런데 중요한 것은 부처님께서는 그 길만 가리켰다는 것입니다. 그 길을 가는 것은 자신이라는 사실을 잊지 마십시오.

마음을 고요히 하여 자꾸자꾸 멀리멀리 가야 합니다. 부처님께서 가르치신 그 길을 향해 뒤돌아보지 말고 자꾸자꾸 나아가란 말입니다.

그렇게 나아가는 데 있어 누군가의 도움을 받아야 한다면 받아야 합니다. 홀로 가는 길은 자칫 비뚤어진 곳으로 갈 수도 있으므로 바른 길로 인도해 줄 사람이 필요합니다. 그 사람은 스승일 수도 있고 도반일 수도 있고 형제 자매일 수도 있습니다.

선지식을 찾아가는 것도 좋은 방법입니다. 선지식은 먼저 깨달아 진리를 아는 사람이니까요. 우리가 보통 친견한다고 하는 말을 쓰는데 선지식을 찾아가 의논해 묻는 것이 친견입니다.

선지식은 어떻게 공부했으며 어떤 경험을 했는지 그리고 어떤 경지에 이르렀는지를 들어 공부에 도움을 받는 것은 진리의 길을 빨리 가는 방법인 것입니다. 그러니까 부지런히 마음을 닦고 또 부지런히 선지식의 이야기에 귀 기울이다 보면 진리의 묘체, 내가 무엇인가 하는 고민이 확연히 해결된다는 것입니다.

달마 대사는 인도에서 중국으로 건너와 소림굴에서 9년 간 면벽좌선을 했습니다. 그것도 부처님을 등지고서 참선을 했는 데 그 의미는 무엇이겠습니까. 달마 대사가 등진 것은 부처님이 아니고 부처님의 말씀이었습니다. 부처님과 그 말씀을 등진 까닭은 또 무엇이겠습니까. 또 달마 대사는 열반에 들어 철관에 넣어져서 묻혔는데 그는 철관을 뚫고 나왔다고 합니다. 그 법력이 놀랍지요.

그런데 정작 우리가 놀라야 할 사실은 대사가 신발 한 짝을 철관에 놓아 두었다는 것입니다. 왜 신발 한 짝은 들고 나오고 한 짝은 남겨 놓았을까요. 왜 그렇게 했겠습니까. 대사가 열반한 뒤 3년 후에 해체했을 때 시신은 없고 신짝 하나만 덩그러니 놓여 있는 모습을 보고 그 때 사람들은 무슨 생각을 했겠습니까.

달마 대사의 행적은 그 자체가 무량한 설법입니다. 그 행적들의 의미를 찬찬히 들여다보는 것도 큰 공부가 됩니다. 조사의 뜻을 알아 내는 것은 간화선으로 가능합니다. 팔만대장경을 다 공부해서 되는 것도 아닙니다.

거듭 강조하거니와 자신의 마음자리를 들여다보면 달마의 행적이 갖는 의미도 다 알 수 있는 것입니다. 신발 한 짝을 남겨 놓은 달마의 마음과 그 의미를 참구하는 나의 마음이 하나가 되면 진리의 실상은 저절로 드러나게 됩니다.

사유하는 자세, 참선하는 삶을 유지해 나가며 자신이 부처임을 깨닫고 부처의 가르침을 자기화하려는 노력을 끊지 말아야 합니다. 문필가, 역사가, 또 무슨 이름도 소용이 없습니다. 아들딸이 많아도, 돈이 많아도, 벼슬이 높아도 소용이 없습니다. 스스로 깨달음의 경지에 오르지 못하면 한낱 범부의 삶을 벗어나지 못할 뿐입니다.

이 뭣고

여러분은 '나도 언젠가는 죽을 것이다.'는 생각을 얼마나 자주 하십니까. 나는 안 죽는다. 영원히 산다고 우겨댈 사람은 없을 것입니다. 10년 전의 내 모습과 지금의 내 모습이 다르듯이 10년 후의 모습 또한 다를 것입니다. 변하고 또 변해서 결국에는 무덤으로 가는 겁니다. 사람마다 빨리 죽고 늦게 죽는 차이가 있을 뿐 결국은 죽어 가는 것이 정한 이치입니다. 그러면 사람은 죽어서 어디로 갈 것인가. 인간의 최대 관심사가 바로 이 문제일 것입니다. 사람은 죽어서 업을 따라 갑니다.

극락 세계는 어디에 있는가. 아는 분이 있습니까. 서쪽에 있지요. 동쪽이 아닌 서쪽의 극락 세계에 가려면 서쪽으로 가야 합니다. 왜냐하면 극락이 서쪽에 있기 때문입니다. 자, 이제 자꾸자꾸 서쪽으로 나아갑시다. 참선을 하는 사람은 부처님께서 '천상천하'라 하셨으니까 하늘을 쳐다 볼 때는 더없이 높게 보고, 땅을 볼 때는 한없이 깊게, 사방을 볼 때는 끝없이 멀리 보아야 합니다. 그런 큰 마음으로 '이 뭣고'하며 참선을 해야 합니다. 그것이 우리가 서쪽으로 훨훨 나아가는 길입니다.

다시 말하거니와 마음을 닦으면 불법이 무엇인가를 알 수 있습니다. 불법을 알기 위해서는 먼저 자기부터 알아야 합니다. 이 산승이 줄곧 어떻게 해야 불법을 알 수 있겠는가를 말했으니까 이제 여러분께 불법이 뭔가를 말씀해 드려야겠군요.
 자, 잘 들으시오. 내 말을 잘 들으시오.
 "무엇이 불법의 고요하고 고요한 큰 바다냐. 안동 소주는 40도더라."

일/타/스/님

법(法)의 문(門)으로
드는 비결은
오로지 비운 마음

일타 스님

- 1929년 9월 2일 충남 공주 生.
- 1942년 고경 스님을 은사로 통도사에서 득도.
- 1949년 통도사 강원 대교과 졸업.
- 1951년 천화율원에서 율학 수업, 전통 율맥을 이음.
- 1971년부터 해인총림 율원장, 율주, 금강계단 교수아사리가 되어 후학 양성.
- 현 은해사 조실, 조계종 원로회의 의원.

자력의 기도, 자력의 참선이면 저절로 복이 찾아듭니다.

법(法)의 문(門)으로 드는 비결은 오로지 비운 마음

요행수 바라는 기도는 업장만 두껍게 한다

올바른 기도란 쉽지 않습니다. 수십 년을 절에 다닌 신도들조차도 요행수를 바라며 기도를 하는 경우가 많습니다. 그러나 기도에는 요행수가 통하지 않습니다. 같은 햇빛 아래에 있다고 할지라도 형상이 바르면 그림자가 바르고, 형상이 길면 그림자도 길고, 형상이 짧으면 그림자도 짧은 것입니다. 이처럼 불보살의 광명정대한 자비는 언제나 중생의 정성과 함께 하지만, 중생은 요행수를 바라고 기도를 하는 일이 많습니다.

심지어 "측신(厠神)에게 기도를 하면 재수가 좋다."는 말을 들으면 변소에 밥을 가져가서 기도를 하고, 아무개가 쪽집게라고 하면 만사를 제쳐놓고 그 곳을 찾아가 점을 보기도 합니다. 사실은 신(神)이 내린 용한 점쟁이라 할지라도 '내'가 아는 것 이상은 모릅니다. 하다 못해 '내'가 잠재 의식 속에서라도 알고 있는 것이라야지, 점을 보러 가는 '내'가 전혀 모르는 것을 알아 낼 재간은 없습니다. 그들이 전혀 모르는 것을 안다고 하는 것은 그냥 넘겨

짚어서 하는 말입니다. 그러므로 헛된 것에 의지하여 현혹되어서는 안 됩니다.

적어도 불자라면 부처님께서 강조하신 것처럼 자력(自力)으로 기도를 해야 합니다. 요행수를 바라고 하는 기도는 마음에 때를 끼게 하고, 언젠가는 사도(邪道)로 빠져들게 만들어 버립니다. 이렇게 되면 진실한 불법은 십만 팔천 리 밖으로 달아나 버리고, 업장이 맑아지기는커녕 더욱 두터워질 뿐입니다.

그러므로 진성연기의 뜻을 바로 알아서 요행수를 떠난 자력의 기도를 하고 자력의 참선을 해야 합니다. 그렇게 하면 업장은 저절로 맑아지고 복은 저절로 찾아들게 마련입니다. 불가에 전해지고 있는 중국 당나라 때의 무착 문희(無着文喜 : 820~900) 선사와 문수 보살(文殊菩薩)과의 일은 자력의 기도, 자력의 참선이 무엇인가를 잘 알 수 있게 하는 대표적인 예입니다.

문수는 네 문수, 무착은 내 무착

무착 스님은 출가하여 문수 보살 기도를 하였습니다. 그러다가 스님은 문수 보살의 진신(眞身)을 친견하기 위해 항주에서부터 오대산(五臺山, 일명 淸涼山)까지, 걸음을 옮길 때마다 온몸을 내던지는 오체투지(五體投地)의 절을 하며 갔습니다. 마침내 오대산 금강굴 부근에 이르렀을 때 한 노인이 소를 거꾸로 타고 오다가 말을 걸었습니다.

"자네는 어떤 사람인데 무엇하러 이 깊은 산중에 앉아 있는가?"
"예, 문수 보살을 친견하러 왔습니다."
"문수 보살을 가히 친견할 수 있을까?"

말 끝에 노인은 그 순간과는 전혀 어울리지 않는 질문을 던졌습니다.

"자네 밥 먹었는가?"
"안 먹었습니다."
"순 생짜로군."

그리고는 소를 타고 가 버리는 것이었습니다. 무착 스님은 노인이 범상치 않은 분임을 느껴 뒤를 따라갔습니다. 얼마쯤 가니 금색이 휘황찬란한 절이 나타났습니다.

"균제야."

노인이 시자를 부르자, 시자는 뛰어나와 소를 받아 매었습니다. 잠시 뒤에 차가 나왔는데 다완(茶椀)은 모두 보석으로 만들어졌고, 차를 마시니 몸과 마음이 형언키 어려울 정도로 상쾌해졌습니다.

'세상에 이런 차가 있다니.'

혼자 감탄하고 있는데 노인이 물었습니다.

"자네 어디서 왔는가?"
"남방에서 왔습니다."

노인은 찻잔을 들고 다시 물었습니다.

"남방에도 이런 물건이 있는가?"
"없습니다."
"이런 물건이 없다면 무엇으로 차를 먹는가?"
"말법비구(末法比丘)가 계율을 지켜 유지합니다."
"대중의 수는 얼마나 되는가?"
"혹 삼백 명도 되고 오백 명도 됩니다."

무착 스님은 노인의 질문에 왠지 싱거운 생각이 들어 되물었습니다.

"여기서는 불법을 어떻게 주지합니까?"
"범부와 성현이 함께 살고 용과 뱀이 뒤섞여 있느니라."
"여기의 대중은 얼마나 됩니까?"

"전삼삼 후삼삼(前三三後三三)."

대중의 수를 물었는데 앞도 삼삼이요, 뒤도 삼삼이라니. 무착 스님으로서는 도무지 알 수 없는 말뿐이었습니다. 그럭저럭 날은 저물어 가고 무착 스님은 노인에게 하룻밤 자고 가기를 청하였습니다.

"염착(染着)이 있으면 잘 수 없다."

마음에 번민과 집착이 있는 사람은 여기에서 쉬어 갈 수 없다는 것이었습니다. 노인은 다시 물었습니다.

"자네 계행(戒行)을 지키는가?"

"예, 어릴 때부터 시작하여 지금까지 잘 지키고 있습니다."

"그것이 염착이 아니고 무엇인가? 자네는 여기서 잘 수가 없네."

닦아도 닦음이 없고 지켜도 지킴이 없는 경지에 들어가야 하는데 아직도 애써 지켜야 하는 단계에 있으니 염착이라고 한 것입니다. 노인은 시자인 균제를 시켜서 무착 스님을 배웅하게 했습니다. 밖으로 나오면서 절 이름을 물으니 '반야사(般若寺)'라고 하였습니다. 그리고 전삼삼 후삼삼이라고 한 노인의 말을 도저히 이해할 수 없어 동자에게 물었습니다.

"동자여, 내가 대중의 수효를 물었는데 앞도 삼삼이요, 뒤도 삼삼이라 하셨으니, 그 뜻이 무엇입니까?"

"대덕(大德)아!"

"예."

"이 수효가 얼마나 되느냐?"

무착 스님은 그 뜻을 이해할 수 없어 법문을 청했습니다.

"동자여, 나를 위해 법문을 해 주시오."

면상무진공양구(面上無嗔供養具) 구리무진토묘향(口裡無嗔吐妙香)
심내무진시진보(心內無嗔是珍寶) 무구무염즉진상(無垢無染卽眞常)

성 안 내는 그 얼굴이 참다운 공양구요
부드러운 말 한 마디 미묘한 향이로다.
깨끗해 티가 없는 진실한 그 마음이
언제나 한결같은 부처님 마음일세.

막망상호참선(莫妄想好參禪) 부지종일위수망(不知終日爲誰忙)
약지망중진소식(若知忙中眞消息) 일타홍련생불탕(一朶紅蓮生沸湯)

쓸데없는 생각 말고 부지런히 참선하라.
날마다 하루 종일 누굴 위해 바쁠 건가.
바쁜 중에 한가로운 소식을 알면
한 그루 연꽃이 끓는 물에 피리라.

이 노랫소리를 듣는 순간 크게 깨달은 무착 스님이 고개를 들어 보니 저 멀리 보이던 절은 씻은 듯이 보이지 않았습니다. 스님은 오대산에서 돌아온 뒤에 공(空)과 색(色)이 화합되도록 열심히 공부를 하여 도인이 되었습니다. 그리고는 젊은 스님들이 도인이 되는 것을 뒷바라지하기 위해 공양주(供養主)를 자청했습니다.

하루는 큰 가마솥에다가 죽을 끓이는데 갑자기 솥에서 상서로운 광명이 나타나더니 문수 보살이 연꽃처럼 피어 올랐습니다. 이전에 꿈에도 그렸던 문수 보살이 나타난 것입니다. 이 광경을 지켜 본 대중들이 절을 하면서 경탄하였지만, 무착 스님은 주걱으로 문수 보살의 뺨을 후려치면서 소리쳤습니다.

"문수는 네 문수요, 무착은 내 무착이니라."

그러자 죽의 방울방울로부터 천만의 문수 보살이 나와 허공을 가득 채웠고, 무착 스님은 닥치는 대로 주걱으로 쳤습니다. 이에 문수 보살은 자취를 감추며 일러 주었습니다.

　　미삼대겁수행(彌三大劫修行) 환피노승혐의(還被老僧嫌疑)
　　고호연근고(苦瓠連根苦) 감고철체감(甘菰徹蒂甘)

　　내가 삼대 겁을 수행하였건만
　　오늘 노승의 혐의를 입고 돌아가는구나.
　　쓴 박은 뿌리까지 쓰고
　　단 참외는 꼭지까지 달구나.

때가 되면 해는 저절로 뜬다

무착 선사는 진성연기를 알아서 완전히 공(空)과 더불어 상응하였기 때문에, 내 마음 이외에 나타나는 것은 모두 사(邪)임을 알고 허공 속의 문수 보살을 주걱으로 치면서 물리쳤던 것입니다. 진정 수행인이 온전히 공을 체득하게 되면, 그의 일거수 일투족(一擧手一投足)에는 아무런 조작도 없게 될 뿐 아니라 아무런 걸림도 없게 됩니다.

산하대지(山河大地)가 나와 더불어 한 뿌리를 이루고 천지만물이 나와 더불어 한 몸이 되어서, 천진난만한 세계로 그냥 돌아가게 됩니다. 또 이런 경지에 들어가면 티끌 수와 같이 많은 세계가 그대로 진여(眞如)한 모습을 나타냅니다.

참 마음자리의 공무(空無)를 체득하여 어떠한 걸림도 없게 되는 것! 이것이 기도를 비롯한 각종 수행의 끝입니다.

부처님을 돌로 만들었든 쇠로 만들었든 나무로 만들었든 기도하는 사람에게는 아무런 상관이 없습니다. 오직 요행수를 바라지 않고 지극한 정성을 들이면 모든 업장이 소멸되고 복은 저절로 생기게 됩니다.

  신앙심, 곧 타력(他力)에 너무 깊이 의존하면 마침내는 자기의 속까지 빼 주게 되므로, 타력 신앙을 통하여 일정한 경지에 이르게 되면 오히려 이를 경계해야 합니다.

  "하늘은 스스로 돕는 자를 돕는다."는 말이 있듯이, 기도인은 반드시 자력(自力)을 가지고 타력(他力)을 믿어야 합니다. 곧 타력에 의지할지라도 진성연기의 도리를 분명히 알고 의지해야 하는 것입니다.

  이것이 기도 소원을 이룰 수 있게 하는 비결이요, 기도를 통하여 해탈에 이르는 요긴한 가르침입니다.

  법문을 들을 때는 모름지기 모든 생각을 비우고 들어야 합니다.

> 속효심도 내지 말고
> 나태심도 내지 말라.
> 슬금슬금 가다 보면
> 해돋을 때 아니올까.

  이 옛 노래는 인생살이에 대한 큰 교훈을 담고 있습니다. 부지런히 간다고 하여 해가 빨리 뜨는가? 아닙니다. 느릿느릿 간다고 하여 해가 늦게 뜨는가? 아닙니다. 해는 뜰 때가 되면 저절로 뜹니다. 그러므로 어떠한 일을 함에 있어 조급증도 품지 말고 게으름도 부리지 말라는 것입니다. 이 원리는 법문을 들음에 있어서도 그대로 적용됩니다.

  깨달음은 조급함이나 게으름과 함께 하지 않습니다. 그렇다면 무엇과 함께 하는가? 텅 빈 마음과 함께 합니다. 마음이 완전히 비어 있을 때 법문은 온전히 나의 것이 됩니다. 번뇌의 구정물이 꽉 찬

곳에 맑은 물을 부어 보십시오. 물의 탁한 기운이 묽어지기는 하겠지만 역시 구정물이 될 수밖에 없듯이, 잡된 생각으로 가득 찬 마음에 법문을 담으려고 하면 제대로 담기지 않는 법입니다. 그러므로 먼저 마음을, 곧 모든 번뇌 망상을 비우라고 한 것입니다.

실로 법문을 들음에 있어서는 나에게 맞는다는 생각이나 맞지 않는다는 생각, 못한다는 생각까지도 비워야 합니다. 법문을 잘 한다 못 한다, 재미있다 재미없다는 생각도 모두 번뇌 망상이기 때문입니다. 이와 같은 번뇌 망상들을 완전히 비울 때 감로의 법문이 고스란히 담기게 되는 것입니다.

진정한 법문은 말로 설명하고 귀로 듣는 것이 아닙니다. 빈 마음으로 설하고 빈 마음으로 듣는 것입니다.

법문을 들을 때 일어나는 생각은 아무리 좋은 생각이라 하더라도 번뇌 망상에 불과합니다. 이를 분명히 자각, 마음을 비우고 법문을 듣게 되면 깨달음의 기연은 반드시 찾아들게 마련입니다. 이것이 법(法)의 문(門)을 열고 법의 집 안으로 들어가는 요긴한 비결입니다.

똑같은 법문을 듣고 어떤 사람은 도를 깨치는데 어떤 사람은 도를 깨치지 못합니다. 어떤 사람은 태양과 같은 광명을 뿜어 내고 어떤 사람은 더욱 암담해지기도 합니다. 독을 만들 것인가, 젖을 만들 것인가? 보리(菩提, 깨달음)를 이룰 것인가, 생사를 이룰 것인가?

그 열쇠는 각자가 쥐고 있습니다. 마음 가득 번뇌 망상을 담고 말만 배우고자 하거나 지식 충족의 수단으로 법문을 듣는다면 생사 이외에는 이루어 낼 수 있는 것이 없지만, 스스로가 온전히 마음을 비우고 법문을 들으면 틀림없이 깨달음을 이룰 수 있습니다. 부처님과 모든 선지식이 한결같이 말씀하셨듯이, 모름지기 마음을 비우고 법문을 듣도록 합시다. 머지않은 날, 틀림없이 깨달음이 찾아들 것입니다.

지/종/스/님

실천 없이
금강반야바라밀경을 지니는 것은
부처님 속이는 일

지종 스님

· 1922년 4월 21일 生.
· 1938년 법안 스님을 은사로 득도.
· 백양사 주지, 정광학원 이사장 역임.
· 현 불갑사 조실, 조계종 원로회의 의원.

내 육신이 공한 것을 알게 되면 모든 집착에서 벗어나게 됩니다.

실천 없이 금강반야바라밀경을 지니는 것은 부처님 속이는 일

뜻대로 마음대로 할 수 있는 도리

많은 신도들이 읽고 외는 「금강경」에 대해 말씀드리기 전에, 법문을 듣고 그것을 마음에 새겨 부처님의 진리를 깨치는 것이 우리가 해야 할 일이라고 먼저 말씀드리고 싶습니다.

물론 법문만 듣는 것은 우리에게 아무런 이득이 없습니다. 여법히 이 「금강경」의 도리를 받아 실천해야 됩니다. 부처님께서는 이 「금강경」의 가르침대로만 할 것 같으면 성불 못 할 사람이 없고 복 안 지을 사람이 없다고 했습니다. 뜻대로 마음대로 할 수 있는 도리가 그 가운데 있다는 말씀입니다.

맨 처음 이 경의 이름을 지을 때 부처님께서 「금강경」이라 하셨는데 그 뜻이 무엇이냐고 물으니 이것은 곧 반야바라밀이 아니기에 이미 반야바라밀이라고 말씀하셨어요. 어째서 반야바라밀이 아니냐고 하니 이름과 모습에 끄달리지 말라는 뜻에서 그렇다는 거예요. 다만 문자에 따라 해석하자면 반야는 지혜를, 바라밀은 저 언덕에 이른다는 뜻을 지닌다고 설명하셨어요.

지금 우리가 가장 많이 하는 걱정이 뭐예요. 먹고 입는 것 아닙니까? 그럼 아무 걱정이 없으려면 어떻게 해야 합니까. 그건 간단합니다. 공부를 열심히 하고 부처님 뜻을 따르면 극락 세계에 가는 겁니다. 극락 세계만 가면 아무것도 걱정할 일이 없어요. 거기엔 추위도 더위도 아무 걱정할 것도 없고 사철 좋은 꽃이 피고 향긋한 바람이 부는 이상적인 세계예요.

그런 경지에 이르는 경이 「금강경」이란 말입니다. 마음을 닦아서 탐진치 삼독과 번뇌 망상을 떼어 버리고 오직 모든 중생을 내 몸과 같이 여기라는 것입니다. 모든 중생을 부처님과 같이 섬기라는 말이지요. 그러나 그런 마음을 갖는 것은 부처님의 마음을 지니지 않고서는 할 수 없지 않아요? 그렇기 때문에 그런 마음을 가지는 것이 바로 생사를 멸하고 모든 것을 자유자재할 수 있는 도리입니다. 그래서 이 「반야바라밀경」만 지니고 있으면 행복할 수 있고 큰 공덕이 된다고 하시는 겁니다.

나부터 향기로워지는 것이 금강반야바라밀

그런데 이 경만 지니고 앉아 있으면 공부가 됩니까. 그 뜻을 알고 전하는 것이 큰 공덕이 되는 것이지요. 어째서 큰 공덕이 되는가 하면 탐진치 삼독이 다 떨어져 중생이나 축생이나 본래의 근본 자리를 회복하기 때문입니다.

부처님이 49년 동안 설법을 하셨지만 "또한 내가 설한 바가 없다."고 최후에 가서 말씀하신 적이 있습니다. 말에 끄달리지 말라는 뜻이겠지요.

세상에는 한량없는 무수한 중생이 있습니다. 삼악도가 그대로 남아 있어요. 부처님 법문 듣고 그대로 다 따랐다면 삼악도가 다 없어지고 중생계도 없을 겁니다. 그래서 이 곳이 바로 불국토가 될 수 있었을 것입니다.

그런데 그저 법문만 들으면 공덕이 된다는 생각만 갖고 실제로는 공부도 안 하고, 공덕도, 복도 짓지 않고 아무것도 안 했어요.

반대로 우리가 법문을 듣고 탐진치 삼독 고뇌를 다 털어 버리고 다른 모든 사람을 부처님 같이 여기고 나와 한 몸뚱이 같이 여겨 보세요. 이런 사람에게 무슨 불행이 있겠습니까. 한량없는 행복만 계속될 것입니다. 결국 우리가 부처님 뜻을 하나도 제대로 이행한 적이 없었기 때문에 중생은 그대로 남아 있고 삼악도도 삼악도대로 남아 있어요. 그래서 이 세계는 부처님 정법과 멀어지고 오직 탐진치 삼독만 꽉 차 있는 것이죠. 그러니 언제 이 세계가 극락정토가 되겠느냐는 말입니다.

석가모니 부처님이 이 세상을 떠났을 때 모든 사람들이 슬피 울었어요. 그러나 부처님은 마지막에 살생하지 말라, 거짓말 하지 말라, 도둑질하지 말라, 간음하지 말라, 술먹지 말라는 다섯 가지 계율을 말씀하시며 법을 항상 그대들의 스승으로 삼으라고 하셨어요. 또 내 육신 덩어리는 없어지지만 나는 항상 너희들과 함께 있다고도 말씀하셨어요.

바로 이 뜻을 이어 실천하고 공부하면서 산다면 부처님을 속일 수가 있느냐 이 말입니다. 이것은 곧 내 마음을 속이는 것이니 부처님을 속이는 것과 다를 바가 없는 것입니다. 부처님께서 거짓말 하지 말라고 하셨는데 자신의 영리를 위해 남을 속이고 중상 모략하는 그런 엄청난 거짓말을 하는 사람들이 너무 많지 않아요? 자신을 위해 남을 짓누르고 속이는 일을 지금도 우리 불자들이 하고 있으니 이것이 어찌 부처님을 속이는 것이 아니겠어요. 일시적인 자기 영리를 위해서 부처님을 속이고 자기가 자기 마음을 속이기 때문에 어마어마하게 무서운 업을 짓게 됩니다. 그러니 이 세계가 불국토가 될 수 없는 것입니다.

이 곳을 맑고 향기 나는 세계가 되게 하기 위해서는 개개인의 마음부터 정화해야 합니다. 부처님의 지혜를 받아 항상 우리 마음을 정화시킬 줄 알아야 참으로 「금강경」의 도리를 알 수 있게 될 것입니다. 일체의 행동거지를 그렇게 한다면 금강반야바라밀의 뜻이 그 안에 있기 때문에 이것이 올바른 「금강반야바라밀경」임을 알게 되는 것입니다. 알면서 실천하지 못하면 그건 금강반야바라밀의 가르침이 아닙니다. 그냥 거짓 경이고 거짓 법문일 뿐입니다.

스스로 터득해 행할 때, 금강반야바라밀은 비로소 보물이 되는 겁니다. 그런 이에게나 「금강반야바라밀경」이라 이름할 수 있는 겁니다.

이 세상이 곧 화탕 지옥이자 극락

마음자리는 형체가 없습니다. 그러나 보고 듣고 기분 나쁘면 짜증내고 화내는 이런 마음이 일어나지 않아요? 형체가 없는 그 마음자리가 이 우주 법계를 삼켰다 뱉었다 하는 겁니다. 마음이 형체가 있다면 이 우주를 못 삼켜요. 형체가 없기 때문에 이 우주를 한숨에 들이켰다 뱉어 버릴 수 있는 겁니다. 그 마음, 신령스런 그 마음자리를 보면 「금강경」의 도리를 알 수 있습니다. 우리는 모든 형상에 집착하고 있습니다. 고려 자기가 좋아서 그것을 재현하려 하지만 그게 됩니까.

공에서 만들어졌다 공으로 다시 돌아가 버리니 현상계는 전부 형체나 음성으로 구할 수 있는 것이 아닙니다. 내 육신부터 공한 것임을 알아야 합니다. 죽을 때는 소중한 재산, 자손 모두 다 내던지고 가장 소중한 내 몸뚱이까지 내던지고 가지 않아요. 그러니 내 것이라 집착할 것이 도무지 없죠. 그러나 마음자리는 공하지 않기 때문에 이 몸뚱이 있을 때 지은 업을 뒤집어쓰고 가게 됩니다. 염불을 하고 공부를 열심히 했으면 극락 세계에 갈 반야용선을 탈 것입니다.

죽을 때 무엇을 가져갈 수 있는지 곰곰이 생각해 보세요. 돈, 명예, 이름 그런 거 가져갈 수 있어요? 아무것도 못 가져가요. 그런데 가져갈 수 있는 것이 있어요. 그게 바로 공덕이에요. 열심히 공덕 지으면 반드시 그 마음자리를 가져갈 수 있다 그 말입니다.

그래서 부처님께서는 탐진치 삼독을 버리라 하신 거예요. 그런데 우리 인간들은 그걸 모르고 지나친 욕심으로 인해 과보를 받아요. 결국 화탕 지옥밖에 더 가겠어요. 그런 곳에 안 가려면 부처님의 법에 따라 살아야 해요. 부처님 법을 따르는데 형무소나 재판소 따위가 왜 필요하겠어요. 다 부처님 뜻을 거역하고 자신이 자기 마음을 속였기 때문에 이런 것이 생기는 것 아니겠어요.

「금강경」은 현상계 모든 것이 다 실체가 없어서 공한 것이라는 도리를 가르치고 있습니다.

요즘 세상이 많이 무서워졌다고들 하지요. 왜 이렇게 됐습니까. 다 자기 욕심을 앞세우기 때문이에요. 우리가 언제까지 이런 세상을 살아야 하겠어요? 그렇지 않으려면 우리가 법문을 듣고 공부를 하고 기도를 하고 마음을 닦는 길밖엔 없어요. 이렇게 열심히 마음을 닦고 공덕을 쌓아 보세요. 그러면 다시 좋은 세상에 태어날 수 있습니다. 그런데 한순간 잘못하면 이 세계가 극락 세계가 아니라 화탕 지옥이 될 수 있습니다. 이거 얼마나 무서운 일입니까.

항상 자신을 돌아보라

요즘 젊은 불자들이 한 목소리로 부르짖는 것이 우리 대한민국도 한번 맑고 향기 나는 세계로 만들어 보자는 것이라 알고 있어요. 그렇지만 구호로만 되는 게 아니예요. 마음부터 정화해야 합니다. 입으로만 정화하는 것이 무슨 소용이 있겠어요. 돌아서면 쓸데없는 생각과 욕심으로 꽉 차 버리고 쉽게 짜증내고, 화내고, 일하기 싫어하고, 다른 사람 미워하고 그러니 어떻게 맑고 향기 나는 세계를 만들 수 있겠어요. 그러다가 다시 부처님 앞에 서면 그러지 말아야겠다고 참회하고 또 돌아서면 언제 그랬느냐는 듯이 삿된 생각으로 자신을 어지럽히는 악순환이 계속되지요. 자꾸 돌이켜보세요. 자신을 반성하세요. 그것이 바로 공부예요.

듣고 실천하지 않으면 금강반야바라밀은 금강반야바라밀이 아닙니다. 실천하지 않는데 무슨 소용이 있겠어요. 그러나 근본 바탕 우리의 마음자리에서는 「금강반야바라밀경」이 자성 가운데 있어서 그것을 알기 위해 공부하고 깨우치면 그것이 곧 「금강반야바라밀경」이 되는 겁니다.

우리 노보살님들 이 세상을 떠날 밥상을 받아 놓고 있으니 참으로 답답하지요. 보따리를 가지고 갈 것인지 다 털어 버리고 갈 것인지 고민도 되고요. 그런데 문제는 보따리에 나쁜 것만 싸 가지고 가면 어떻게 되겠어요. 참으로 무서운 일이에요.

나도 잘 때마다 내가 지금 뭐하고 있나 자문자답을 합니다. 오래된 돌덩이 화단에 가져다 놓으면 보기에나 좋지만 이놈의 몸뚱이 어디에 씁니까. 죽은 몸뚱이 결국 여기저기서 썩다가 자신이 지은 업대로 가요. 이런 것을 생각한다면 정신 바짝 차리고 공부하고 공덕 짓고 복 짓고 해야 돼요.

마지막으로 한 가지만 더 얘기하죠. 우리 신도님들 종파에 관계없이 그저 아무 절이나 잘 다니지요? 일본과는 다르게 한국 신도들은 참으로 너그러운 편이에요. 그저 부처님만 있으면 된다고 생각합니다. 그러나 중요한 것은 부처님을 찾는 것이 아니라 부처님 뜻을 따르는 것입니다.

　서로 도우면서 선덕을 짓고 모두가 잘 살도록 최선을 다하는 것, 그것이 부처님이 말씀하신 불국토를 이루는 길입니다.

　모두 성불하세요.

진/제/스/님

사견에 떨어지면
대도(大道)를 구할 수 없다

진제 스님

· 1931년 2월 21일 경남 남해 生.
· 1952년 석우 스님을 은사로 해인사에서 득도.
· 1955년 통도사에서 자운 스님을 계사로 구족계 수지.
· 1952년 해인사 강원 대교과 수료.
· 1971년 해운정사 창건.
· 1991년~1992년 선학원 이사장 역임.
· 현 해운정사 금오선원, 동화사 금당선원 조실.

사견에 빠지면 한평생 닦아도 나아감이 없습니다.

사견에 떨어지면 대도(大道)를 구할 수 없다

사견에서 벗어나야 무심 경계로 진일보

　대도를 구하려면, 무엇보다도 마음가짐이 중요합니다. 이 위대한 진리는 헤아릴 수 없이 광대무변하고, 거기에는 온갖 시비와 장단, 형형색색의 것이 다 끊어지고 없습니다. 그렇듯 다 끊어진 그 자리를 잡으려고 하고 알려고 하니 얼마나 힘이 들겠습니까. 허공을 잡으려는 것과 같이 힘든 일입니다.

　그러면, 그렇게 힘든 그 자리를 어떻게 해야 증득할 수 있겠습니까. 대신심과 하늘을 찌를 듯한 용맹심을 갖춘 이에게는 세수하다가 코 만지는 것과 같이 쉽겠지만, 신심이 없고 정법 정안(正法正眼)의 인연이 없는 사람에게는 하늘의 별 따기와 같이 어렵습니다.

　누구라도 크나큰 신심을 갖추어서 먼저 깨달은 이가 지도하는 것을 받아들여 옆을 보지 아니 하고 그대로 행해 나간다면, 어려움 없이 바로 진리의 문에 들어갈 수 있습니다. 그러나 사견에 빠져서 독불장군처럼 공부한다면, 일생을 닦고 여러 생을 닦는다 해도 아무 진취가 없는 법입니다.
 이 위대한 진리는 모든 언어와 사량(思量), 분별(分別)이 끊어진 자리인 만큼, 사견에서 진일보해야만 무심경계(無心境界)를 향해 나아갈 수 있는 것입니다. 그렇다면 우리가 어떻게 해야 대도의 무심경계에 들어갈 수가 있겠습니까.

불안한 마음을 가져 오너라

 달마 대사께서 인도에서 중국으로 건너오셔서 선법(禪法)을 펴려고 하시는데, 상응(相應)하는 자가 없고 따르는 자가 없었습니다. 그래서 할 수 없이 소림굴에 들어가 묵언 면벽하시다가, 9년 만에야 법을 전해 줄 그릇을 만나셨으니, 그분이 바로 신광(神光) 스님입니다.
 신광 스님이 발심 출가하여 대도의 진리를 아는 사람을 만나기 위해 넓은 중국 천지를 찾아 헤매었지만 도를 아는 이를 만날 수가 없었습니다. 그러던 중에 어느 한 곳을 찾아가니,
 "소림굴에 9년 동안 벽만 관(觀)해 온 한 바라문이 계시는데 그 분이 아마 도를 아시는 것 같소. 그리로 한번 찾아가 보시오."
하고 달마 대사께 인도해 주는 이가 있었습니다.
 그래서 소림굴을 찾아갔는데, 달마 대사께서는 인기척이 있어도 돌아보시는 바 없이 오로지 벽만 관하고 계셨습니다.
 신광 스님이 예배를 올리고는,
 "부처님의 위대한 진리를 알고자 해서 이렇게 찾아왔습니다."
하고 말씀드렸는데도, 달마 대사께서는 돌아보지를 않으셨습니다.
 추운 겨울, 온 산천에 눈보라가 치고 살을 에는 듯한 한풍이 몰아칠 때였습니다. 그러한 가운데 신광 스님은 소림굴 앞에서 합장을 하고 서 있었는데, 눈이 밤새도록 와서 허리까지 쌓였습니다.

눈이 허리까지 쌓였을 정도면 보통 사람 같으면 참을래야 참을 수 없는 혹한입니다. 그러나 신광 스님은 그 모든 고통을 능히 신심으로 극복하고, '대도의 진리를 알아야겠다.'는 간절한 일념에서 그렇게 몸뚱이를 내던지고 서 있었던 것입니다.

달마 대사께서는 하루 밤낮이 지나고 나서야 한 번 돌아보시고는 신광 스님이 허리까지 눈이 쌓였는데도 합장을 하고 요지부동으로 서 있는 것을 보셨습니다. 그제서야 정면으로 돌아앉으셔서,

"그대는 어찌 왔는고."

하고 물으셨습니다.

"부처님의 위대한 진리를 알고자 해서 왔습니다."

"부처님의 위대한 진리는 광대겁(廣大劫)의 한량없는 세월을 두고 부지런히 정진해서, 행하기 어려운 것을 능히 행하고 무한 고통을 이긴 다음에야 성취하는 것인데, 너희같이 신심 없는 무리가 어찌 얻을 수 있겠느냐."

부처님의 위대한 진리를 알려면, 설사 밤낮으로 합장한 채 눈이 허리까지 쌓이도록 서 있었다 해도, 그만한 신심 가지고는 어림도 없다는 말입니다.

그 말 끝에 신광 스님이 옆구리에 차고 있던 칼을 빼서 한쪽 팔을 끊어 바쳤습니다. '신명(身命)을 내던지고 간절한 마음으로 부처님의 위대한 법을 구합니다.' 하는 발심(發心)을 표시한 것입니다.

달마 대사께서 '그만하면 됐다.' 싶으신지 그 때서야

"너의 의심처가 있으면 물어라"

하셨습니다. 그러자 신광 스님이 말씀드리기를,

"제 마음이 항시 불안하오니, 이 불안한 마음을 좀 편하게 하여 주십시오."

하고 여쭈었습니다.

불안한 마음은 신광뿐만 아니라 모든 중생이 다 갖고 있는 것입니다.

"불안한 마음을 가져 오너라."

달마 대사께서 대뜸 이렇게 말씀하시는데, 신광 스님은 불안한 마음을 찾으려고 애를 썼지만 찾을 수가 없었습니다. 그래서,

"아무리 찾아도 불안한 마음을 찾을 길이 없습니다."

하니, 달마 대사께서 큰 소리로 이르셨습니다.

"이미 마음을 편안케 하였느니라."

여기서 신광 스님의 마음이 활짝 열렸습니다.

이렇게 상통이 되어 달마 대사는 신광을 제자로 받아들이고, '정안(正眼)의 지혜를 인정한다.' 하여 '혜가(慧可)'라는 법호를 내리셨습니다.

여러분도 잘 알다시피 바로 이 혜가 스님이 달마 대사의 법을 이어 동토(東土)의 전등(傳燈) 제2조가 되신 분입니다. 이와 같이 신명을 내던지고 간절하게 일념으로 진리를 구할 것 같으면 대도의 문에 들어갈 수가 있는 법입니다.

진실된 마음이 아니면 백발이 되도록 앉아 있어도 무소득

우리가 일생 동안 참선을 해도 안 되는 원인은 일념으로 구하지 않는 데 있습니다. 그렇기 때문에 앉아 있으면 온갖 쓸데없는 궁상, 망상만 찾아들어 결국 허송 세월하게 되는 것입니다.

'금생에 반드시 이 일을 해결해야겠다.'는 각오로 간절하게 화두를 참구할 것 같으면, 시간이 흘러도 흐르는 줄을 모르고, 옆에서 아무리 시끄럽게 떠들어도 그 소리를 듣지 못하며, 앉아 있어도 앉아 있는 것까지 잊어 버리게 됩니다. 오직 화두 한 생각뿐입

니다.

 그 한 생각, 화두 일념이 흐르는 물과 같이 지속될 것 같으면 천 사람 만 사람이 다 진리의 눈을 뜨게 되는 법입니다. 그러니 이 위대한 진리를 깨닫기 위해서는 마음 자세부터 확고히 정립해야 합니다.

 일도양단으로 모든 반연을 다 끊어 버리고, 몸뚱이에 병이 있고 없고, 잘 먹고 못 먹고 하는, 그러한 소소한 관심도 다 버리고, 생애의 모든 생각을 오로지 화두에 쏟아야 합니다.

 그렇게 하면 다른 생각이 일어날래야 일어날 수가 없고 붙을래야 붙을 것이 없습니다. 모든 잡념은 다 끊어져, 바늘로 살을 찌르면 온 신경이 거기에 집중되듯이 화두가 아주 강도 있게 집중되고, 다른 사람이 봐도 '저 사람 등신 같다.', '혼이 나간 사람 같다.'고 할 정도로 화두에 푹 빠지게 됩니다.

 이러한 시간이 며칠이고 몇 달이고 몇 년이고 간단 없이 흐르다가 시절 인연이 도래하면 화두가 타파됩니다. 만사를 잊은 가운데 화두 일념이 흐르는 물과 같이 지속되다가 시절 인연이 도래하면 화두 당처가 드러나게 된다는 말입니다.

 소한·대한이 닥쳐와 살갗을 에이는 한풍이 불지만, 이 시기가 지나가고 훈풍이 불어 오면 그 혹독하던 추위는 자취조차 없어지고, 훈훈한 봄바람에 만물이 생장하게 됩니다. 화두 공부도 진실하게만 지어 가면 이러한 자연의 이치와 똑같은 것입니다.

 그런데 참구하는 학인들이 그렇게 진실하게, 마음에서 우러나오는 참구를 하지 않기 때문에 10년을 하고 30년을 해도 일념 현전이 되지 않고 견성을 못 하는 것입니다. 마음에서 우러나오는 화두를 뼈에 사무치도록 챙길 것 같으면, 지겨운 것도 없고 시간이 흐르는 줄 모르는 가운데 결제 석 달이 잠깐 사이에 지나가게 됩니다.

그런데 내가 여러 곳에서 선방 수좌들을 데리고 살다 보면, 어떤 이들은 석 달이 지겨워서 발광을 합니다. 그것은 공부하는 사람의 자세가 아닙니다. 앉아서 화두를 참구한다고 해 보아야 흉내나 내고 있는 것입니다. 그러한 발심 수행으로는 백발이 되어도 아무 소득이 없습니다. 그래서 결국, 시은(施恩)만 잔뜩 지고는 죽음에 다다라서 한탄만 하게 됩니다.

그러니 여러 대중은, 진짜 발심을 해서 견성하기 위한 중노릇을 하고 있는가, 그렇지 못하고 하루하루 밥만 축내는 중노릇을 하고 있는가, 스스로 마음 자세를 점검해 보고 발심 또 발심해야 합니다.

바보가 되어라

우리가 세상 일을 다 저버리고 절집에 와서 중노릇을 하는 것은 부모를 위해서 하는 것도 아니요, 남을 위해서 하는 것도 아닙니다. 오로지 자기 자신을 위한 선택인 것입니다.

마음 가운데 가지가지의 반연과 갈등은 다 놓아 버려야 합니다. 그러한 거짓된 것을 벗어 던지지 못할 것 같으면 이 공부는 한 발짝도 앞으로 나아갈 수가 없는 법입니다.

금생에는 '반드시 견성하리라.'는 작심을 하여 사람 노릇하는 것을 포기한 채 어느 곳에서나 바보가 되어야 합니다. 어느 곳에서나 바보가 되어 버리면 걸음걸음 생각생각이 화두뿐입니다. 마음 가운데 화두 한 생각뿐이면 힘들 것이 하나도 없습니다. 그 때는 결제·해제에 상관이 없고, 먹고 사는 것도 관여치 않으며 자기 몸뚱이까지도 다 잊어 버리게 됩니다. 이러한 시간이 흘러야 대도의 문에 가까이 갈 수 있고, 필경에 대도의 문을 활짝 열어젖힐 수 있습니다.

그러니 공부는 먼저 마음 자세부터 선을 분명하게 그어야 합니다. 그렇게 하지 않으면 10년 중노릇을 하나, 30년을 하나, 백발이 될 때까지 하나, 그 장단이 그 장단입니다.

보살님네, 처사님네도 마찬가지입니다. 이절 저절 전국 방방곡곡을 헤맨다고 해서 복이 쏟아지는 것도 아니고, 공부가 잘 되는 것도 아닙니다.

'내가 할 일은 오로지 마음의 광명을 찾는 일뿐이다.'는 절대 부동의 마음 자세에서 모든 허세를 다 벗어 던지고, 모든 반연을 다 끊어 버리고, 화두를 참구하는 법을 바로 배워서 일상 생활 가운데 꾸준히 익혀 가야 합니다.

어쨌든 가정을 가졌으니 아들딸 뒷바라지는 해야 할 것이고 가정을 거두어야 하나, 그러한 세간살이 가운데서라도 화두를 놓치는 바 없이 간절하게 참구해야 합니다. 그리하면 마음 가운데 모든 습기(習氣)와 허점이 소멸되어 갈 것입니다.

'가고 오고 말하는 이것이 무엇인고.' 이 몸뚱이를 지배하는 참 주인공이 있어서, 일상의 생활 가운데 가고 오고 말하고 부르면 대답하고 오늘 이 자리에서 이렇게 법문을 듣고 있습니다. 그런데 이렇게 쓰고 있으면서도 거두어 얻지 못하고 알지 못하니, 참으로 분하고 어리석은 노릇이 아닙니까.

일념으로, 뼈에 사무치고 오장육부를 찌르는, 그러한 의심을 짓고 화두를 챙길 것 같으면 자신도 모르는 사이에 공부가 무르익습니다. 모든 잡념은 물러가고 화두 한 생각만 또렷이 드러나게 된다는 말입니다.

가나 오나, 밥을 지으나, 청소를 하나, 직장일을 하나, 잠을 자나 일체처(一切處) 일체시(一切時)에 '이것이 무엇인고.' 하는 화두 한 생각만 또렷해지게 되면, 다겁다생에 지어온 모든 습기가 다 녹아 없어져 버립니다.
 이러한 경계가 오면 스님네도 깨달을 수 있고, 보살님네도 깨달을 수 있고, 처사님네도 깨달을 수 있습니다. 깨닫지 않을래야 깨닫지 않을 수가 없습니다.

큰 그릇이 되어야 대도에 드는 법

 부처님 법은 어디 달나라나 천상 세계에서 가져 오는 것이 아닙니다. 개개인의 흉금 속에 본 마음자리가 다 있어서, 중생의 마음자리나 부처님이나 조사의 마음자리가 터럭만큼의 차이도 없이 똑같습니다. 그런데 미혹한 중생이 알지 못하는 고로 쓰지 못하니 답답하기 짝이 없습니다.
 우리가 부지런히 정진하여 마음자리를 보게 되면, 부처님과 똑같은 경지를 수용하게 됩니다. 그리 되면 모든 부처님과 역대 도인들께서 베풀어 놓으신 겹겹으로 쌓인 공안에 막힘이 없습니다.
 그래서 선지식은, 참구하는 학인들이 점검받으러 오면, 고인들의 공안 법문을 들어서 시험해 봅니다. 이 때, 바로 깨친 이라야 동쪽을 물으면 동을 가리키고, 서쪽을 물으면 서를 가리키는 법입니다.
 동문서답을 하는 이는 진리의 문에 들지 못한 것입니다. 진리의 눈이 열리지 못한 사람은 동서남북을 가릴 수 없기 때문에, 문답이 상통하지 않고 항시 혼돈이 되어 딴 소리를 합니다.
 그러한 소견은 사견일 뿐, 이 대도로 들어서는 데는 아무런 힘이 안 됩니다. 사견에 떨어져 버리면 금생만 낭비하는 것이 아니고 나고 날 적마다 사견의 굴레에서 헤어나기 어려운 법입니다. 그렇기 때문에 참구하는 학인은 항시 선지식을 의지해서 탁마 받고 지도 받아 바른 지견(知見)을 정립해야만 합니다.
 만약 잘못된 사견이 있어서, 선지식이 아니라고 한다면 즉시 놓을 줄 아는 큰 그릇이어야 대도에 가까운 인연이 되는 법입니다. 혹여 이 대도를 행해 나가는 데 있어서 자신의 마음 자세에 허점은 없는지 한 번 점검해 보고, 밤새 뼈에 사무치게 화두를 참구해 보기 바랍니다.

철웅 스님

문 밖에 봄이 오니

꽃이 난만하다

철웅 스님

· 1932년 10월 20일 경남 양산 生.
· 1942년 연세대 철학과 중퇴.
· 1945년 우봉 스님을 은사로 출가.
· 현재 파계사 성전암에 주석.

물질이 있다는 꿈만 깨면 죄와 병과 죽음의 꿈도 스스로 사라진다.

문 밖에 봄이 오니 꽃이 난만하다

이미 본지 풍광(本地風光)이 다 나타나 있거늘

운기남산(雲起南山)
주래 운기남산면(晝來雲起南山面)
야래 암후수죽성(夜來菴後修竹聲)
도인상봉가가소(道人相逢呵呵笑)
춘조남남수제간(春鳥喃喃水際間)

낮이면 구름 일어나는 남산을 보고
밤이면 암자 뒤 대 소리를 듣는다.
도인이 서로 만나 한바탕 웃으니
봄새들은 물가에서 지저귀더라.

무문관(無門關)에 청세고빈(淸稅孤貧)이란 공안이 있는데 그 유래가 이러합니다.

조산(曹山) 스님께 청세(淸稅)라는 중이 와서 물었다. "저는 외롭고 가난합니다. 큰스님께 한 턱 대접받기를 바랍니다." 이에 조산 스님께서 "세사리(稅闍梨)야!" 하고 불렀다. 청세가 "예!" 하고 대답하자 조산 스님께서 "청원(靑原) 땅의 백가주(白家酒)를 세 잔이나 마시고도 아직 입술도 젖지 아니했다고 하느냐?" 하고 이르셨다.

(曹山和尙 因僧問云 淸稅孤貧 乞師賑濟 山云 稅闍梨 稅應諾 山曰 靑原 白家酒 三盞喫了 猶道未沾脣)

조산 스님은 19세에 출가하여 당 함통(咸通) 초 선종이 번창할 때 동산 양개(洞山 良价) 화상에게 지도를 받고 법을 이었습니다. 이름은 본적(本寂)이고 시호는 원증(元證)인데, 천복(天復) 원년 63세로 입적했습니다. 양개 선사와 함께 조동종을 창설한 선사이기도 합니다.

이 공안에서 '청세'라는 중이 "제가 가난하고 외로우니 나를 푸짐하게 대접해 달라"고 하자, 조산 큰스님께서 "청세야!" 하고 불렀고 청세는 "예!" 하고 대답했습니다.

자, 여기에 묻는 자는 누구이며 답하는 자는 누구입니까? 이곳에서 이미 본지풍광(本地風光)이 다 나타났습니다. 무한한 풍요가 이미 다 이루어져 있는 것입니다. 더듬거리고 생각하면 어긋난다는 말입니다.

이 도리를 일러 조산 스님께서는 "청원땅 백씨 집에서 만든 천하의 명주를 이미 다 마시고도 입술이 젖지 아니했다고 하느냐." 하고 청세를 향하여 갈파하신 것입니다.

무문 스님께서는 "빈사범단(貧似范丹)이나 기여항우(氣如項羽)라

활계수무(活計雖無)나 감여투부(敢與鬪富)로다." 하고 송(頌)하셨습니다.

"가난은 '범단(范丹:儒·佛·仙 三敎을 다 통한 대학자였으나 가난하기 짝이 없었다.)'과 같고 기운은 '항우(項羽)'와 같다. 활계(活計)는 없지만 감히 부와 맞서네" 하고 노래한 것입니다.

어리석음은 만 가지 고통을 부른다

일체 중생의 모든 불행은 '치심(痴心)'에서 비롯됩니다. 자기의 본성이 '부처'인 줄 모르고 자기와 남을 분리해서 탐심을 일으키고, 자기의 욕구가 이루어지지 아니하니 진심(嗔心)을 내어 상기(上氣)를 일으키는 것입니다.

물은 머리에 있고 불은 배꼽 아래 단전에 있어야 건강한데, 불이 머리에 올라가고 물이 배꼽 아래에 있으니 이것이 바로 병입니다. 생사의 원인이 바로 여기에 있는 것입니다.

중생은 두 가지의 꿈을 꾸니 하나는 물질이 있다는 꿈이요, 둘째는 죄와 병과 죽음이 있다는 꿈입니다. 죄업과 병고와 죽음에서 벗어나려면 먼저 물질이 없다는 사실을 깨달아야 합니다. 물질이 있다는 꿈만 깨면 죄와 병과 죽음의 꿈은 스스로 사라지게 되는 것입니다. 이것이 해탈과 구제의 원리입니다.

부처님을 대의왕(大醫王)이라 합니다. 세상의 의사들은 병이 실재한다고 굳게 믿고 치료를 시도합니다. 그러니 일체 병의 근본은 치료할 수 없는 것이 당연합니다. 성인(聖人)들은 모든 병과 죄업의 실재를 인정하지 아니합니다. 오직 부처뿐이라는 위대한 신념만 가지고 있는 것입니다. 일체(一切)가 유심조(唯心造)라 마음 먹는 대로, 믿는 대로 밖으로 나타나는 것입니다.

일체의 공함을 보면 실상을 본다

우리는 한 생애 동안 물질과 사람 두 가지를 관리하면서 살아갑니다. 그러니 눈만 뜨면 문제에 부딪치게 됩니다. 우리의 의식이 이율배반(二律背返)으로 이루어진 때문입니다. 선과 악이 공존하는 데서 문제가 있는 것입니다. 이 모순된 의식이 세상을 건립하는 것입니다. 그러나 이 이원성(二元性)이 본래 공한 줄을 깨달아 마음을 비우면 바로 입신(入神)의 경지에 이르러 부처와 내가 하나가 되어 천당과 극락세계의 실상을 보게 되는 것입니다.

법화경 자아게(自我偈)는 이 실상 세계의 광경을 이렇게 그리고 있습니다.

"현상계가 겁진(劫盡)하여 대화(大火)에 불타듯이 보일지라도 나의 국토 실상 세계(實相 世界)는 항상 안온하고 천은(天恩)이 충만하다. 제당각(諸堂閣)에는 갖가지 보배로 장엄하고 중생이 유락(遊樂)하고 천인이 기악을 연주하고 천고(天鼓)를 치며 만다라화를 중생과 부처에게 뿌리더라."

고인(古人)들이 이르시기를 "약능신득가중보(若能信得家中寶)하면 제조산화일양춘(啼鳥山花一樣春)이라." 하셨습니다.

'만약 내 속에 있는 보배를 믿어 얻으면, 지저귀는 새소리와 꽃들이 다 한 가지 봄[春]이다.'는 말입니다.

일불(一佛), 이불(二佛), 천만불(千萬佛)이 각각 안횡비직(眼橫鼻直)입니다. 한 부처, 두 부처, 천만 부처가 각각 눈은 가로 하고 코는 곧게 서 있다 하셨습니다.

인다사치(人多邪痴)하고 마강법약(魔强法弱)한 이 어려운 시대에, 조석으로 자성을 직관하면 일구월심(日久月深)해서 타성일편(打成

一片)할 시절이 옵니다. 그때 미운(迷雲)이 사라지고 홀연히 고향에 돌아갈 것입니다.

불조일거무소식(佛祖一去無消息)
문외춘래화난만(門外春來花爛熳)

신(哂)

부처와 조사께서 한 번 가신 뒤 소식이 없더니
문 밖에 봄이 오니 꽃이 난만하다.

빙그레 웃다!

청/하/스/님

아집의 우물에 빠지면
불법의 대해에 들 수 없다

청하 스님

· 1927년 10월 4일 生.
· 1946년 1월 15일 월하 스님을 은사로 득도.
· 조계종 제2, 3, 5, 6대 중앙 종회의원 역임.
· 현 영축총림 통도사 부방장, 조계종 전계대화상.

발심할 때가 결제요, 성불할 때가 해제입니다.

아집의 우물에 빠지면 불법의 대해에 들 수 없다

발심할 때가 결제, 성불할 때가 해제

  천지자(天地者) 만물지역여(萬物之逆旅)
  광음자(光陰者) 백대지과객(百代之過客)

  우주라 하는 것은 만물이 다 쉬어 가는 객사요
  세월이라는 것은 백 년 동안 쉬어 가는 나그네일 따름이라.

  부생약몽(浮生若夢) 위환기하(爲歡幾何)

  뜬구름 같은 인생 마치 꿈과 같으니 즐거움으로 삼을 것이 얼마나 되겠는가?

  꿈과 같은 이 사바 세계에서 잠시 쉬는 동안에 자기 자신의 본래 면목(本來面目), 하늘과 땅이 나뉘어지기 이전, 자기 어머니 뱃

속에서 나오기 이전의 참나의 본래 면목은 무엇인가?

이 소식을 알았으면 여러분들은 오늘 뜻 깊은 날이지만 이 소식을 미처 깨닫지 못했으면 더욱더 용맹정진하셔야 합니다. 결제, 해제가 따로 있는 것이 아닙니다. 발심할 때가 결제요, 성불할 때가 곧 해제인 것입니다. 이것은 우리가 하나의 요식으로 '해제' 했다고 해서 본래 면목의 일을 마치는 것이 아닙니다.

세상의 법으로는 도저히 알 수도 없고 이해할 수도 없고, 생각으로도 전혀 알 수 없는, 자기의 본래 면목이라는 것은 물건이나 물체가 아니기 때문에 형상으로 나타날 수도 없고, 눈으로 볼 수도 없기 때문에 공부를 잘 했는지 못 했는지, 얼마나 그 경지가 향상되었는지, 겉으로 보아서는 알 수가 없습니다.

자증자득(自證自得)이라, 자기 스스로 깨닫고 자기 스스로 얻어야지 무슨 물체가 있어서 나타나는 것도 아니며, 일찍이 알 수 없는 도리이기 때문에 여러분 스스로가 과연 삼계를 초출(超出)하고 자기 본래 면목을 증득했는가를 자기 자성에게 회광반조(廻光返照)해서 깊이 통찰하고 반성해야 할 것입니다. 시간이 많이 경과했다든지, 안거를 많이 했다든지 하는 형식에서 이 같은 것을 얻는 것이 아닙니다.

스스로 깨닫지 않으면 부처님과 조사도 어쩔 수 없다

육조 스님은 나무를 베어 팔고, 방아를 찧어 가면서도 자기의 본래 면목을 증득했습니다. 부처님이 마하 가섭에게 전한 '이심전심(以心傳心), 교외별전(敎外別傳), 삼처전심(三處專心)'이 다 형상이 없기 때문에 여러분들께서는 스스로 정진하시어 대오 각성하셔야 합니다. 자기가 깨닫지 못하고 자기가 노력하지 않으면 삼세의 모든 부처님이 오셔도 어쩔 수 없고, 역대의 모든 조사가 출현해도 어쩔 수 없는 것입니다. 그렇기 때문에 「금강경」에 이르기를 '과거심 불가득, 현재심 불가득, 미래심 불가득'이라 했습니다. 가히 얻는다고 하나 본래 얻을 것도 없는 것이라 했습니다.

본래 좌선이라는 것은 육조 혜능 스님으로부터 내려오는 조계 문중의 이심전심에서 비롯된 것입니다. 육조 스님께서는 상이 있는 의발을 전해 받은 분이지만 스님께서는 의발을 전하지 않았습니다. 왜냐하면 상에 끄달리는 중생이 형식에 집착해 파벌이 생기고 그로 인해 과오가 생기므로 형식을 전하지 말고 이심전심하라는 것입니다. 그래서 육조 스님 이후에는 의발을 전하지 않고 있습니다.

선문에서는 설교보다는 '불립문자' '견성성불'을 주장하고 있습니다. 따라서 많은 설교를 부정하고 있습니다만 몇 가지 주된 법문을 소개하면 임제 조계 법문인데, 임제의 할과 덕산의 30방입니다. 즉 모든 물음에 대해 알아도 30방, 몰라도 30방입니다. 조주의 다(茶), 즉 조주 스님에게 법문을 청하는 모든 이에게 '차나 한 잔 마시게.' 하여 법문이 끝나는 것입니다. 이렇게 하나로써 본래 그 자리를 말하고 있습니다.

"부모님의 몸에서 태어나기 이전에는 어떤 것이 본래의 참 모습인가[父母未生前 如何是本來面目]."

이를 깨달으면 모든 것이 끝나지만, 그렇지 않으면 우리는 계속해서 수행을 해야 합니다.

또 불교에서는 유위법과 무위법을 말하는데, 형식·형상·모양이 있는 것을 유위법이라 합니다. 세상의 법은 모두 이 유위법인 것입니다. 불교에서는 이 유위법으로 공부하는 것이 아닙니다. 보이지 않는 것, 형식이나 형상이 없는 무위법으로 공부합니다. 법도 무위법이요, 설법도 무설인지라, 설하는 것으로 알아야 하지만 설하지 않는 것으로도 알아야 합니다.

　이 몸도 본래 없는 곳에서 왔지 있는 곳에서 온 것이 아닙니다. 괴로움 또한 우리 자성에 있는 것이 아닙니다. 생로병사도 없는 것인 바 우리는 '무'를 깨달아야 합니다. 무라는 것은 없다는 것이 아니고 공한 것입니다. 허공은 비어 있지만 진정 비어 있는 것은 아닙니다. 그래서 진공묘유를 말하는 것입니다. 이 무라는 것은 볼래야 볼 수 없고 들을래야 들을 수 없는 것입니다. 그렇다고 멀리 있는 것이 아니며 마음 속에서 맴돌고 있습니다.

언제, 어디든 계시는 부처님

　법계선근이라는 것은 무엇입니까? 즉 「화엄경」에서 말하는 것처럼 삼라 만상이 비로자나의 몸체입니다. 우리는 그 속에서 살고 있습니다. 「화엄경」의 해인 삼매라는 것은 우리가 말하는 바다가 아니고 바다와 같이 깊고 한량없는 삼매를 말하는 것입니다. 지구는 부처님의 비로자나 삼매 속에서 살고 있는 것입니다.

　그래서 비로자나 부처님의 광명을 받아서 문수 보살로부터 보현 보살로 회향할 제, 보현 보살은 비로자나 부처님의 대변자인 것입니다. 비로자나 부처님의 광명을 받아서 삼매에 든 보현 보살이 설법을 하시는 것입니다.

　선재 동자는 어째서 발심을 했습니까? 이웃에 똑같이 일곱 살 먹은 동자가 셋이 있었는데 일 주일 간격으로 두 사람이 죽고 이번에는 선재 동자가 병을 얻어 죽을 날이 며칠 남지 않았습니다.

　사람의 목숨이라는 것이 그렇습니다. 수없이 많은 사람을 죽음으로 떠나 보냈고 앞으로도 그럴 것입니다. 1백 년 후쯤에는 지금 살아 있는 사람들 중 남은 사람은 거의 없을 것입니다.

　그 때는 여러분이 어디에 가 계실까요. 여러분은 살다가 늙고,

늙어서 병들고 죽는 이 생사의 늪에서 참으로 부처님의 비로자나 전신, 그 법성체에 귀의할 뿐만 아니라 생사를 초월한 진여에서 살지 않으면 다시는 이 생사의 윤회에서 벗어날 길이 없습니다.

그래서 「화엄경」에는 육신의 세계, 형상의 세계, 무상의 세계를 떠나서 부처님의 해인 삼매 속, 부처님의 지혜의 바다에서 영겁토록 죽지 않는 삼막삼보리를 증득하라는 것입니다.

선재 동자는 문수 보살의 설법을 듣고 발심해서 부처님의 법계에서 부처님의 크고 넓은 진리를 구하고, 생사의 바다에서 헤엄쳐 무생법인을 이루게 되는 것입니다.

그래서 화엄산림의 회향이라 함은 실제 회향, 중생 회향, 법계 회향과 여기에 실제 동참하신 여러분과 여러 영단의 위패와 그 동안 기도 드리고 설법을 듣던 분들의 원력과 법력이 넘쳐서 모든 중생계에 미치고 그러고도 남으면 법계, 이 우주에 가득찹니다. 그렇게 부처님은 널리 평등하게 회향합니다.

　　법신(法身)은 항적정(恒寂靜)하고,
　　청정(淸淨)은 무위상(無爲常)이로다.

법신 자리는 음성으로 가리킬 수도 없고, 상이나 모양을 가지고 가리킬 수 있는 것이 아닙니다. 가장 훌륭한 말로서의 침묵은 대변제라 항상 적정하고 고요한 가운데서 진리를 드러내듯이, 대우주는 침묵하면서도 위대한 설법을 하고 있습니다.

봄에는 봄 법문을 하고 여름에는 여름 법문을 합니다. 바람 소리, 물 소리, 저 단풍잎도 다 대자연의 설법인 것입니다. 우리가 여기에 앉아 법문을 하는 것은 거기에 비하면 백분의, 천분의, 만분의 일에도 미치지 못합니다. 대자연은 침묵으로써 적멸의 법문을 하고 있습니다. 우리는 그 법문을 들을 줄 모르고 들어도 알지 못합니다.
 비로자나 부처님 또한 생사의 굴레에서 헤매는 육도 중생을 위해서 상주 설법을 하고 있습니다. 그런데도 중생들은 보리수 아래에서 정각을 이룬 부처님의 껍데기 옷만 보았지 부처님의 자성 자리를 보지 못하고 있습니다.
 선사의 옷을 보고, 남자의 옷을 보고, 여자의 옷을 보고, 군인의 군복을 보고 그 사람을 알았다고 말합니다. 만약 군인이 군복을 벗고, 경관이 경관의 옷을 벗고, 여자가 여자의 옷을 벗고, 남자가 남자의 옷을 벗고, 모두 벌거벗고 나면 똑같습니다.
 선사나 부처님이나 달마나 그 체성, 진여의 체는 똑같습니다. 이 지구의 인구가 다 벌거벗고 나오면 몸은 똑같습니다. 서양 사람, 동양 사람이 머리 깎고 이 자리에 서면 하나도 다를 게 없습니다.
 비로자나 부처님의 진여의 체성은 이와 같습니다. 평등한 것입니다. 병에 든 얼음은 병처럼 생겼고 고드름은 히말라야 설산처럼 생긴 것과 같이 각기 그 모양은 다르지만 녹으면 하나도 다를 게 없는 것과 같습니다.
 이 지구상에 있는 눈과 얼음이 다 녹으면 똑같은 물로 되듯이 진여도 똑같습니다. 대한민국의 물이 다르고 서양의 물이 다르고 미시시피 강의 물이 다르고 갠지스 강의 물이 다릅니까? 다 같습니다. 대해에 들어가면 성인이나 범부나 모두 똑같습니다.
 우리가 화엄경에서 말하는 진여에 들어 선재 동자와 같이 법계에 들어가면 선재 동자의 자성이나 우리의 자성이나 중생의 자성이나 부처님의 자성이나 법성은 똑같습니다.
 이것이 해인 삼매입니다. 해가 지면 그림자도 없습니다. 비로자나 광명의 빛을 받아서 설법하는 53선지식이 마치 해가 동쪽에 뜨면 햇빛을 받아서 산도 보고 들도 보고 물도 보고 집도 보고 빌딩도 보고 차도 보고 하지만, 햇빛을 받지 못하면 분별이 없고 모양이 없는 것과 같습니다.

태양이 뜨지 않으면 캄캄한 허공 지옥입니다. 그러나 태양이 뜨면 그 빛을 받아서 모든 것이 보입니다. 그와 같이 부처님의 광명을 받아서 삼매에 들고 설법을 하는 것이고, 모든 보살은 부처님의 신력과 광명을 받아서 설법하고 중생을 제도합니다.

모든 부처님은 항상 중생을 가엾게 여기고 어여삐 여기지만 중생은 부처님을 생각하지 않습니다. 왜 그럴까요.

일체 제불은 일체 중생을 위해 나투신다

부모는 상념자(常念子)해도 자(子)는 불염부모(不念父母)라 했습니다. 부모는 항상 어린 자식을 걱정하고 생각해도 자식은 부모를 생각하지 않는다는 말입니다.

그와 같이 모든 부처님은 중생을 위해서 모양을 바꾸시고 태어나시고 생사를 보이십니다. 중생을 위하지 않았다면 부처님이 시현하지 않았을 것이고 역대 조사, 선사도 없을 것입니다. 다 중생을 위해서 모양을 보이시고 시현했다는 말입니다.

그런데 중생들은 각자의 세계, 자기의 세계, 아집이라는 우물에 갇혀 개구리처럼 자기가 살고 있는 거기밖에 모릅니다. 그렇듯이 부처님의 세계 또한 직접 가 보지 않고는 모릅니다.

우물 안 개구리처럼 살아서는 「화엄경」의 도리를 알지도 못하고 상상도 못 합니다. 그러나 선재 동자의 구도 길에 갖가지 방편으로 나투시어 그 구비구비 곡절마다 베푸신 간곡한 부처님의 은혜를 생각해 보십시오. 그 은혜에 진심으로 감사 드리는 지극한 마음이면 자성을 볼 수 있을 것입니다. 다같이 부처님을 찬송합시다.

청/화/스/님

뒤집힌 꿈 깨어나면
보이는 것 모두가
부처님 얼굴

청화 스님

· 1924년 2월 14일 전남 무안 生.
· 1947년 백양사 운문암에서 금타 스님을 은사로 득도.
· 1985년 태안사 주지 역임.
· 현 태안사 조실.

전도된 몽상만 버리면 일상이 곧 깨달음의 길입니다.

뒤집힌 꿈 깨어나면 보이는 것 모두가 부처님 얼굴

반야는 곧 생명

만법은 유식이라 모든 존재가 오직 식(識), 바로 마음 가운데 다 들어 있습니다. 따라서 사람도 동물도 유정(有情)·무정(無情)도 모두가 오직 식, 곧 마음입니다. 식 아닌 것은 아무것도 없다는 것이 만법 유식의 도리입니다. 그러기에 사람도 역시 식 덩어리요, 마음 덩어리요, 산도 태양도 별도 모두 식 덩어리요, 우리 지구도 바로 식입니다. 따라서 우리 지구는 바로 지장 보살입니다. 태양은 그대로 관세음 보살이요, 달은 대세지 보살입니다.

여기서 우리는 우주의 도리인 반야바라밀은 대체로 어떤 것인가 하는 문제에 관하여 여러 가지로 생각하고 검토해 봐야 할 것입니다. 반야는 바로 제법공(諸法空)의 도리입니다. 그러나 다만 비어 있고 허무하다고만 생각할 때에는 반야바라밀이 되지 못합니다. 우리 중생이 실제로 있다고 집착하는 현상계는 사실은 시간적으로 무상하고 공간적으로 비어 있어서 허무한 것이나, 모든 허망한 존재의 근본 성품인 진여불성(眞如佛性)은 무한 공덕을 갖추고 우주에 충만해 있는 생명의 실상입니다. 이러한 실상(實相)의 도리가 반야바라밀입니다. 따라서 우리는 반야가 있으면 비로소 참다운 수행자이고 반야가 없다면 수행자가 못 됩니다.

반야는 어느 고유한 존재가 아니라 바로 생명입니다. 전도된 몽상만 여의면 생명 그 자체가 반야가 되는 것입니다. 반야와 더불어 있어야 참다운 창조가 있고 참다운 수행이 있습니다. 반야가 없다면 우리 모두는 범부의 허물을 벗을 수 없고 어떤 행동을 하든 때묻은 유루행(有漏行)밖에는 못 됩니다.

앞서 말씀 드린 바와 같이 중생이 보고 느끼는 일체 현상은 모두가 다 허망하고 무상한 것이며, 범부인 한 우리가 보는 것은 다 전도된 몽상입니다. 전도된 몽상을 끊어 버리지 않고는 공부가 될 수 없습니다. 어떻게 끊어야 할 것인가? 이런 수도의 방편이 화두요, 염불이며, 관법이요, 주문이며 계율입니다.

따라서 우리의 마음이 아직 반야의 도리를 증명은 못 하더라도 우선 바른 이해가 있어야 수행이 바로 되기 때문에 철두철미하게 이론적인 자기 정립이 있어야 합니다. 이른바 선오후수(先悟後修: 먼저 깨치고 뒤에 수행하는 것)가 되어야 한다는 말씀입니다. 이것은 상(相)을 여의면서 체(體)로 돌아가야 한다는 의미입니다.

진리에 사무치면, 불 보고도 깨닫고 물 보고도 깨닫는다

오늘날 다원화된 사조와 더 이상 세분할 수 없을 만큼 다양화된 문화 현상들은 하나의 도리, 즉 하나의 근본 체성(體性)으로 돌아가지 않을 수 없는 전환기에 직면해 있습니다. 따라서 어느 분야에서나 모두가 다 개방적이고 보편적이고 궁극적인 하나의 진리, 포괄적인 본체로 나아가고 있습니다. 상에서 체로 또는 분열에서 화합으로 지향하고 있는 것입니다.

따라서 이런 시대를 맞이하여 불교도 내 종파 네 종파의 편견에서 벗어나 불법의 근본이자 우주의 법칙인 반야바라밀로 돌아가는 것이 절실한 때입니다. 불성을 깨달아야 한다는 말입니다. 또한 우주 그 자체가 진여불성이므로 반야바라밀의 길에는 문이 따로 없습니다. 그래서 대도는 문이 없다고 하는 것입니다.

어떤 스님이 조주 스님께 "무엇이 조주입니까." 하고 법을 물으니까 "동문, 서문, 남문, 북문이라."고 했답니다. 진실한 조주는 어느 한 문이 아니라 동문이나 서문이나 남문이나 북문이나 어디에나 걸림이 없는 참 성품이라는 말입니다. 불법은 이와 같이 위대한 길이기 때문에 문이 없습니다.

그러기에 진리에 사무치는 마음으로 상을 여의고 본체를 간절히 지향하면, 수도 정진하는 과정에서 물 보고 깨닫고 불 보고 깨닫고 달 보고 깨닫는 것입니다. 문제는 오직 우리가 체(體)를 여의지 않고 용(用)을 나투고 또는 용에서 본체로 돌아가려는 간절한 뜻이 없으면 수행자의 자세가 못 된다는 것입니다.

우리는 오로지 한눈 팔지 않고 근본 성품인 진여불성을 깨닫고 진여불성과 하나가 되고자 출가 사문이 된 것입니다. 삼천 대천 세계도 모두가 체에서 용으로 화현되었다가 다시 체로 돌아갑니다. 체와 용이 원래 둘이 아니지만 현상적인 세계는 체에서 용으로 온 세계입니다. 현상적인 용이란 본래 본체에 입각해서 용을 나투어야 온전한 통찰과 수행이 되는 것입니다.

본체란 가명(假名)과 가상(假相)을 여읜 일미평등(一味平等)한 자리이기 때문에 필연적으로 무아, 무소유가 되는 것입니다. 따라서 무아, 무소유의 경계는 일체 만유 그대로 진여법성의 경지입니다. 어느 것도 진여법성, 부처님 아님이 없는 자리입니다. 한 생각 비뚤어져서 '저것은 부처가 아니다, 이것은 부처다.' 하고 분별하는 마음 자체가 체를 여의고서 상에 얽매이는 미망인 것입니다.
따라서 모두가 부처라는, 일체 공덕을 원만히 갖춘 진여불성이라는 생명의 실상 자리에다 우리의 마음을 둔다면 우리의 행위인 신·구·의 삼업이 청청해집니다. 그것이 바로 참다운 도덕률입니다. 공자나 노자나 예수나 그런 성인들의 행위도 모두가 도덕률에 따른 것입니다. 왜 그런고 하면 도덕률의 본체는 바로 참다운 철학인 우주의 도리요, 불교에서 말하면 진여불성이기 때문입니다. 이러한 도리는 본래 공평하여 사사로움이 없는 생명이기 때문에 말이나 몸짓이 조금도 윤리 도덕에 어긋날 수 없게 합니다. 말을 함부로 한다거나 또는 음행을 한다거나 또는 음식을 함부로 먹는다는 것은 모두가 다 근본적인 도덕률, 즉 우주의 도리에 어긋나는 것입니다.
철학에서도 인간성의 실존 문제가 가장 중요한 과제이며 어떤 분야에서나 인간성을 탐구하는 문제가 가장 절실한 근본 문제가 아닐 수 없습니다. 그러나 그 인간성을 똑바로 깨닫게 하는 가르침은 불교 외에는 없습니다. 절대로 아전인수가 아닙니다. 따라서 우리 수행자는 인간성을 계발하는 선구자입니다.
현대 사회의 선구자는 어떻게 해야 할 것인가? 우선 도덕적으로 우리는 완벽을 기해야 합니다. 인간이란 약해서 마음으로 다짐을 해도 미끄러지고 비틀어집니다. 그러나 그럴 때마다 칠전팔기로 즉시 다시 일어나서 나약한 자기를 추스려야 합니다. 땅에 넘어지면 다시 땅을 짚고 일어나듯이 강인한 의지로 다시 일어나서 한사코 법성 자리에 우리의 마음을 붙이고 미망의 그물에서 벗어나야 합니다.

일념으로 부처를 생각하면 나와 우주가 더불어 부처

어떤 분야를 막론하고 자기 스승을 위해서나 부모를 위해서나 친구를 위해서나 어느 누구를 위해서도 이와 같이 생명의 고향인 본체로 돌아가는 그 행위가 가장 수승한 행위요, 가장 진정한 보답이 되는 것입니다. 우리들이 전도된 몽상만 떠나면 모든 것이 공함을 깨닫게 될 것입니다.

범부 중생들은 사실이 아닌 것을 사실로 보기 때문에 고민이 생기고 여러 가지 번뇌가 더욱더 치성해지는 것입니다. 자기의 본래면목을 바로 참구하는 공덕보다 더 수승한 보배는 없습니다. 우리는 몸이 아프면 약을 먹고 영양분을 많이 섭취합니다만 가장 훌륭한 영양분, 가장 완벽한 보약은 부처님 가르침을 여법히 수행하는 일입니다.

부처님 법에 마음을 두고 바로 생활한다면 웬만한 문제들은 풀리는 것입니다. 진여불성에 가까울수록 더 잘 풀리는 것입니다. 왜 그런고 하면 무슨 병이든 원인은 무명에서 오는 것이며 법성 자리에는 본래 죽음도 병도 없기 때문입니다. 고기를 안 먹어도 단백질을 별도로 안 취해도 그것 때문에 죽지는 않습니다.

우리는 약해서 뒤뚱거리고 넘어지기가 쉽지만 넘어지면 바로 일어서야 합니다. 복잡하고 어려운 것은 조금도 없습니다. 부처님을 따른다는 것은 공명 정대한 우주의 질서를 따르는 것입니다. 사실은 그것이 최상의 안락행입니다. 수행자들이 가는 길은 수 많은 성현들이 헤치고 다져 놓은 탄탄하고 활짝 트인 해탈의 대도입니다.

전도된 몽상에서 깨어나면 훤히 트인 마음으로 영생의 낙토를 향하여 환희용약하게 되는 것입니다. 마음도 눈도 열려 버리면 웬만한 병은 침범을 못합니다. 그래서 한없이 틔어 있고 다만 비어 있지 않는 자리, 무량한 공덕을 갖춘 진여불성의 자리, 이 자리를 생각하고 그 진여불성을 여의지 않는 생활보다 더한 행복은 없습니다. 불경에서도 아가타 약을 말합니다. 아가타 약은 만병 통치약입니다. 부처님 명호나 화두나 또는 주문이나, 부처님이 말씀하신 불법은 다 한결같이 마음의 병과 몸의 병을 치유하는 만병 통치의 아가타 약입니다.

우주가 바로 부처님이요, 일체의 존재가 바로 불법이기 때문에 중생이 부처를 생각하면 부처는 또한 우리 중생을 굽어보고 호념하는 것입니다. 모두가 부처인데 이심전심으로 상통하고 감응하지 않을 수가 있겠습니까?

해탈 지향의 시대를 여는 수행자

우리는 지금 영혼이 황폐화된 시대를 살고 있습니다. 이런 때, 불가에서마저 자기 문중에 집착하고 자기 종단에 얽히고 자기가 공부하는 법, 내 것만이 옳다는 것에 붙잡히게 되면 우리 마음은 더욱 어두워지고 그지없이 옹색해집니다. 이것 자체가 전도 몽상입니다. 본래 훤히 트여서 아집도 법집도 없는 마음인 것을 구태여 지어서 '나'에 집착하고 '법'에 집착한다면, 자기 공부를 위해서나 남을 위해서도 도움이 안 됩니다. 그것이 또한 우주를 오염시키는 것입니다.

현대는 개방의 시대입니다. 아무렇게나 방만하게 한다는 개방의 시대가 아니라, 법에 대한 집착을 털고 나에 대한 집착을 털어 버리지 않을 수 없는 해탈 지향의 시대라는 말입니다.

마땅히 번뇌 해탈을 지향하는 시대적인 조류에 맞춰야 첨단 과학에도 뒤지지 않고, 오욕의 수렁에서 헤매는 무량 중생을 구제하는 진정한 보살이 될 수가 있는 것입니다.

수행자는 자랑스러운 존재입니다. 과거 전생에 두고두고 공덕을 쌓아서 금생에 영광스러운 법의를 입었습니다. 우리들의 무상한 금생 인연이 몇 차례나 다시 만나게 될는지 모르겠습니다만 내생에 가서도 꼭 우리는 수행자가 되어서 청정한 모습으로 다시 만나게 될 것입니다. 다생겁래(多生劫來)로 몇만 생을 다시 태어난다고 하더라도 우리는 한사코 중생 제도를 위해서 반드시 고통 많은 사바 세계에 태어나야 합니다. 그 때마다 출가하여 성취하고, 본래 없는 무명 다 여의고, 본래 없는 무량한 중생을 제도하여 다 함께 성불해야 할 것입니다.

화/산/스/님

마음 열어
풀어 놓는 그 곳에서
깨달음이 싹튼다

화산 스님

· 1919년 경남 양산 生.
· 1936년 몽초 스님을 은사로 득도.
· 성균관대 철학과 졸업.
· 통도사 전문강원 대교과 졸업.
· 금강산 마하연, 오대산 상원사 등에서 안거.
· 통도사 강주 역임.
· 현 양산 천불사, 밀양 표충사, 대구 보광원 조실.

부처님의 귀한 진리를 어찌 먼 곳에서 찾을 것입니까.

마음 열어 풀어 놓는 그 곳에서 깨달음이 싹튼다

닦아서 깨치면 모두가 부처

부처님의 귀한 진리를 어찌 먼 곳에서 찾을 것입니까. 꽃마다 풀마다 그 이치가 다 드러나 있는데 어찌 별도로 찾을 게 있겠습니까.

오랫동안 익혀온 열 가지 악행과 악업 때문에 업장이 가려 자신에게 있는 경(經)을 볼 줄 모릅니다. 사람마다 무진 한량없는 보배가 자기 자신에게 있건만 알지 못하는 까닭에 부처님이 옷자락을 걷어 올리며 찾게 해 주셨습니다. 그러나 사람들은 자신의 경을 읽으려 하지 않고 남의 경만을 읽으려 합니다.

우리 중생은 자성 자리가 자신에게 있건만 찾는 방법을 모릅니다. 사람마다 좋은 보배 구슬이 있건만 찾지 못하는 까닭에 부처님이 헌 옷을 걸어붙여 보배 구슬을 찾도록 했습니다.

부처님은 허무한 이상에 대한 말씀을 하지 않으시고 사람 사는 이치를 들어 49년 동안 법을 설하셨습니다. 그 법은 한량없는 중생이 닦아 성불할 수 있는 길을 설명한 말씀입니다. 사람들이 생사·윤회의 고통을 받는 것은 무량겁 동안 생사를 거듭하며 지은 업의 씨앗 때문입니다. 그러기에 자기가 지은 업을 자신이 닦아낸다면 성불할 수 있다고 하는 것입니다. 모든 중생은 불성을 지니고 있기에 닦아서 깨치면 부처가 되는 것입니다.

남을 헤아리는 것이 기도

사람마다 지니고 있는 한량없는 보배를 찾아 낸다면 세상 영겁토록 행복하게 살 수 있습니다. 이것을 찾도록 가르쳐 주고 설명해 주는 것이 「금강반야바라밀경」이요, 「법화경」이요, 「반야경」인 것입니다.

육도 윤회에서 벗어나기란 참으로 어려운 길입니다. 여기에서 가장 중요한 것은 집착을 버리는 일입니다. 돈과 명예가 무슨 소용이 있습니까. 결국 무로 돌아갈 몸뚱아리를 지닌 존재가 인간인 것입니다.

살아서는 유한한 인간이기에 우리는 마음을 바다 같이 넓게 쓰면서 살아가야 합니다. 이것이 불법을 믿는다는 것입니다. 길이 좁은 골목에서는 오도가도못하고 꼼짝 못 하는 겁니다. 불교는 넓은 대로이기에 누구든지 여유 있게 통과할 수 있습니다. 다만 버스나 택시를 타고 가거나, 걸어서 가거나 하는 방법이 다를 뿐입니다.

불법은 마음을 닦는 길입니다. 모든 걸 놓고 용서하며 즐겁게 살아야 합니다. 빌딩, 땅, 보물 등이 무슨 의미가 있습니까. 실답게 남 주고 갈 것이니 받을 사람은 따로 있는 것입니다. '내 것'이란 건 아무것도 없기에 굳이 집착할 필요가 없습니다.

욕심이 많으면 고가 많습니다. 애착이 많으면 슬픔이 많습니다. 하지만 사람들은 이 간단한 이치를 모르기에 악순환을 되풀이합니다. 사람의 정념(情念)이란 무서운 것입니다. 아무리 영웅 호걸이라도 애정에 사로잡히면 울다 갑니다. 항상 마음이 부글부글 끓어 번뇌 망상이 끊일 날이 없습니다. 결국 번뇌 망상이 다하면 끓는 마음이 사라집니다. 이 병에는 의사가 따로 없습니다. 불법이 아니면 치료가 불가능합니다.

세상의 일체 유위법은 꿈과 같습니다. 내가 언제 어느 때 없어질는지는 아무도 모릅니다. 없어질 나를 붙잡고 항상 심란하게 생활합니다. 다 풀어 놓고 마음 조절하며 살아야 합니다. 그렇지 않으면 모든 걸 잃습니다.

우선 마음을 서로 통하게 하는 것이 중요합니다. 살아가면서 주위의 사람들과 서로 마음을 맞춰 가다 보면 동체대비(同體大悲)가 은연중에 실천이 됩니다. 튼튼하고 훌륭한 집을 짓기 위해서는 벽돌과 목재를 서로 잘 맞추어야 하는 것처럼 말입니다. 그리고 남이 내게 맞춰 주길 바라지 말고 내가 먼저 남의 마음을 헤아려 맞춰 나가십시오. 남의 마음을 헤아리고 이해해 주는 것이 바로 기도입니다.

물론 쉽게 되는 것이 아닙니다. 이 세상은 인연법으로 얽혀 있기에 내 뜻대로 되기가 더욱 어렵습니다. 법문을 듣거나 경을 읽으면 전생에 지은 빚을 갚기가 한결 수월해지겠지요.

불교를 배우기 위해서는 업보의 빚을 갚으면서도 무상을 느낄 줄 알아야 합니다. 탐·진·치 삼독과 망념이 없는 그 곳에서 진심이 우러나고, 진심을 견지해야 무상을 관할 수 있습니다.

잠깐 보고 가는 이 세상 으르렁거리고 원수질 게 뭐가 있겠습니까. 마음을 열고 풀어 놓는 그 곳에 남과 내가 하나되는 마당이 열립니다. 사람은 태어날 때부터 '고(苦)'라는 짐을 지고 살아가게 됩니다. 울며 왔다 울며 가는 것이 인생입니다. 아무리 서로 사랑하고 은혜가 깊다고 하더라도 언젠가는 이별할 것을 생각해 보십시오. 정을 붙일 때도 울고, 정을 뗄 때도 우는 게 사람살이입니다. 이 세상은 잠깐 쉬었다 가는 꿈인 줄을 알아야 합니다. 오래 사는 게 좋은 일만은 아닙니다. 이 육신은 피고름 덩어리입니다. 공덕을 지으면 오히려 빨리 육신을 벗는 도리가 있습니다.

모두 가면을 벗어야 합니다. 남녀가 주례 앞에서는 "예, 사랑하겠습니다." 하고 맹세하지만, 거짓이 많습니다. 이것은 자기가 자기를 버리는 일입니다. 남녀가 무엇입니까? 사랑을 팔고 사는 거리의 상인입니까? '사랑 장사' 입니까? 사랑 받는 그 자리가 외로운 자리란 걸 알아야 합니다.

부처님은 일체 중생을 위해 모든 걸 버렸습니다. 사랑은 받는 것이 아니라 주는 것입니다. 일체 중생을 사랑하는 대보살이 되어 부모, 형제, 이웃을 사랑해야 합니다. 모든 불보살은 중생 사랑을 즐거움으로 삼습니다. 사랑은 사고 파는 물건이 아닙니다. 사랑의 맹세가 부도 수표가 되어서는 안 됩니다. 이승에서 서로 울고 돌아서더라도 영원한 참사랑은 끝까지 살아 남습니다.

마음의 찌꺼기를 훌훌 털어야 불법에 든다

불보살의 사랑을 장차 일체 중생에게 널리 보급해 그들이 행복을 느끼며 살도록 해야 합니다. 살아 있는 불교, 생활 속에서 실천하는 불교가 되어야 합니다. 학문적으로 믿으면 안 됩니다. 믿음이든 사랑이든 상을 갖고 하는 게 아닙니다.

모든 것은 '마음 공장'에서 만들어진 것입니다. '다즉일(多卽一)'이요, 일즉다(一卽多)' 입니다. 모두 마음에 있는 것입니다. 법문을 수없이 많이 들어도 소용이 없습니다. 마음 하나만 잘 다스리면 행복하게 잘 살 수 있습니다. 생로병사 등 인생에 있어 사람을 괴롭히는 것은 마음에서 나온 찌꺼기입니다.

우선 불법을 믿는 정신 자세가 바로 돼야 합니다. 불법을 바로 알게 되면 무한한 광명이 나타나고 모든 재앙이 소멸합니다. 운명과 팔자가 아무 소용이 없습니다. 먼저 내 생각을 바꿔야 하는 것입니다.

업보를 지닌 중생의 몸에 무엇을 입히는 게 중요한 것이 아닙니다. 생로병사가 끊임없이 따르는 이 육신을 가꾸고 닦아 봐야 아무 소용이 없습니다. 이 세상이 헛것이요, 실상이 아니라고 한다면 그게 다 무슨 소용이 있겠습니까. 물 마시고 밥 먹고 사는 건 모두 업력의 소견입니다. 전생의 과보로 인해 의식주 문제가 항상 야기됩니다. 불법을 믿고 참회, 기도함으로써 신심을 일으키고 업을 소멸시킬 수 있습니다.

불법을 실천하는 일이 특별한 게 아닙니다. 내 주위에 있는 사람을 편하게 하고 즐겁게 하는 일이 중요합니다. 나는 부처님 법을 믿게 되었으니 믿지 않는 사람들을 즐겁게 해 줘야 합니다. 사람 사이에 잘 안 맞고 얼킨 것이 있으면 살살 구슬러서 풀어야 합니다. 이 모든 것이 전생의 업보로 말미암은 것이니 마음을 잘 다스려 주위 사람과 화목하게 지내야 합니다. 주위 사람을 즐겁고 편하게 해야 내가 편안한 것입니다. 저 한강가의 버들꽃이 피었다 지듯 세상이 무상하다는 사실을 알아야 불법을 지닐 수 있습니다.

태어나기 전 주소가 어디입니까? 현재 사는 주소도 정신이 없을 땐 잊어버리는데 아마 더 감감할 겁니다. 살려고 태어났는데 무슨 마음으로 어쩌자고 사는지 잘 모릅니다. '생자필멸(生者必滅)이요, 회자정리(會者定離)'입니다. 죽더라도 그 까닭을 알고 값지게 죽어야 합니다.

불법은 바로 전하기도 어렵고 바로 알기도 어렵습니다. 우리가 지닌 마음의 보따리를 훌훌 털어 내야 법문이 들어갑니다. 마음의 찌꺼기를 남겨 두고서는 삼세 제불이 법을 설해도 귀에 들어가지 않습니다. 법을 설하는 법사(法師)도 아는 걸 다 비워야 합니다. 아는 것만 가지고는 법문이 안 됩니다. 아는 건 공부하면 누구나 가능한 것입니다. 법을 설하고 듣는 사람이 모두 다 비워 놓고 대좌하는 가운데 불법이 있습니다.

마음의 보따리를 비워야 진정한 발심이 시작됩니다. 모든 것을 비우고 나면 아무것도 없어, 정녕 마음이 가난해집니다. "작년에는 송곳 하나 들고 내 땅이라고 찾아가 꼽을 곳이 없었지만, 지금에 와서는 땅도 송곳도 모두 잃어버렸네!" 이런 경지에 불법이 있으니 다른 소리는 필요가 없습니다.

비우고 없는 그 자리. 거기에 도리가 있습니다. 말 없는 가운데 도리가 있습니다. '없는 가운데 있는 것'은 이 시방이 다하도록, 이 세상이 다하도록, 일월이 닳고 허공이 죽는 그 차원만큼 무진장한 존재입니다. 이것을 찾자는 게 불법 공부입니다. 불교는 마음 닦는 도리에 대한 가르침입니다. 마음 닦는 불법은 너와 나를 위해 필요합니다.

마음 닦는 길의 시작은 하심

불법 공부에는 하심이 제일입니다. 불법 공부를 한다고 견성 성불이 금방 되는 게 아닙니다. 서울 갈 때 비행기, 기차, 버스 등을 타고 갈 수 있듯이 불법을 공부하는 방법도 다양한 것입니다. 그러나 그 가운데서 특히 하심 공부는 깨달을 수 있는 계기를 마련해 주는 중요한 공부입니다.

하심 공부를 하게 되면 업장을 소멸시킬 수 있는 공덕을 쌓게 됩니다. 참선, 시주, 염불, 독경을 하기 전에 하심 공부부터 해야 합니다. 하심 공부는 더 수승한 공부를 성취하기 위한 밑천이 되는 수행입니다. 모든 사람이 하심을 하게 되면 가정이 화평해지고 천하가 태평해집니다. 하심 공부는 마음을 다루는 공부입니다.

　스스로 마음을 비우고 탈바꿈해야 합니다. 마음을 바꾸고 달라져야 합니다. 욕심과 성내는 마음을 과감히 잘라 내야 합니다. 부처님을 믿으며 차돌처럼 단단한 탐진치 삼독심을 녹여야 합니다. 남의 잘못을 용서하며 사는 것이 불법을 생활화하는 길입니다. 시어머니, 며느리, 남편, 딸이라는 상을 버리고 자비롭게 살아야 합니다. 불법을 닦는 일은 쉽지도 어렵지도 않습니다.

　부처님이 이 세상의 모든 부귀 영화와 공명을 내던지고 설산으로 고행을 떠난 이유가 무엇입니까? 그것은 다름 아닌 참된 인생을 걷기 위한 선택이었습니다. 부처님은 궁전에서의 즐거움과 설산에서의 고행으로부터 벗어나 참된 자유를 성취하셨습니다. 부처님이 백겁 천생에 맺은 부모의 인연을 뒤로 하고 설산으로 떠난 것은 생사 윤회를 벗어나기 위한 출발이었습니다. 세상 인정에서 벗어나지 못하는 한 육도 윤회를 벗어날 수 없기 때문입니다.

　눈물 머금은 빵을 통해 인생의 참맛을 알듯, 참된 인생은 고난을 통해 빛을 발합니다. 힘겨운 여행길을 떠나는 수행자는 공부에 앞서 먼저 마음 보따리를 풀어 내야 합니다. 그렇지 않고 참선과 염불을 할 경우 아만만 쌓일 뿐입니다.

　마음을 닦는 길은 생사 윤회를 벗어나 대자유를 이루는 길입니다.

활/안/스/님

한 생명이 우주의 생명,
우주의 생명이 한 생명

활안 스님
· 조계총림 송광사 천자암 주석.

자기 생명이 확실하다고 생각하는 사람은 진리가 하나임을 직시합니다.

한 생명이 우주의 생명, 우주의 생명이 한 생명

모든 생명이 스스로를 밝히는 것이 깨달음

부처님이 이 땅에 오신 뜻은 어디에 있을까요.

부처님은 우주 만유의 근원이요, 모든 생명의 바탕입니다. 생명마다 시간과 공간 이전의 참된 진리를 갖추고 있는데 그것을 천진 지혜, 마음자리라고 합니다. 시간과 공간 이전의 모든 생명의 원천이라고도 하고 지혜의 본바탕이라고도 하는 것입니다.

모든 생명의 태어난 뜻이 이와 같아서 천지 등불이 되어 뭇 생명들에게 생명의 본뜻을 알려 주고자 부처님은 이 땅에 오신 것입니다.

한 생명이 우주 생명의 근원이 되고 우주 생명이 곧 한 생명입니다. 모든 생명마다 길이 활짝 열려져 있고 생산법이 확실합니다. 모든 생명이 세포 하나하나의 기능을 제대로 발휘할 때 깨달음을 얻는 것입니다. 부처님 오신 날을 맞아 한 생명의 뜻을 직시하여 궁극에는 마음의 근본 자리가 얼마나 밝은지 알도록 노력을 해야 합니다.

잘 살려면 사는 법을 알아야 하고 사는 법을 알려면 마음이 밝아야 합니다. 밝으려면 보아야 합니다. 아주 큰 것은 닦는 것도 쌓는 것도 아니고 바로 보는 것입니다.

마음은 만생명의 주인

그릇이 확실하면 다 수용할 줄 알고 몸과 마음이 밝게 됩니다. 그랬을 때 공해집니다.

지구는 공전과 자전 그리고 풍마로 깎이고 먼지로 분해되어 공으로 돌아갑니다. 영원히 행복하려면 나 자신의 다함이 없는 지혜를 발견해야 합니다. 이것이 자성 청정을 견성하는 원리입니다. 견성은 부처님을 위하는 것이 아니고, 각자 생명의 다함이 없는 기본 원천을 발견하는 일입니다. 지혜는 상대에서 생겨난 것이 아니며, 형상도 공도 아닌 길입니다. 여러분의 모든 상대는 한 마디로 나무 한 그루와 같고 지구처럼 큰 나무 그늘과 같습니다.

나무는 처음 생성될 때에 불을 만나기로 약속되어 있습니다. 그 나무 한 그루가 불을 만나면 나무는 불로 바뀌어 버립니다. 불로 한 번 바뀌지면 다시 나무로 돌아오지 않습니다. 이 얼마나 기가 막힌 인연입니까?

부처님 말씀에 복은 하늘이 주고, 진리가 주고, 자연이 주고, 천지가 주고, 상대가 준다고 했습니다. 마음은 모든 생명의 주인이고 씨앗입니다. 풀 한 포기, 모기 한 마리까지도 그 생명이 생성된 뜻을 안다면 우주 시방 법계의 모든 생명의 핵심이 되고, 전체의 생명은 한 생명의 주인이 되는 이치도 알게 됩니다. 비단 인간만이 그런 것이 아니라 모든 생명이 다 그와 같습니다. 그래서 한 생명이 확실하다는 것을 안다면 뭇생명에 대해 함부로 하지 못하고 내 생명만을 위한 월권 또한 행할 이유가 없습니다.

생산법이 거기서 시작됩니다. 우리가 기억하는 인류의 역사는 오천 년인데 종합 평가를 해 볼 때, 위대한 정치인도 없고 위대한 철인도 없고 위대한 학자도 없습니다.

왜냐하면 아무리 커도 더 커야 하고 아무리 해도 더 잘 해야 하니 결국 밑바닥이다 이겁니다. 왜 그런가 하면 전체적으로 볼 때는 몸뚱이만 있고 눈이 없거든요. 지구가 몸뿐이지 어디 눈이 있습니까? 여러분이 나를 보는 눈이 진짜 주인의 눈이요, 답할 줄 아는 눈이 자성의 참된 표현입니다.

심신이 공해야 바로 쓸 수 있다

자기 생명이 확실하다고 생각하는 사람은 진리가 하나임을 분명히 직시합니다. 하나에서 유무의 생명이 탄생되고, 걸어가는 길은 부처님이나 중생이나 동물이나 생물이나, 생명에 해당되는 것은 똑같기 때문입니다. 끝없이 밝고, 끝없이 어둡고, 끝없이 자유롭고, 끝없이 부자유스럽게 걸어가는 것까지 모두가 똑같습니다. 뜻이 확실한 사람은 이 세상에 태어나서 죽기 전에 자신과 상대가 동일한 터전에서 성불을 추구합니다. 그러나 어떤 이들은 나중에 할 일을 먼저 하고 먼저 할 일은 나중에 하면서 일은 본인이 그르쳐 놓고 세상 사람들이 나를 속였다고, 세상이 무상하다고 합니다. 세상이 무상하다고 자기 잘못을 남에게 떠넘기는데 실제는 본인에게 책임이 있습니다.

진리는 하나입니다. 하나에서 생명이 시작했는데 생명을 놓아두고 이전으로 거슬러 올라가면 공입니다. 하나가 이루어지기 전에는 생겨도 무생입니다. 무생지(無生地)에서 생이 탄생되면 그 생 자체에 하자는 없습니다. 말 그대로 아주 큰 것은 닦는 것이 아니고 쌓는 것도 아니요, 바로 보았을 때 드러나는 것입니다.

그릇이 확실하다면 다 수용하고 심신이 공해야 합니다. 바로 쓸 줄 알아야 합니다. 만일 그 그릇에 차이가 있다면 지구가 천번 만 번 생겨서 없어질 때까지 노력을 해야 비로소 바로 보고 쓸 줄 아 는 이치에 다다르게 됩니다.

'나'라는 생각을 비워 버리면 장사를 하든지 싸움을 하든지 도 를 닦든지 염불을 하든지 정치를 하든지 문학을 하든지 그 과정 은 제불 성현과 똑같습니다.

잘 살려면 밝아야 하고 밝으려면 천진 지혜가 확실해야 됩니다. 그러기에 우리 중생의 공부도 상근기가 필요 없고 소승·대승이 필요 없고 일등이 필요 없습니다. 공부가 안 되는 것은 마음이 일 정하지 않기 때문입니다. 이러한 이치를 알지 못하면 중생을 구제 할 수 없습니다.

기도는 어려운 것이 아닙니다. 바로 보고 오직 마음만 정해지면 되는 것입니다. 마음이 정해지면 뜨거워서 견딜 수 없도록 노력을 해야 타 버리고, 차가워서 견딜 수 없도록 노력을 해야 얼어 버립 니다.

눈 뜨지 못한 모든 생명은 외롭다

예전에 광양 백운산에서 4년 동안 독살이를 한 적이 있었습니 다. 하루는 나무하러 갔다가 낫으로 손을 베었습니다. 손을 쥐고 방에 들어가 있으니 방바닥에 피가 흥건해지더군요.

'나이 오십이 되도록 이렇게 가난하더냐.' 하는 신세 한탄이 절 로 나와요. 피를 보고 웃음이 나오고, 내가 이래야만 성불을 하는 건가 하는 생각을 했습니다. 밤이 깊어 된장국을 끓여 먹고 참선 에 들었다가 나도 모르게 쓰러져 버렸습니다.

그런데 꿈에 비로자나 여래상 같은 큰 부처님이 나를 팔베개로

끌어 안으며 "너만 외로운 것이 아니다. 과거·현재·미래의 제불 성현도 타고난 깃털을 쓰지 못하면 다 녹슬어 버린단다. 다 그렇게 외로웠단다. 너만 외롭냐." 이렇게 얘기해요. 벌떡 일어나 부처님께 삼배 하고 다짐했습니다. "제가 성불하려 하니 가지고 있는 도를 모두 주십시오." 하고 말했습니다.

내 이름이 활안입니다. 살아 있는 눈인데 실체는 그렇지 않습니다. 나는 언제나 죽은 눈이 되려 하면 죽은 눈이 되고 또다시 산 눈이 되려고 하면 산 눈이 되고 해요. 이렇듯 생명은 확실해야 합니다. 어느 생명이든지 스스로 책임을 져야 하기 때문에 외롭습니다.

세상에 괴로운 것은 부모한테 의지해야 하고 자식, 돈, 자기 인격, 상대에 의지해야 하니 얼마나 괴롭습니까. 그래서 나는 밥을 한 술 뜰 때마다 "부처님이시여, 당신이 부처님이라면 말없이 들으시오. 내가 과거 세상에는 의지하고 살았지만 이제 상황을 바꾸어야 하겠습니다. 과거에는 끝없이 의지해 왔지만 끝없이 모든 상대를 다 빛나게 하고 상대가 다 보람을 느끼게 하고, 나를 의지하려는 모든 것에 기쁨만 주겠습니다." 합니다.

비어야 큰 그릇

공부를 안 하는 사람이 애써 계를 지키려 하고, 경을 보고, 참선하려고 합니다. 공부를 하는 사람은 거기에 걸림이 없습니다. 때문지 않은 확실함이 있기 때문입니다. 청정 우주 법계를 관장하는 것은 비로자나의 법체가 아니고 비로자나의 모양이 아니고 비로자나의 활동이 아닙니다.

옛날에 방 거사가 마조 스님에게 찾아가서 "스님, 일체의 상대와 더불어 벗을 하지 않는 자가 누구입니까." 하니 "한 입으로 유무의 삼매상을 다 소화시켜야 너에게 이르리라." 했습니다. 숨이 떨어지기 전에 시간을 미루지 말고 때가 되면 인정 사정 없어야 합니다. 눈물을 흘려도 소용 없고 재산도 소용이 없습니다.

모든 생명이 같은 때, 같은 곳에서 함께 호흡을 해도 호흡의 기본량은 남지도 않고 모자라지도 않습니다. 자신의 천진 지혜의 양도 그와 같습니다. 부귀 영화나 제불 성현의 자격은 언제든지 갖추고 있는 것입니다. 주인되는 이의 설계가 확실하건 불확실하건 요놈을 처리할 줄 알면 됩니다.

무상대도도 무생지에서 탄생하고 불은 뜨거운 것에서 끝나지, 크다 작다 할 수가 없는 것입니다. 생의 원리로 화하기 때문이요, 무생지에서 생이 탄생된다면 불과 같이 하자가 없어요. 그래서 그릇이 확실하다면 그것을 다 수용하고, 그릇이 불확실하면 시간이 걸립니다. 그릇이 아니라면 아(我)가 공해야 합니다.

우주 법계가 무한이기 때문에 무한으로 저장하면 성불의 경지를 다 알려 주고도 모자라지 않습니다. 이처럼 건강해야 합니다. 그러한 마음, 그 건강의 대가가 일체 중생에게 회향되었으면 좋겠습니다. 여러분이 성불하면 내가 다시 돌아오고 성불 안 하면 안 돌아올 것입니다.

사월 초파일 부처님 오신 날, 날마다 부처님 오신 날 되어 모두가 함께 성불하기 바랍니다.